"十三五"国家重点图书

湖北省社会公益出版专项资金资助项目

国务院新闻办公室与教育部人文社会科学重点研究基地重大项目成果（项目号：14JJD820023）

国家治理与人权保障

主　编　李　龙

副主编　孙来清

撰稿人　孙来清　任　颖　李　龙　余　渊

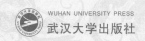

武汉大学出版社

图书在版编目(CIP)数据

国家治理与人权保障/李龙主编 . —武汉:武汉大学出版社,2017.5
ISBN 978-7-307-19208-9

Ⅰ.国… Ⅱ.李… Ⅲ.①国家—行政管理—研究—中国 ②人权—研究—中国 Ⅳ.①D630.1 ②D621.5

中国版本图书馆 CIP 数据核字(2017)第 081168 号

责任编辑:胡 荣   责任校对:李孟潇   版式设计:马 佳

出版发行:**武汉大学出版社** (430072 武昌 珞珈山)
        (电子邮件:cbs22@whu.edu.cn 网址:www.wdp.com.cn)
印刷:湖北民政印刷厂
开本:720×1000 1/16 印张:14.5 字数:203 千字 插页:2
版次:2017 年 5 月第 1 版 2017 年 5 月第 1 次印刷
ISBN 978-7-307-19208-9 定价:48.00 元

目　录

引　论

一

人权是人成其为人应该具有的权利，享有充分的人权，是长期以来人类孜孜以求的理想。人权思想可以说源远流长，最早可以追溯到古希腊时期。当普罗泰戈拉在《论真理》中说出"人是万物的尺度，存在时万物存在，不存在时万物不存在"，人权的核心内涵已经得到了一定的注解，虽然其多少带有相对论与怀疑主义的色彩。当然，"以书面文件的形式出现的人权保障书，首次出现于著名的 1215 年《英国大宪章》"①。现代意义上的人权正是产生于人的主体性觉醒的中世纪，特别是在文艺复兴时期。以"文艺复兴三杰"（达芬奇、莎士比亚、但丁）和意大利的"文学三杰"（但丁、彼特拉克、薄伽丘）等为代表的"巨人"（恩格斯语）们通过不同的艺术形式，反对基督教对人性的束缚，倡导"人的尊严"，提倡"人性"，反对"神性"。其中尤以被誉为"人文主义之父"的彼特拉克最为典型，他不仅最先发出复兴古希腊、罗马文化的号召，还提出要以"人学"来反对"神学"、以"人的

---

① ［瑞士］托马斯·弗莱纳著：《人权是什么?》，谢鹏程译，中国社会科学出版社 2000 年版，第 3 页。

思想"代替"神的思想"。但丁也在《论世界帝国》中将人和人的尊严视为"帝国的基石"。① 薄伽丘则态度鲜明地指出,幸福不在天上,"幸福在人间"。如此,以"人的尊严"为核心的人权思想在这一时期渐趋形成。随后,资产阶级思想家们,高举自由、平等、博爱的大旗,在理论层面,通过格劳秀斯、斯宾诺莎、霍布斯和洛克等人对"自然权利"的大胆假设与周密论证,人权的内涵愈发清晰。而通过一系列的人权实践,如《弗吉尼亚权利法案》、《独立宣言》、《法国人权宣言》等,特别是《美国宪法》及其"十条修正案"(又称"权利法案"),又使人权的逻辑结构愈发清晰,资产阶级人权的核心意涵基本确立。

资产阶级取得政权后,广大工人与贫苦农民的生活状况并没有得到明显的改善,对于他们来说,形式上确立起来的人权与公民权利并没有改变他们在实质上所遭受的剥削与压迫,所谓的自由、平等与人权在现实性上反倒成了资产阶级榨取产业工人剩余价值的合法工具。广大工人与贫苦农民在资产阶级的领导下刚刚摆脱了以等级制为基础的封建专制体系,又陷入了一个以形式上平等遮蔽实质上的资本特权的权力网络。对此,马克思在《资本论》中曾一针见血地指出:"平等地剥削劳动力,是资本的首要的人权。"② 恩格斯也曾针对美国宪法公然承认奴隶制度提出了尖锐批评,他写道:"这种人权的特殊资产阶级性质的典型表现是美国宪法,它最先承认了人权,同时确认了存在于美国的有色人种奴隶制:阶级特权不受法律保护,种族特权被神圣化。"③ 也就是说,在资本主义的生产关系中,人权在本质上就是资产阶级的特权,无产阶级无法从资产阶级的人权观中获得实质上的经济、社会、文化的平等,更无法获得自身的解放。

---

① [意] 但丁著:《论世界帝国》,朱虹译,商务印书馆 1985 年版,第 76 页。

② 《马克思恩格斯文集》第 5 卷,人民出版社 2009 年版,第 338 页。

③ 《马克思恩格斯文集》第 9 卷,人民出版社 2009 年版,第 112 页。

马克思主义人权观则是在批判地继承历史上包括资产阶级人权观等在内的有关人权思想优秀成果的基础上提出来的，其基本点在于人权不是天赋的，而是历史地产生的，受一定的生产方式的制约，是历史的、具体的，即"权利决不能超出社会的经济结构以及由经济结构制约的社会的文化发展"①。马克思主义的人权，不仅特别强调权利与义务的一致性，还将人权同人类的解放联系起来。"工人阶级的解放斗争不是要争取阶级特权和垄断权，而是要争取平等的权利和义务，并消灭任何阶级统治。"② 这就为无产阶级争取自身和全人类的解放指明了方向，即只有人的解放才是人权实现的根本出路，就是要让一个"自由人的联合体"来代替现存的"迷信、非正义、特权和压迫"，进而实现"基于自然的平等和不可剥夺的人权"③。也就是说，只有建立一个反对一切形式的剥削与压迫，并使公民的经济社会文化权利与政治权利协调发展的社会，人权的保障与实现才有制度上的保证，按照马克思主义的经典理论，社会主义与人权保障具有内在的一致性，社会主义制度正是人权实现的制度保证。事实上，人权已经成为评价一个社会制度是否具有合法性的价值指标，"一个保护人权的制度就是好制度。一个侵犯人权甚至根本不承认人权的制度便是坏制度"④。

中国共产党一贯重视对人权的保护，在革命战争时期，在不少解放区或革命根据地颁布过保障人权的法规。颁布于 1931 年的《中华苏维埃共和国宪法大纲》不仅规定了公民的选举、言论、出版、信教、受教育等权利，还大力倡导婚姻自由。对于工人，还特别规定了最低工资制度，并赋予工人有监督生产的权利。在 1940 年 11 月中国共产党还组织领导山东省临时参议会制定了中国历史上第一部人权保障法规——

---

① 《马克思恩格斯选集》第 3 卷，人民出版社 1995 年版，第 305 页。
② 《马克思恩格斯全集》第 21 卷，人民出版社 2003 年版，第 16 页。
③ 《马克思恩格斯选集》第 3 卷，人民出版社 1995 年版，第 356 页。
④ [英] A. J. M. 米尔恩著：《人的权利与人的多样性——人权哲学》，夏勇、张志铭译，中国大百科全书出版社 1995 年版，第 1 页。

《人权保障条例》。其后，中国共产党还在其他根据地领导制定了多部
有关人权保障的法律法规，如 1941 年的《陕甘宁边区保障人权、财权
条例》、《晋西北保障人权条例》，1943 年的《渤海区保障人权条例执
行规则》等。不仅如此，中国共产党还组织和领导了"中国人权大同
盟"等人权组织，开展争取人权的斗争。新中国的成立，为全面保障
人权奠定了坚实的政治基础。1954 年的《中华人民共和国宪法》明确
了国家的一切权力属于人民，并将人权的内容以"公民的基本权利"
的形式加以明确，虽然没有使用人权的概念，但对人权的规范性保障确
是宪制性的。当然，由于一系列的错误思想指导，随后出现了反右派斗
争的扩大化、反右倾机会主义直至"十年文革"，法律权威与民主制度
遭到极大的破坏，人权保障当然也就无从谈起，践踏人权的现象层出不
穷，人民的基本权利根本得不到任何保障。党的十一届三中全会在深刻
总结"无产阶级文化大革命"惨痛教训的基础上，提出"为了保障人
民民主，必须加强法制"的思想，并将以改善人民生活为目的的经济
建设提上议事日程，放弃"以阶级斗争为纲"的指导思想，并从此走
向了改革开放，中国也开始了长达近 40 年的经济发展、社会稳定、政
治进步的黄金发展期。

　　改革开放以来，党更加注重对人权的保障。由于法律与人权以及人
权保障的内在关联性，人权离不开法律的制度化保障。因为人权既是一
种道德权利，也是一项法律原则。论及人权与法律的关系，罗隆基曾说
过："我的结论是法律保障人权，人权产生法律。"① 人是一切法律、
法治的出发点与归宿，法律关系实质上是人与人之间的思想意志关系，
是受法律规范调整的人与人之间的关系。马克思早就说过："不是人为
法律而存在，而是法律为人而存在。"② 因而，人权保障与法治就不可
分离。人权是法治的价值取向，是法治的内在要求；法治是人权保障之

---

　　① 罗隆基：《论人权》，载胡适、梁实秋、罗隆基著：《人权论集》，中国长
安出版社 2013 年版，第 35 页。
　　② 《马克思恩格斯全集》第 3 卷，人民出版社 2002 年版，第 40 页。

治，没有人权，法治也就没有存在的意义。党的十五大正式提出了"建设社会主义法治国家"的思想，并于 1999 年新中国成立 50 周年之际，"中华人民共和国实行依法治国，建设社会主义法治国家"被写入宪法，依法治国正式成为一项宪法原则，也为人权入宪打下了宪法上的规范基础。2004 年 3 月 14 日，在十届全国人大二次会议上，正式以修正案的形式将"国家尊重和保障人权"写入宪法，作为宪法的一项基本原则。我国的人权保障基本实现了制度化、法律化。

二

　　人权保障的法治化并不仅仅在于人权保障的制度化、法律化，更重要的在于，制度化、法律化的人权在实践中是否实现了向现实人权的转化，即现实中的人权是否无限趋近于制度上的人权。根据宪法条款"国家尊重和保障人权"，在人权保障上，国家承担着无可推卸的责任，是当然的义务主体。为此，在经济市场化、政治文明化的今天，国家要如何承担起这样的责任并进行有效的人权保障呢？首先是国家在统治的方式上必须作出创新性的调整。为此，国家不仅要始终坚持改革开放，更要全面深化改革。中共十八届三中全会的召开呼应了这样的需求。其通过的《中共中央关于全面深化改革若干重大问题的决定》提出要在15 个不同领域全面深化改革，并将"完善和发展中国特色社会主义制度，推进国家治理体系和治理能力现代化"设定为全面深化改革的总目标。国家治理体系和治理能力现代化的提出，标志着中国共产党对如何治国理政有了全新的认识，是对马克思主义有关国家理论的中国化创新。

　　根据鲍勃·杰索普的考证，英语中的"治理"（governance）可以追溯到古典拉丁语和古希腊语中的"操舵"一词，只是在晚近才进入社会科学的标准英语词汇之中的。① 格里·斯托克就认为，虽然在辞书中对"治理"与"统治"（government）的理解在相当长的时间内都不作区分，但随着对治理问题研究的深入，治理在用法与内涵方面都发生了较大的变化。罗茨（也有翻译成罗德斯的）也认为治理的广泛使用意味着传统意义上的统治在其内涵上已经发生了变化，意味着一种新的统治过程，也意味着统治的条件已经不同以往，意味着应当以新的方法来统治社会。② 虽然"治理"一词最初被世界银行在 1989 年的报告中用来描述非洲国家所面临的所谓政治状况，其使用了"治理危机"来加以概括，但随后，治理就被广泛地运用于政治发展的相关研究中。自 20 世纪 90 年代以来，"治理"一词已经被不同的学科使用和研究，甚至有学者不无担心地指出，治理有"成为一个可以指涉任何事物或毫无意义的'时髦词语'"③。我国学者俞可平就曾详细梳理过形形色色的治理理论，并指出："治理一词的基本含义是指在一个既定的范围内运用权威维持秩序，满足公众的需要。治理的目的是在各种不同的制度关系中运用权力去引导、控制和规范公民的各种活动，以最大限度地增进公共利益。"④ 他认为，治理与统治至少存在两个基本的区别，即行使权力的权威主体不一样；管理过程中权力运行的向度不一样。

在我国，虽然"治理"一词很早就被引入，但它长期停留在学术研究层面，并没有进入正式的政治话语体系中。随着新世纪的到来，此种状况发生了重大变化。2002 年 11 月，党的十六大在十五大作出"依

---

① 参见［英］鲍勃·杰索普：《治理的兴起及其失败的风险：以经济发展为例的论述》，漆芜编译，载俞可平主编：《治理与善治》，社会科学文献出版社 2000 年版，第 53~55 页。

② See R. Rhodes, The New Governance: Governing without Government, Political Studies, 44, pp. 652-667.

③ ［英］鲍勃·杰索普：《治理的兴起及其失败的风险：以经济发展为例的论述》，漆芜编译，载俞可平主编：《治理与善治》，社会科学文献出版社 2000 年版，第 55 页。

④ 俞可平主编：《治理与善治》，社会科学文献出版社 2000 年版，第 5 页。

法治国，建设社会主义法治国家"的重大决策之后，正式提出"依法治国是党领导人民治理国家的基本方略"。党的十七大则更加强调治理的有效性问题，提出"要坚持党总揽全局、协调各方的领导核心作用，提高党科学执政、民主执政、依法执政水平，保证党领导人民有效治理国家"。十八大则进一步提出"要更加注重改进党的领导方式和执政方式，保证党领导人民有效治理国家；更加注重健全民主制度、丰富民主形式，保证人民依法实行民主选举、民主决策、民主管理、民主监督；更加注重发挥法治在国家治理和社会管理中的重要作用，维护国家法制统一、尊严、权威，保证人民依法享有广泛权利和自由。要把制度建设摆在突出位置，充分发挥我国社会主义政治制度优越性，积极借鉴人类政治文明有益成果，绝不照搬西方政治制度模式"。治理由此进入官方话语并成为党领导人民建设国家的理念与方式发生重大转变的一种承载。

党的十八届四中全会全面深入地探讨了党在新时期如何推进全面依法治国的若干重大问题，并将"建设中国特色社会主义法治体系，建设社会主义法治国家"设定为全面推进依法治国的总目标。基于《中共中央关于全面深化改革若干重大问题的决定》与《中共中央关于全面推进依法治国若干重大问题的决定》（以下简称《决定》）的内在逻辑，"建设中国特色社会主义法治体系，建设社会主义法治国家"与"完善和发展中国特色社会主义制度，推进国家治理体系和治理能力现代化"显然是相辅相成的。没有现代化的国家治理体系与治理能力，就不可能建成社会主义法治国家；没有社会主义法治，也不可能实现国家治理体系和治理能力的现代化。李龙教授将构建法治体系看作是国家治理现代化的基础工程。① 根据《决定》的要求，完整的法治体系包括完备的法律规范体系、高效的法治实施体系、严密的法治监督体系、

---

① 李龙：《构建法治体系是推进国家治理现代化的基础工程》，载《现代法学》2014 年第 3 期。

有力的法治保障体系、完善的党内法规体系。

　　构建完整的社会主义法治体系，前提性的工作就是要形成完备的法律规范体系。2010 年中国特色社会主义法律体系的形成是共和国发展史上一个了不起的成就。但正如习近平同志所说："实践发展永无止境，立法工作永无止境，完善中国特色社会主义法律体系任务依然很重。"① 完备的法律规范体系建设依然任重而道远。法律规范体系的完备性至少要求具备以下条件：第一，法律部门要齐全。虽然法律规范体系不仅仅是部门法体系，还是包括立法体系、效力体系、渊源体系在内的统一整体，但法律部门齐全则是完备的法律规范体系的应有之义。第二，法律规范体系内部要和谐一致。恩格斯指出："在现代国家中，法不仅必须适应于总的经济状况，不仅必须是它的表现，而且还必须是不因内在矛盾而自相抵触的一种内部和谐一致的表现。"② 如果一国的法律、法规与宪法相抵触，次级法与高一级法相冲突，同级法律法规间相矛盾，同一法律规范文件前后章、节、条、款、项之间相矛盾，人们就会无所适从。第三，法律规范要完整。法律规范的完整主要是指其逻辑结构的完整，即一定的行为模式必须配以一定的法律后果。缺乏法律后果，或者后果不适当则必然会削弱法律规范的权威性与严肃性，影响法律的实施。第四，法律用语要科学、统一。"重要的一点，就是法律的用语，对每一个人要能够唤起同样的观念。"③ 如果法律表述不清楚、法律用语的含义不统一，法律的确定性必然要受到影响，进而也就无法保证"同样的案件同样处理"，法律规范的指引、评价等功能就无法实现。当然，完备的法律规范体系应是一个开放、包容的体系，它以体现

---

　　① 习近平：《关于〈中共中央关于全面推进依法治国若干重大问题的决定〉的说明》，载《中共中央关于全面推进依法治国若干重大问题的决定》，人民出版社 2014 年版，第 52 页。

　　② 《马克思恩格斯选集》第 4 卷，人民出版社 1995 年版，第 702 页。

　　③ ［法］孟德斯鸠著：《论法的精神》（下册），张雁深译，商务印书馆 1963 年版，第 297 页。

人民意志、保障人权、实现公平正义、弘扬人类文明为己任。

有了完备的法律规范体系，关键还要看这些法律规范能不能得到有效的实施，毕竟法律的生命力在于实施，法治的生命力也在于实施；法律的权威在于实施，法治的权威也在于实施。法治实施首先就是要保证宪法的实施。宪法是国家的根本大法，依法治国首要的就是依宪治国。《决定》提出了一系列保障宪法实施的措施：完善全国人大及其常委会宪法监督制度，健全宪法解释程序机制；加强备案审查制度和能力建设，把所有规范性文件纳入备案审查范围，依法撤销和纠正违宪违法的规范性文件，禁止地方制发带有立法性质的文件；将每年 12 月 4 日定为国家宪法日，建立宪法宣誓制度等。在构建高效的法治实施体系时，着重要处理好如下问题：一是处理好高效与公正的关系。法治实施的高效必须与公正的法治实施相统一，公正应该是法治实施的灵魂，是高效的前提与基础。"法治只是要政府官吏的一切行为都不得逾越法律规定的权限。法治只认得法律，不认得人。"① 没有公正的高效必然导致法治沦落为专政的工具，陷法治于工具主义的窠臼；高效主要强调的是法治的及时性，是公正的内在要求。西方法谚有云，"迟到的正义非正义"，道出了高效对于正义和法治实施的重要性。所以笔者的建议是将高效的法治实施体系改为公正的法治实施体系。二是正确认识法治实施与法律实施的关系。法律实施是法治实施体系的核心和基础，但法律实施并不等于法治实施。法治实施不仅包括法律实施，还包括党内法规实施、社会组织规范实施、道德规范实施以及乡规民约等社会生活规范实施等在内的实施体系。三是要重视法治实施能力建设。法治实施能力建设包括党依法执政能力建设、行政机关及其工作人员依法行政能力建设、司法机关及其工作人员公正司法能力建设、公民和社会组织的守法意识和能力建设等。其中，依法执政能力建设是关键，公正司法能力建

---

① 胡适：《人权与约法》，载胡适、梁实秋、罗隆基著：《人权论集》，中国长安出版社 2013 年版，第 6 页。

设是核心，依法行政能力建设是重点，全民守法能力建设是根本。

一国的监督体系是保证其国家权力正当行使和维护法制统一和尊严的重要措施。监督就是要保证反映在宪法法律中的广大人民的意志和利益能够得到真正的实现，防止权力的滥用、懈怠和错用而伤害人民的利益。"一切有权力的人都容易滥用权力"，"要防止滥用权力，就必须以权力约束权力"。① 一个良好的监督体系，可以有效地规范国家权力的行使，从而保证国家法律的严格实施。《决定》指出，要加强党内监督、人大监督、民主监督、行政监督、司法监督、审计监督、社会监督、舆论监督制度建设，努力形成科学有效的权力运行制约和监督体系，增强监督合力和实效。在全面推进依法治国的当下，严密的法治监督体系的构建需要注意以下几点：一是要坚持人民主体地位。人民是国家权力的源泉，人民也应拥有对国家权力的最具根本性的监督力量。无论是法律的制定还是实施，都应该接受人民的监督，且这种监督必须是有效的，而不是理论上的。为此就必须赋予人民最广泛的参与权，厉行立法公开、执法公开与司法公开，并创建建制化的参与与监督机制，从而保证法律的合法制定与有效实施。二是要完善国家机关间的监督体制。关键是要设计一个科学合理的权力监督体系，既能发挥各个机关的效能，又能保证其权力运行的法治化。三是要创建中国特色的宪法实施监督体制。《决定》虽然提出了要"完善全国人大及其常委会宪法监督制度，健全宪法解释程序机制"，但具体的制度设计尚未出台。必须注意的是此项制度事关重大，应坚持有效性与中国实际相结合，以免与改革的初衷相违背。四是监督力量必须体系化。体系化就是要求各种监督力量必须职责分明、各司其职，形成法律监督与社会监督相协调，建制化监督与非建制化监督相配合，权力监督与权利监督相统一的监督网络。五是监督体系必须法治化。全面推进依法治国要求任何的监督力量

---

① ［法］孟德斯鸠著：《论法的精神》（上册），张雁深译，商务印书馆 1961年版，第 154 页。

都必须依法监督，监督活动必须限制在法律范围内，绝不允许采用非法的手段。特别是在网络无比发达的今天，如何做到既利用其强大的传播力，又不溢出法律的边界，是一个亟待解决的法治课题。

相较于法律规范体系、法治实施体系和法治监督体系而言，法治保障体系是个新名词，也是一种全新的提法。至于法治保障体系具体包含哪些内容还需要学界作深入的研究。不过，可以明确的是，无论是法律规范的制定、法治的实施都需要一定的保障，系统性的法治保障必然有利于法治的实现。从理论上来考察，法治保障体系应当是包括政治、经济、社会、文化、制度、思想等保障要素的统一整体。就《决定》来看，有力的法治保障体系包含：第一，社会主义民主政治保障。没有民主的政治就不可能有现代的法治。社会主义法治兼具法治的共性又具社会主义的个性，其代表了当今世界法治发展的基本方向，必须建立在社会主义的民主政治之上。这就需要坚持党的领导为根本政治原则，以保障人民当家作主为核心，坚持和完善人民代表大会制度，坚持和完善中国共产党领导的多党合作和政治协商制度、民族区域自治制度以及基层群众自治制度，使其制度化、规范化、程序化。第二，社会主义市场经济保障。现代法治产生于商品经济时代并发展于现代市场经济，其建立在市场经济的基础之上。这就需要使市场在资源配置中起决定性作用，由于我国的市场经济是社会主义的市场经济，这就决定了政府必然要在市场中更好地发挥其作用。为此，必须以保护产权、维护契约、统一市场、平等交换、公平竞争、有效监管为基本导向，完善社会主义的市场经济。第三，社会主义的文化保障。法治的建立和发展都离不开一定的文化，社会主义法治离不开社会主义先进文化的保障。这就需要坚持社会主义先进文化的前进方向、遵循文化发展规律、有利于激发文化创造力、保障人民基本文化权益的文化制度，并抓紧制定公共文化保障法和文化产业促进法。第四，全民的法治观念保障。作为行为规范的法律，其最终的实现要靠公民的普遍守法。《决定》指出，法律的权威源自人民的内心拥护和真诚信仰。必须坚持把全民普法和守法作为依法治国的长期基础性工作，深入开展法治宣传教育，引导全民自觉守法、遇事找法、解决问题靠法。增强全社会厉行法治的积极性和主动性，形成守法光荣、违法可耻的社会氛围，使全体人民都成为社会主义法治的忠实崇尚者、自觉遵守者、坚定捍卫者。第五，法治的工作队伍保障。全面推进依法治国，必须大力提高法治工作队伍的思想政治素质、业务工作能力、职业道德水准，着力建设一支忠于党、忠于人民、忠于法律的社会主义法治工作队伍。这就要求深入开展社会主义核心价值观和社会主义法治理念教育，推进法治专门队伍正规化、专业化、职业化，提高职业素养和专业水平。第六，法律服务体系保障。良好的法律服务体系的构建必然有利于全面推进依法治国战略的实施，这就要求推进覆盖城乡居民的公共法律服务体系建设，完善法律援助制度，健全司法求助体系，发展律师、公证等法律服务业，形成完备的法律服务体系。当然，百年大计，教育为本。全面推进依法治国离不开法治人才培养的创新机制，必须让中国特色社会主义法治理论进教材进课堂进头脑，培养造就熟悉和坚持中国特色社会主义法治体系的法治人才及后备力量。

《决定》特别将党内法规体系纳入中国特色法治体系中，这是党中央深思熟虑后的慎重决定。党内法规是管党治党的重要依据。基于中国共产党在中国的执政党地位，其不仅要模范遵守国家法律，而且要按照党规党纪以更高标准严格要求自己，方能真正实现党领导立法、保证执法、支持司法、带头守法。全面推进依法治国，对党内法规体系提出了更高的要求：一是要坚持党内法规的党内性。必须将党内法规与国家法律法规和政府的规章制度区别开来，不能以党内法规代替法律，也不能以党内法规代替政府的规章制度。二是要保证党内法规合乎法律或不违背法律。必须坚持党在宪法和法律的范围内活动，各级党员干部要对法律心怀敬畏之心，牢记法律红线不可逾越、法律底线不可触碰，带头遵守法律，带头依法办事，更不能以言代法，以权压法、徇私枉法。完善党内法规体系，要加强党内法规的制定机制建设，加大党内法规备案审查和解释力度，并促进党内党规与国家法律体系内在统一、协调一致、相得益彰。三是党内法规运行要公开透明。中国共产党是执政党，在全国拥有 8000 多万名党员，他们既是无产阶级的代表，也是中华人民共和国的公民。党内法规固然要严于国家法律，但公开透明却是法治的基本要求。特别是对违规违纪党员的处理，在程序上一定要坚持公开透明，这样既能体现党对法治的坚守，也能接受广大人民群众的监督，更能增强党在人民群众中的威信与领导力。这并不是要削弱或贬低党内法规在社会主义法治建设中的地位，恰恰相反，这既符合党在宪法法律范围内活动的党章精神，也符合法律拥有至上权威的法治精神，也更加有利于党对社会主义法治的领导，进而增强其在国家、社会生活中的影响力。

三

中国特色社会主义法治体系的构建，不仅是国家治理现代化的基础工程，也将"国家尊重与保障人权"提升到了一个新的高度。国家治理现代化内在地要求国家治理法治化，但是，并非意味着国家治理的法治化就是国家治理的现代化。在现代化的视域中，国家治理现代化至少应该包含两个层面的意涵：一是作为过程的国家治理现代化；二是作为结果的国家治理现代化。如果从唯物主义的基本原理出发，运动才是世界的存在方式。那么，现代化就应该是一个需要不断发展和充实的概念。因此，国家治理现代化既是政治、经济、社会现代化进程的反映，也是政治、经济、社会现代化的必然要求。俞可平认为有五个要素可以用来衡量一个国家的治理是否现代化，即公共权力运行的制度化和规范化、民主化、法治、效率、协调。其将民主视为现代国家治理体系的本质特征，并因此而区别于传统国家治理体系。① 因而，国家治理的现代

---

① 俞可平著：《论国家治理现代化》（修订版），社会科学文献出版社 2015年版，第 4 页。

化必须要将法治与民主协调起来。

民主作为人类社会文明进步的重要标志，"是一切国家制度的本质"。① 马克思与恩格斯明确地把民主作为无产阶级革命的首要目标，指出："工人革命的第一步就是使无产阶级上升为统治阶级，争得民主。"② 马克思主义始终坚持民主与法治的辩证统一。习近平同志就曾明确指出："人民是依法治国的主体和力量源泉。"③ "依法治国，是坚持和发展中国特色社会主义的本质要求和重要保障，是实现国家治理体系和治理能力现代化的必然要求，事关我们党执政兴国，事关人民幸福安康，事关党和国家长治久安。"④ 因此，依法治国作为治国方略，其目标始终是人民当家作主，偏离这一目标，中国特色的社会主义法治就将沦为集权专政的护身符。也就是说，离开民主的法治必然出现官僚主义和专断主义；离开法治的民主必然导致无政府主义。当然，我们这里讲的民主，不是指资产阶级的那个受资本决定的民主，而是社会主义民主。人民当家作主是对民主升华的中国表达。"人民民主是社会主义的生命。"⑤ 人民当家作主是中国特色社会主义民主政治的本质和核心。离开了人民当家作主这一价值目标，放弃了人民当家作主这一根本要求，人民的政权就名实相背，党就会变质。早在 1945 年那场著名的"窑洞对"中，毛泽东同志就提出用"民主"来跳出黄炎培先生所提的"历史周期率"。毛泽东说，我们已经找到新路，我们能够跳出这周期率。这条新路就是民主。黄炎培也认为："这话是对的。只有大政方针

① 《马克思恩格斯全集》第 3 卷，人民出版社 2002 年版，第 40 页。
② 《马克思恩格斯选集》第 1 卷，人民出版社 1995 年版，第 293 页。
③ 《中共中央关于全面推进依法治国若干重大问题的决定》，人民出版社 2014 年版，第 6 页。
④ 《中共中央关于全面推进依法治国若干重大问题的决定》，人民出版社 2014 年版，第 1 页。
⑤ 胡锦涛：《高举中国特色社会主义伟大旗帜 为夺取全面建设小康社会新胜利而奋斗——在中国共产党第十七次全国代表大会上的报告》，人民出版社 2007 年版，第 21 页。

决之于公众，个人功业欲才不会发生。只有把每一地方的事，公之于每一地方的人，才能使地地得人，人人得事。用民主来打破这周期率。怕是有效的。"① 也正因为此，"人民共和"就凝结了共产党人无比崇高的理想信念，也充分彰显了时代的价值与民主的光辉。

当然，我们谈论民主，除了要将其与法治统一起来，也要将其与党的领导统一起来。因为"党的领导是中国特色社会主义最本质的特征"，"坚持党的领导，是社会主义法治的根本要求，是党和国家的根本所在、命脉所在，是全国各族人民的利益所系、幸福所系"。② 党的领导的根本目的是人民当家作主，人的全面发展、人民的根本利益，是党的出发点和落脚点。没有党的领导，人民当家作主和依法治国只能是镜花水月。当然，党的领导也必须通过人民当家作主来实行依法治国。在本质上，无论是依法治国还是党的领导，都是以人民的利益实现为依归，最终都是要实现人权的充分保障。

国家治理现代化的民主内涵及其民主追求，在人权层面，不仅表现在政治上的人民当家作主和国家的一切权力属于人民这样的宪制宣誓，更多的则体现在如何让人民能通过多种民主形式，参与到国家的政治、经济、社会建设的实践中去，实现共治与善治。一定意义上可以这样认为：没有参与就没有民主。实践中，我国的民主形式至少存在这样几种：选举民主、协商民主、谈判民主、自治民主。中国特色社会主义民主制度下的多样民主形式，不仅在制度上保证了我国公民民主权利的实现，也在现实性上提供了多样的公民参与途径与方式，这既是我国人权保障的制度特色，也是我国人权保障的制度优势。

---

① 黄炎培：《延安归来》，载《八十年来》，文史资料出版社1982年版，第148~149页。

② 《中共中央关于全面推进依法治国若干重大问题的决定》，人民出版社2014年版，第5页。

四

以习近平同志为核心的党中央，自党的十八大以来，提出了一系列关于人权理论的新理念、新观点和新思想，形成了中国特色社会主义人权理论体系的基本框架，凝结为马克思主义人权理论的最新伟大成果。这一理论的鲜明特点就是以唯物史观为理论基础、以人民中心为政治导向、以生存权发展权为核心、以人的全面发展为目标，使人权理论回归到人本身，强调对人格尊严和幸福生活的保障。在其上任伊始，习近平同志就把"人民对美好生活的向往"视做新一届党中央的奋斗目标。① 在 2012 年 11 月 29 日参观《复兴之路》展览时更是首次提出"中国梦"，并指出："实现中华民族伟大复兴，就是中华民族近代以来最伟大的梦想。"② 其强调指出："中国梦归根到底是人民的梦，必须紧紧依靠人民来实现，必须不断为人民造福。"③ 正是这种以民为本，将人民利益始终放在第一位的执政与治国理念，更加凸显了人权保障作为国家治理的目标价值。

"中国梦"的实现，首先就要解决人民的生存权与发展权问题，也就是要首先解决民生问题，实现全面小康。为此，习近平同志于 2014 年 12 月 13 日、14 日在江苏调研时提出了"四个全面"的思想，这是其对治国理政经验的科学总结，是新时期国家各项建设的总纲，是对中国道路、中国理论和中国制度的高度凝练。"四个全面"的战略布局，是治国理政的大系统，是不可分割的整体。全面建成小康社会是目标，

① 《习近平在十八届中央政治局常委同中外记者见面时的讲话》，载《人民日报》2012 年 11 月 16 日。

② 习近平：《实现中华民族伟大复兴是中华民族近代以来最伟大的梦想》，载《习近平谈治国理政》，外文出版社 2014 年版，第 36 页。

③ 习近平：《在第十二届全国人民代表大会第一次会议上的讲话》，载《习近平谈治国理政》，外文出版社 2014 年版，第 40 页。

全面深化改革是动力，全面依法治国是方略，全面从严治党是关键，集中体现了人民群众创造历史和全心全意为人民服务的价值观与历史观，是从中国实际出发符合中国国情的发展战略与大政方针。作为"四个全面"的阶段性、总体性的目标，全面建成小康社会是实现"中国梦"的重要步骤。习近平同志指出："中国已经进入全面建成小康社会的决定性阶段。实现这个目标是实现中华民族伟大复兴中国梦的关键一步。"① 在党的十八届五中全会和"十三五规划"中，民生建设被放在了重中之重，提出了"创新、协调、绿色、开放、共享"的发展理念，把"促就业"、"保脱贫"、"强教育"、"涨收入"、"重健康"、"助养老"作为规划的重中之重，这些无一不是事关人的生存权与发展权。

当前，影响我国全面建成小康社会实现的，无疑是贫困人口的脱贫问题。现在，虽然我国的 GDP 总量已稳居世界第二，在国际上的影响已举足轻重。但是，中国是一个人口大国，也是一个城乡与地域发展极不平衡的大国。据统计，截至 2014 年底，我国尚有 7000 多万农村贫困人口。"没有农村的全面小康和欠发达地区的全面小康，就没有全国的全面小康。"② 因此，在 2015 年 11 月 27 日至 28 日召开的中央扶贫开发工作会议上，中央提出今后的扶贫工作应重点强调精准扶贫、精准脱贫，重在脱贫成效。随后的 11 月 29 日，中共中央、国务院颁布了《中共中央国务院关于打赢脱贫攻坚战的决定》，该决定提出到 2020 年，稳定实现农村贫困人口不愁吃、不愁穿，义务教育、基本医疗和住房安全有保障，解决区域性整体贫困。国家统计局 2016 年 2 月 29 日发布的《2015 年国民经济和社会发展统计公报》显示：2015 年我国农村贫困人口从上年的 7017 万减少到 5575 万，减少 1442 万人（比上年多减少 210 万人），贫困发生率从上年的 7.2%下降到 5.7%。

---

① 《弘扬丝路精神，深化中阿合作》，载中共中央文献研究室编：《习近平关于协调推进"四个全面"战略布局论述摘编》，中央文献出版社 2015 年版，第 37 页。

② 《在广东考察工作时的讲话》，载中共中央文献研究室编：《习近平关于协调推进"四个全面"战略布局论述摘编》，中央文献出版社 2015 年版，第 24 页。

进入 2016 年，国务院新闻办更是连续发布了四部人权文件，分别是 6 月 2 日发表的《新疆的宗教信仰自由状况》白皮书、9 月 29 日的《国家人权行动计划（2016—2020 年）》、9 月 12 日的《中国司法领域人权保障的新进展》以及 10 月 17 日的《中国的减贫行动与人权进步》白皮书。这一方面说明了我国对人权保障的重视，另一方面也说明了我国在人权保障领域已经取得了丰硕的成果。

刚刚闭幕的党的十八届六中全会，既是对全面从严治党战略的贯彻，也是对全面从严治党战略的具体布局。全会审议通过了《关于新形势下党内政治生活的若干准则》，修订了《中国共产党党内监督条例（试行）》，提出要严厉打击党内的不正之风特别是党员的贪污腐败行为，坚持党来自人民，人民是党的根基，党必须坚持全心全意为人民服务的根本宗旨，保持同人民群众的血肉联系，坚持问政于民、问需于民、问计于民，千方百计为群众排忧解难。对一切搞劳民伤财的"形象工程"和"政绩工程"的行为，要严肃问责追责，依纪依法处理。应该说，这既是中国共产党的政党属性要求，也是习近平同志以改革、法治、人权为核心的治国理政思想的体现。

实现充分的人权，建立一个"自由人联合体"是中国共产党人的历史使命。作为执政党，其如何领导全国各族人民，立足于马克思主义理论与中国当代实践的有机结合，既继承中国优秀的传统文化，又吸收世界上一切文明的先进思想，在国家治理过程中实现人权的充分保障，早日实现中华民族伟大复兴的"中国梦"？这不仅需要全党全国人民的精诚团结、锐意进取，也需要广大理论工作者的学识贡献。本书正是尝试通过对国家治理与人权保障中几个重大问题的初步探讨，为相关的理论研究与实践探索提供智识上的支持。对于书中可能存在的理论不周和疏漏，恳请读者批评指正！

第一讲 正确认识"国家治理"的科学内涵

自从党的十八届三中全会提出"国家治理现代化"这个富有时代精神的论断以来，它已引起了我国理论界的极大关注，人们在学习和贯彻中纷纷对其进行解读，其中多数观点是正确的，但也存在一些误读。很显然，澄清一些误读，对深入学习与全面推进国家治理体系现代化建设，无论在理论上还是实践上都是有益的。

一、"舶来品说"

有些学者在考证"国家治理"词源时，认为它是西方国家的舶来品，一说源于 19 世纪的维也纳治理体系；也有认为始于 20 世纪兴起的西方新管理学范畴，更多的则说是西方社会学的基本概念。这不是没有根据的猜想，但不是准确的客观事实，当然，在西方这些学科与相关事件中，的确出现过"国家治理体系"这个词。但至少有两点是不正确的。一是早在古希腊时期，亚里士多德就使用过这个词；二是 18 世纪的卢梭就明确说过："要把我们的力量集结成一个至高无上的权力，这个权力根据明智的法律来治理我们，以保卫所有这一团体中的成员。"①

_____

① ［法］卢梭著：《论人类不平等的起源和基础》，李常山译，商务印书馆 1962 年版，第 128 页。

问题还不仅仅如此，而是在于：我国在两千多年前就有治理的理念；更在于党的十八届三中全会所讲的"国家治理体系现代化"既富有时代精神，更富有民族精神，它不是任何主观意志的臆断，而是在我国历史传统、文化传统、经济社会发展的基础上长期发展、渐进改进、内生性演化的结果。正如党的十三大报告早就指出的那样：我们党开始以全新的角度思考国家治理体系问题。

从某种意义上讲，"治理"一词几乎贯穿于我国历代思想家的言行。春秋战国时期，天下大乱，国家急需治理，于是诸子百家，各显其能。儒家倡导"仁政"，提出"仁爱"，孟子说"君施教以治理之"。道家主张"无为而治"、"道法自然"（《道德经》）。墨家提出"兼相爱"、"交相利"（《墨子》）。法家力举"以法治国"（管仲），主张"以法为本，法、术、势相结合"（韩非）。百家争鸣围绕一个主题，就是国家治理。

在廿四史中，几乎卷卷有"治理"的记载和论述，从《汉书》至《清史稿》无不涉及治国理政，即使在分立时期，如南北朝时期和唐以后的"五代"，当政者均言治理。无论是汉族，还是少数民族主政，均"焦心劳思，以求治理"。① 当然，那时的统治者实属封建官僚，其治理无不是为了巩固剥削阶级的统治。但其中，某些治国安邦的举措，特别是诸如"忠孝仁爱、信义和平"、"礼义廉耻"等格言与警句，取其精华，古为今用，还是大有用处的。我们现在讲治理，在某种程度上是对历史传统、文化传统的总结与发展。

当然，国家治理现代化更多地是马克思主义中国化、时代化、大众化的成果。早在19世纪，马克思在《路易·波拿巴的雾月十八日》和恩格斯在《德国的革命与反革命》中便提到了"治理"问题。中国共产党自十一届三中全会后，提出了"四个现代化"的伟大目标，党的十三届五中全会提出了"治理整顿，深化改革"的决策。从21世纪

_____

① 《清史稿·世祖本纪》。

起，党和国家把治理运用到各个领域，并从社会管理领域首先突破，提出要构建"党委领导、政府负责、社会协同、公众参与、法治保障"的中国特色社会主义社会治理新格局，并作为事关党固、国稳、民安的头等大事来抓。2013 年党的十八届三中全会作出了全面深化改革的战略部署，明确了完善与发展中国特色社会主义制度、推进国家治理体系和治理能力现代化的总目标，从而，注重顶层设计与末端治理相结合的系统性改革与治理方式正式形成。

二、"管理、治理对立说"

有些学者在解读"国家治理"，特别是在阐释"治理"与"管理"的相互关系时，一般强调两者的对立，而忽视两者的统一。且不说这一观点违背了"对立统一"这一基本思维规律，事实上也是违背客观事实的，任何"治理"，都是以"管理"为前提的，因此，《辞海》（第六版）对"治"这个词作如下解释："治理、管理"。就是说，"治"这个词本身就是包含了"管理"的意思。我国最早使用"治理"这个词的始于西周，《周礼》中说，有一种官职名曰"司寇"，其下设有户籍管理，就是说，治理最初的含义就是"管理"。

把治理与管理对立起来，据说来源于 20 世纪 90 年代在西方国家兴起的新的管理范式，考夫曼等人首次提出"国家治理"概念。我国有不少学者研究过这个问题，有同意的，也有反对的，要辩证地看待两者关系，不能机械地强调对立，更不能离开中国国情，照搬西方那一套。当然，持"管理与治理对立论"观点的人，有的人是由于对"治理现代化"认识不清造成的。其实"国家治理"包括三个方面：政府治理、市场治理和社会治理。三者有相同的地方，也有不同的地方。多数人认为，政府治理是离不开"管理"的，因为政府治理的主体，主要是政府，其活动主要形式是行政管理，"多中心"、甚至"多主体"只是个别情况，尤其是在当代中国，在政府领域不存在"多中心"。就是在社会领域，也不提倡"多中心"，而是构建"党委领导、政府负责、社会协同、公众参与、法治保障"的新格局，可以出现"多主体"和"共治"。但决不会主张"管理、治理对立论"，而主张"管理"与"治理"相互依存、相互包含，尽管管理与治理有区别，甚至可以说，治理是管理的高级形态。但"管理"与"治理"有很多共同点：一是都是维持一定秩序的基本手段，特别是保障公共秩序的重要工具；二是它们都是调整社会关系、规范人们行为、维持公共利益、保障人权的最佳选择；三是在政府治理的有些领域，如税收、国防、公共事务，必须以管理为基础。总之，我们不能将管理与治理对立起来，应该用辩证法来看待两者的关系。

三、"公民社会说"

对于当代中国法理体系现代化的理论依据，无疑多数学者认为是中国特色社会主义理论体系，因为它是马克思主义中国化、时代化、大众化的集中体现，最能反映中国国情，最能继承与提升中华民族传统的精华，最能充分彰显中国人智慧和利益。但也有人从西方国家那里借来了"公民社会说"，甚至还偏离历史，说马克思讲过公民社会。不错，马克思在1843年写的《黑格尔法哲学批判》中，曾重点批驳黑格尔关于国家决定市民社会的观点，并认为市民社会同私人利益有直接关系，甚至把市民社会同资本主义私有制联系起来，把市场经济作为市民社会的核心部分，始终标志着从生产和交往发展起来的社会组织。因此现代西方国家和某些同志讲的"市民社会"，并非马克思与黑格尔当年争论的市民社会。其实市民社会有三个历史阶段，这三个阶段的含义有重大区别。第一阶段是古代的市民社会，即亚里士多德所讲的"政治共同体"，与"政治国家"是同义语。第二阶段是18—19世纪，黑格尔和马克思等人应用"政治国家—市民社会"的两分法来分析社会的总体结构，尽管他们的观点是对立的，但对市民社会同市场经济、私人利益的看法基本一致。第三阶段是 20 世纪以后至今，或者称之为"公民社会"的当代转型。经过帕森斯的"社会共同体"、前期哈贝马斯的"公共领域"和后期哈贝马斯的"生活世界"，被称为"后马克思主义者的美国人阿拉托和科亨"，提出了"重建公民社会"的主张，系统地把社会总体结构三分为"政治社会、经济社会、公民社会"模式。而所谓公民社会的结构性要素，主要包括私人领域、社会组织、公共领域、社会运动等。在世纪之交，西方国家又将这一观点综合为"社会中心说"，认为一切坏事都是政府干的，一切好事都是公民社会干的，特别是对政党极为不满，主张把执政党"踢出去"。由此可见，"公民社会"是西方国家的产物，适合于资本主义制度，而不适应中国国情，即与中国"水土"不服，我们根本不能模仿，更不能照搬。当然，对其中某些问题，通过分析也是可以借鉴的，如对个人权利的保护问题，公众参与某些方式问题。

不能以"公民社会"作为社会治理的理论依据。那么，我们社会治理靠什么作为理论支撑呢？回答肯定是有的。这就是中国特色社会主义理论体系，特别是作为其重要组成部分的习近平同志系列重要讲话、关于"中国梦"的理论、关于"法治中国"、关于"法治国家、法治政府、法治社会一体建设"等论述。西方把社会称为"公民社会"，我们则称为"法治社会"。这是我国的独创。过去，没有"法治社会"的专门术语，而是把"法治社会"作为"法治国家"的同义语，或作为"法治国家"在社会领域的延伸。考证中外史籍，尚无"法治社会"的专著与专论。因此，作为社会治理的理论支撑的"法治社会"是中国的独创，是中国对人类法治文明和社会治理的重大贡献。该理论的基本格局是党的十八大提出与完善的"党委领导、政府负责、社会协同、公众参与、法治保障"，其基本特征包括：（1）他律与自律相结合；（2）多层次与多主体相结合；（3）源头治理与综合施策相结合；（4）

公众参与与选拔精英的结合。法治社会的基本思想是：既反对国家社会一体化，也否定国家社会对立论，而是主张国家—社会相互依存观，国家必须以社会为基础，社会必须以国家为主导。在各方面彰显法治社会的中国特色、中国风格和中国气派。

四、关于"国家治理体系"的科学内涵

这是在推进国家治理体系与现代化进程中首先必须弄清楚的问题，一般来讲，它至少应包括：治理的领域、治理的主体、治理的方式、治理的对象、治理的价值取向、治理的成效，这是横向的；还有纵向的，它包括源头治理、综合治理、目标治理、共同治理以及单向治理。横向治理又如表1所示：

表1

领域	治理主体	治理对象	治理方式	治理价值取向	治理成效
政府	人民群众、人民代表大会、执政党、政府	公共事务、官员	法治	公平正义、限制权力	合理、高效、廉洁
市场	政府、企业	经济事务	规制、保障	公平交易、秩序	正当竞争、反垄断
社会	执政党、政府、社会组织、个人	社会事务	法治、自治	维护秩序、保障人权	社会和谐

如果上述对国家治理体系的理解是正确的，那么下列说法就值得研究，至少是不全面的。一是把国家治理体系单独理解为：多层次、多主体、多中心、共同治理的结果。当然，国家治理确实是多层次、多主体甚至多领域，但不能是"多中心"，因为国家治理体系在我国始终是在

党的领导下进行的，不可能形成多中心。这里讲"三多"或"四多"，不是体系问题，而是方法与治理形式问题。二是把国家治理体系理解为"善治"与"共治"问题。善治与共治是治理的方式与方法，而不是结构与体系问题。何况，善治与共治也不是一个层面的问题，一个是方式，另一个是方法的问题，不属于体系的范围。

那么，当代中国国家治理体系是什么呢？习近平总书记说过，治理体系要在法治的轨道上运行。这个轨道可以概括为：

第一，党的领导、人民当家作主和依法治国的有机统一，是当代中国国家治理体系的总原则。离开人这个总原则，国家治理体系便建立不起来，即使建立起来了也不可能具有中国特色、中国风格和中国气派！

第二，法治是当代中国治理体系的基础。因为法治是现代化国家的基本标志，没有法治这个治国理政基本方式的引导、规范、促进和保障，国家治理体系现代化只能是一句空话。

第三，"党委领导、政府负责、社会协同、公众参与、法治保障"，这不仅是社会治理的基本格局，也是政府治理与市场治理的基本格局。当然，政府治理与市场治理还有其他方式与形式。

第四，"限权与保权"是当代中国国家治理体系现代化的价值取向。限权就是限制公共权力，使权力在阳光下运行，把权力关进制度的笼子里。保权就是保障人权，切实落实"法律无禁止即自由"的原则。

第五，加快法治中国建设，坚持依法治国、依法执政、依法行政共同推进，坚持法治国家、法治政府、法治社会一体建设，要把建设法治社会提上日程。

第六，坚持"洋为中用"、"古为今用"原则，立足国情，坚持在我国历史传统、文化传统、经济社会发展的基础上，使国家治理体系现代化成为内生性演化的结果。

总之，国家治理体系现代化是前无古人的伟大事业，是中华民族的伟大创举，需要在长期的实践中不断探索、不断升华。本讲提出商榷的几个问题，仅仅是抛砖引玉，有待理论界共同研讨。

第二讲　构建法治体系是国家治理现代化的基石

一、国家治理现代化释义

（一）国家治理现代化的科学内涵

国家治理，自古有之，穷其词源，可以追溯到古希腊文，直译为"掌舵"，含有引导、控制之意。其实，在原始社会就有"治理"一说，恩格斯的《家庭、私有制和国家的起源》一书，就明确提到易洛魁人内部"治理"的若干问题。我国著名史学家司马迁在《史记》也提到："言遍告天子治理之言也。"① 事实上，"治理"贯穿于我国历代思想家之言行。春秋战国，天下大乱，国家急需治理。于是诸子百家，各显其能。商鞅在秦国通过两次变法，使之由弱变强。秦王在此基础上，"以吏为师"、"以法为教"，用武力横扫六国，建立了中央集权的封建帝国。从此以后，历代王朝，大多采用过"治理"，二十四史中均有记载。当然，封建王朝的治理，充满了血腥的镇压。在西方，据说古希腊时期，亚里士多德在著作中就使用过"治理"一词，但不具体。直到

---

① 司马迁著：《史记》，中华书局1959年版，第34页。

18 世纪，资产阶级思想家卢梭才明确地讲到了"治理"，他提出："要把我们的力量集结成一个至高无上的权力，这个权力根据明智的法律来治理我们，以保卫所有这一团体中的成员。"① 当然，这个时候的"治理"实际上是理论宣传而已，但对人们有一定的启发与引导作用。

历史推进到 20 世纪 90 年代，联合国开发计划署总结人类管理经验，认为治理是一种"公共管理框架"，以正义、平等、高效的法律系统为基础，包括正式的和非正式的制度和规则，但其基础不是控制，而是协商，治理本身不是一套规则或制度，而是一个过程；只有一套共同的权利与责任观念，才能符合人类集体利益。还有一种说法，欧洲于 19 世纪出现了一种国家权力均衡状况，即 1815 年拿破仑在滑铁卢失败以后，欧洲曾出现过百年和平的局面，而这一局面是维也纳体系创造与维持的。尽管这个局面由大国，如英、德、俄、意、奥等国控制，但各方力量平衡，处于均势，不存在单一的霸权，后来人们就习惯地将欧洲这种力量均势而非存在单一霸主地位的体系称为"维也纳治理体系"。

1995 年，有一个名叫"全球治理委员会"的机构，在其发布的《天涯成比邻——全球治理委员会报告》中，明确提出了"全球治理"的概念，指治理就是"各种各样的个人、公共的或个人的团体处理其共同事务的总和"②。当然，这个报告是以西方的理念为基础的，没有也不可能揭示治理的本质，但有一定的参考价值。

中国共产党基于对历史规律的认识，特别是基于对中外历史经验与教训的科学总结，从当今中国实际出发，在党的十八届三中全会上，正式提出构建"国家治理体系与治理能力现代化"这个极为重要的伟大战略。

在弄清国家治理体系现代化的科学内涵之前，首先要正确认识

---

① ［法］卢梭著：《论人类不平等的起源和基础》，李常山译，商务印书馆 1962 年版，第 128 页。

② ［瑞］卡尔松、［圭亚那］兰法尔主编：《天涯成比邻——全球治理委员会报告》，中国对外翻译公司 1995 年版，第 1 页。

"管理"与"治理"的历史联系和主要区别。毫无疑问，两者有必然的联系并相互包容。一般而言，治理是管理发展的必然结果，或者说治理是管理现代化的产物，两者既有联系，又有区别：（1）主体不一样。在多数情况下，管理的主体是一个，即受人民委托的国家机关，以及在特殊情况下，受法定机关授权的社会组织。而治理的主体，都是多元的，除国家机关，以及基层自治组织，各类中介机构、各类社会团体、各类社会基金外，还包括各种非政府组织、非营利的经济组织等，还包括公民个人。主体不仅多元，而且多层次、多领域，如政治领域、市场领域和社会领域等。（2）地位不一样。管理存在管理与被管理的地位区分，相互间是领导与被领导的关系，其核心是服从，即下级服从上级，地位不平等。而治理不存在上下级关系，而是一种互助关系，相互帮助、相互支撑，在法律上不存在隶属关系。（3）效果不一样。由于管理与被管理是上下级关系，下级服从上级就成为了管理的核心内容，它们之间不存在互动问题。而治理却不同，它们之间是平等互利关系，不可能发生对抗性矛盾。在治理状态中，互利合作，团结共赢，根本就不存在对抗性矛盾，其效果当然是好的。

"管理"与"治理"的区别又可见表2。

表2

类别	主体	对象	方式	价值	效果	影响
管理	一元	公共事务	法治	尊重与保障人权	一般	维护秩序
治理	多元	社会事务	善治 自治 共治 } 法治	公平正义	良好	保障人权

国家治理现代化，是当今世界国家治理的最佳方式，它不仅使全体公民参与其中，而且有利于实现党的领导、人民当家作主和依法治国的

有机统一，是实现伟大的中国梦的最佳选择。我国是多民族国家，在祖国长期的发展中，各民族用自己勤劳的双手，共同筑起了美好的家园，现在强调国家治理现代化，更有利于各民族的友好和团结，共同建设好美好的家园，共同建成伟大的小康社会。

国家治理现代化，是当今世界最先进、最科学的国家治理形式，多年来的实践证明：我们要实现伟大民族复兴，必须坚持中国共产党的领导、坚持中国特色社会主义制度、坚持"四个全面"的伟大战略布局、坚持中国特色社会主义法治理论，奋发图强，努力奋斗！要明确，国家治理体系，这是当今世界最先进、最科学的国家治理形式，它有四大精神支柱，它们相互支撑、相互帮助、相互包含、相互促进，使国家治理形式更完美、更符合中国实际。国家治理的四大支柱中，善治是根本、共治是方式、自治是基础、法治是核心。下面分别阐述：

1. 善治，这是国家治理的重要方式

法律是治国的重器，良法是善治的前提。这是名言，也是法则；是事实，也是规律。按其汉语词源，善治有两种相互维系的说法：一是"良善的治理"，二是"善于治理"。按英文 good governance 的翻译即"好的治理"。至于什么是良法，应该说最早提出来的是古希腊学者亚里士多德，他这样说过，法治有两重含义：法律要得到普遍的服从，而大家服从的法律是良好的法律。他同时把良好的法律（即良法）与正义联系起来，他说，"法律也有好有坏，或者是合乎正义或者是不合乎正义"；又说："符合政体制定的法律就一定合乎正义，而符合变态或乖戾政体制定的法律就不合乎正义。"① 亚里士多德认为，正义就是人们实施的正当行为。这一点被后来的古典自然法学派加以发挥，并进一步认为正义、理性、自由、平等、人权都是法的价值，也是判定良法的

---

① ［古希腊］亚里士多德著：《政治学》，吴寿彭译，商务印书馆 1965 年版，第 148 页。

主要标准。

良法问题是法学讨论的话题，良法与恶法之争更是法学界长期争论的一段"公案"。分析法学派创始人奥斯丁主张法理学研究的范围是"实在法或严格称谓的法，而不考虑其好坏"。他们认为法律的存在是一回事，它们的优缺点是另一回事。因此，分析法学派认为"恶法亦法"，而自然法学派却与其相反，认为"恶法非法"，于是便成为法学界一段"公案"。直到第二次世界大战结束后，在纽伦堡与东京审判中，对这一争论作了全面的回答。这两次世界性历史审判中的战争罪犯绝大多数人不认罪，他们辩护说：他们是按照国家法律参战的，而服从命令是军人的天职，他们是按长官的命令去打仗的，因此，不构成犯罪。而控诉方则义正辞严地驳斥了被告人的诡辩，明确指出：发动战争是明显的战争犯罪，何况你们是犯杀人罪、反人道罪，战犯所在国所颁布的法律是非人道、非正义的法律，即"恶法非法"，所以战犯依靠这种恶法而参与战争，当然是犯罪，应对犯罪行为负责。所以审判的结果，按"恶法非法"的原则，依据战争罪犯的具体罪行进行判决，将其中的首要分子送上了绞刑架。在我国，良法问题并非一个新鲜问题。早在春秋时期，儒法两家便有所谓"义利"之争，实质上是良法标准之争。坚持"义"者乃儒家观点，"利"乃法家的标准。毛泽东同志同意法家标准，在其早年的《商鞅徙木立信论》一文中说，"商鞅之法，良法也"。我国学者早在 20 世纪末，也对良法进行过讨论。北京大学的赵震江教授在《法律社会学》中便提到良法的标准，即民主性、科学性和道德性。笔者在 20 世纪末写过《良法论》一书，也提出过良法的实质标准与形式标准。最近李步云教授又提出良法的三条标准，即真、善、美。其实，早在 19 世纪 50 年代，马克思就提到过法律的分类，他明确说过：法律有真正的法律和形式上的法律。① 马克思所讲的

① 参见《马克思恩格斯全集》第 1 卷，人民出版社 1995 年版，第 175～176 页。

"真正的法律"实际上就是我们现在所讲的良法，按他所讲的内容，结合历史发展的实际情况，我们认为良法有实质上的标准和形式上的标准。鉴于良法也是不断发展的概念，因此，我们提出，良法在实质上有三条标准，在形式上也有三条标准。先从实质上看：

第一，良法必须具有时代性。就是说，良法必须顺应时代潮流，反映历史发展方向。一般来讲，每种社会形态处于上升时期所颁布的法律，一般都被认为是良法。如西汉时期刘邦颁布"约法三章"、唐代李渊的"约法十二条"以及美国早年颁布的"八小时工作制"等。至于社会主义国家颁布的绝大多数是良法。

第二，良法必须具有客观性。法律本来就是主客观的统一，它既是统治阶级意志的表现，又明确反映这种意志的内容是由统治阶级的物质生活条件决定的。就是说良法必须体现国情，反映客观规律，特别是反映经济规律。就是说，要从实际出发，在宏观上既起引导、促进、规范和保障的作用，在微观上又必须规制市场经济。

第三，良法必须具有人民性。这是社会主义法律的本质特征，必须体现绝大多数人的意志，保护绝大多数人的利益。当然，也有个别法律，如"文化大革命"中的"公安六条"、1975 年《宪法》中的某些条款，如无产阶级对资产阶级实行全面专政、无产阶级专政下继续革命的理论等，却不具有人民性。

这三条实质标准在不同时代有不同内容，甚至有时还有些演变。但其基本原则和实际内容是不会变的。除这三条标准外，还有以下三条形式上的标准：

首先，具体法律规范多数应该是肯定的全称判断，一般不用否定判断。但也有个别除外，如有些国家在宪法中规定：立法机关不能通过侵犯人权的法律等。

其次，良法应该在文字上言简意赅，通俗易懂，应家喻户晓。更重要的是，良法必须公开颁布，便于人人皆知，便于人人遵守。

最后，良法必须具有可操作性，便于执法和司法机关执行和适用，也便于有关监督机关加强监督。不便操作或不能操作之法等于无法。

良法是善治的前提和基础，恶法是独裁的工具。在国家治理现代化中，必须坚持良法之治。

2. 共治，这是国家治理现代化的优势

共治是现代国家治理的核心特质，是国家治理现代化的必由之路。① 我们认为共治是国家治理现代化与传统国家管理的重大区别，是新协商民主的生动体现。国家治理现代化是国家制度的重大进步，需要调动各方面的积极性与热情，通过共治实现善治，进而体现治理的价值属性。共治，是个复杂的综合体，既包含治理主体的"多元性"，还包括治理内容的"多样性"。

以往，国家管理只有主体，即统治阶级及其代理人；而现代国家治理往往是多元主体，尤其是社会主义国家治理主体更多。以我国为例，治理主体至少有六个，即共产党、民主党派、人民政府、人民团体、社会组织和中介组织。它们都是国家治理主体，但各自所处的地位与作用是不一样的。

作为执政党的中国共产党，在国家治理现代化中，起核心作用。那就是总揽全局、协调各方，从思想上、政治上和组织上起领导作用。具体就是通过民主集中制，决定国家的大政方针，即领导立法、保证执法、支持司法、严格守法、引导护法；向全国人大提供国家机关领导人选和培养人才，领导军队保障国防，制定经济、文化的基本政策，加强社会管理，维护社会稳定等。在社会管理中，最重要的是确定正确理念，不能套用"公民社会"的公式。公民社会是个外来词，在 civil society 中 society 更多地指的是团体，而非社会，而以往却翻译成社会。"公民社会"最早出现在古希腊，指的是"城邦国家"。到 17—18 世

---

① 参见李放：《现代国家制度建设：中国国家治理现代化的战略选择》，载《新疆师范大学学报（哲学社会科学版）》2014 年第 4 期。

纪，古典哲学家康德、黑格尔使用了"市民社会"这个词，并把它同"政治国家"分立，马克思则把公民社会理解为私人利益关系领域，即生产关系领域，揭示了市民社会同政治国家的矛盾。20世纪，西方思想家提出"重建公民社会"，认为一切坏事都是政府干的，一切好事都是公民社会做的，并提出要把党从公民社会中踢出去。因此，公民社会不符合中国国情，是一种错误的观点，中国当然不能采用，而应该用"法治社会"取而代之，按照"法治国家、法治政府、法治社会一体建设"的要求，加强对社会管理的领导，建设中国特色社会主义法治社会。

在我国，民主党派不是在野党，更不是反对党，而是参政党。民主党派包括中国国民党革命委员会、中国民主同盟、中国民主促进会、中国民主建国会、中国农工民主党、中国致公党、九三学社、台湾民主自治同盟。还有中国工商联合会，虽不是民主党派，但它与民主党派一样，都是共产党领导的多党合作与政治协商的成员，都参与国家治理，是协商民主的生动体现。各民主党派各自代表与联系一部分社会主义建设者，共同建设社会主义国家。

人民政府是国家治理的重要主体，因为它是人民委托治理国家的国家机关，是多元主体中的骨干，起主导作用。这是因为：（1）国务院和各级人民政府，是由全国人大和各级人民代表大会组建的，其领导干部系全国人大及其常委会、各级人大及其常委会选举或任命的，有法定的职权，直接治理国家事务、经济文化事业和社会事务；（2）国务院和各级人民政府是治理国家的人才和物质基础；（3）国务院和各级人民政府是国家法律的直接执行机关，具有权威性，受到广大人民群众的拥护与支持；（4）国务院和各级人民政府拥有各类宣传机构和媒体，还有警察、法庭和监狱，能维护良好的社会秩序，营造良好的政治局面；（5）有强大的国防力量，有英勇善战的人民子弟兵，能使人民政权稳如泰山。

人民团体是参与共治的主体之一，它们是政府联系人民群众的桥梁和纽带。我国现有的人民团体包括中华全国总工会、中国妇女联合会、中国共产主义青年团、中国文艺联合会、中国作家协会、中国对外文化联络委员会、中国法学会等十余个人民团体。它们直属于中共中央领导，有的人民团体由中央主管部门代管，如中国法学会由政法委代管。它们属于国家编制系列，享有国家机关工作人员同等待遇。在革命与建设中，它们发挥过重要作用，是全国政协的重要成员，是我国协商民主的主要实践者，为中国特色社会主义建设作出过重要贡献。今后，它们将积极参与国家治理，为中华民族伟大复兴继续作出贡献。

企业单位。这里有不同说法，如果按国家、市场、社会的三分法，国家治理当然不包括企业单位在内。如果按国家治理的总体说法，则应该包括企业在内，何况我们是社会主义国家，公有制是国民经济的主体，当然是作为共治的主体之一。其治理方式无非是贯彻国家的宏观调控和实施市场规制，发挥"有形的手"与"无形的手"的重要作用。

共治，这是国家治理的优势与特色：（1）共治的主体多元，但都是在中国共产党的领导之下，目标一致，分工合作，相互作用；（2）共治的内容多样，"八仙过海，各显神通"，在各个领域，发挥重要作用；（3）共治是社会主义民主、特别是协商民主的生动体现，反映多数人的意志，维护多数人的利益。

共治的主体多元，但必须坚持共产党的领导核心，共治的内容多样，必须坚持以经济建设为中心，突出生态文明，强调绿色理念。绿色发展理念是马克思主义生态理论与当今时代相结合，又融合了东方文明而形成的，具有鲜明的本质特色，必将与其他领域共放异彩！

3. 自治，这是国家现代化的基础

自治，自古有之。据《汉书·南粤传》记载："服领以南，王自治之。"这里讲的自治，即地方自治，俗称社会自治。中国的地方自治，始于秦代。秦始皇实行中央集权的封建帝国，大权集中于中央，郡县直辖于皇帝。郡县以下，实行自治。当时的格局是"国权不下县，县下唯宗族，宗族皆自治。自治靠伦理，伦理造乡绅"①。这一说法，来自西方学者的著作《儒教与道教》。该书中说："事实上，中华帝国正式的皇权统辖只施于都市地区和次都市地区。"② 费孝通先生基本同意"皇权不下县"的说法，并在《乡土中国》一书中肯定了这种地方自治体制。辛亥革命后，基本上建立乡村自治与城市自治组织，甚至还搞过什么"联省自治"。

新中国成立后，基本上采用了三种自治方式：城乡的基层群众自治，包括村民委员会、居民委员会；少数民族聚居区的区域自治；特别行政区的高度自治，如香港的一国两制、港人治港、高度自治。这里主要讲基层群众自治。应该说基层群众自治已实施多年，实践证明：它作为社会自治的形式之一，是国家治理现代化的形式之一，这种自治是依靠自我调节的社会治理形态，能分散公共权力，即分散了社会的政治责任，使"小政府、大市场、大社会"成为可能，即使社会公共事务处于政府与公民自治组织及公民的共治状态。这样一来，一方面使政府失去任意集中与扩张公共权力的可能，使其仅限于在法律规定的领域实行管理，即使控权成为事实，减少了因滥用权力对公民造成的威胁；另一方面，也减少了政府的权力，降低了管理成本，促使干部谨言慎行，而不敢在工作上有任何懈怠。这一点优势就使社会自治成为全面深化改革的一种必然趋势。

首先，在每个人自我管理、自我服务、自我教育、自我监督的条件下，通过合法形式影响公众人物，促进他们在法律的轨道上工作。

其次，社会自治是培养多种文化的土壤。一个百花齐放的社会，对"家长制"、"一言堂"以及各种形式的民粹主义，具有天然的抵抗力。人们通过多种文化的比较，能更好地作出正确的制度安排。更重要的

---

① 秦晖著：《乡土社会的制度文化及其变更》，复旦大学出版社 2003 年版，第 3 页。

② ［德］马克斯·韦伯著：《儒教与道教》，洪天富译，江苏人民出版社 1993 年版，第 110 页。

是，它使社会结构复杂，有利于相互认同，有利于社会和谐发展。当然，多种文化的同时存在，必须坚持马克思主义指导，必须与中国实际相结合。

最后，社会自治突出个人特长，彰显以人为本，能促进人的全面发展。如果长此以往，就会逐渐形成"每个人的自由发展是一切人的自由发展的条件"。① 当然，要实现这一伟大目标，绝非一日之功，但我们要相信，随着社会自治的深化，这个目标一定能达到。由此可见，社会自治不是可有可无的问题，而是历史发展的必然。

目前，我们还处在完善和深化基层群众自治阶段，正在准备发展社会自治，还在培育各种社会组织。在建设法治国家、法治政府的同时，正在一并建设法治社会，正在建设有中国特色的社会治理格局。这就是：党委领导、政府负责、社会协同、公众参与、法治保障。

4. 法治，这是国家治理现代化的关键

从某种意义上可以说，国家治理体系与治理能力现代化，实质上就是治理的法治化，无论是善治、共治，还是自治，都必须建立在法治化的基础之上。换句话说，法治是国家治理的前提和关键。离开法治，其他治理等于空谈。

这是因为法治具有独特的优越性。第一，法治是规则之治，对事不对人，一切按规则办事。它既可以克服人性某些弱点，又可以实现规则面前人人平等。同时，规则可以反复适用，按统一标准办事，正如卢梭所说："法律将意志的普遍性和对象的普遍性集于一身。"② 最后，更重要的是，它为人们提供三种行为模式，告诉你哪些行为可以做，哪些行为必须做，哪些行为禁止做，使人们可以预测自己行为的后果，从而为法治的引导、规范、促进和保障作用提出理论支撑和现实根据。这是

---

① 《马克思恩格斯选集》第 1 卷，人民出版社 1995 年版，第 294 页。
② ［法］卢梭著：《社会契约论》，杨国政译，陕西人民出版社 2004 年版，第 32 页。

法治和人治的根本区别所在。

第二，法治是良法之治。这是法治的实质所在。良法之治是法治的内在要求，也是实质法治与形式法治的区别。早在希腊时期，亚里士多德就非常重视良法，毛泽东同志在青年时期就重视良法，并在其处女作《商鞅徙木立信论》一文中，明确提到：商鞅之法，良法也。法治之治无疑必须是良法之治，这正是实质法治的依据。当代中国社会主义法，应该是良法，应该是顺应世界潮流，体现绝大多数人意志，且便于操作之法。良法恶法之争，是自然法学派与分析法学派之争，也是"二战"胜利后，西方这两大派别的重要分界线。但良法问题实质上是国家与法律本质的反映。只有社会主义国家和合世界潮流的政权国家制定的法才能是良法，而不是靠自己去标榜。

第三，法治应该是"公正之治"。公正是法治的生命，法治之所以受人遵循和信仰，根本原因就在于它公正。正如习近平所指出："坚持公正司法，努力让人民群众在每一个司法案件中都能感受到公平公正。"[1] 司法公正有实体公正与程序公正，我们坚持两个公正。所谓公正，其朴素含义就是指公平正直，不偏不倚，利益均衡，同时，还含有惩恶扬善，办事公道。在司法领域，又有特殊含义，就是以事实为依据，以法律为准绳，反对主观臆断，严禁逼、供、信，将公正贯穿办案的全过程和各个方面。

第四，法治应该是"控权之治"。法治的初衷是"权力制约"，早在罗马时期，就存在明确的"权力制约"。当然，权力制约成为一种制度并直接受到法律控制，则起源于资产阶级建立政权以后。孟德斯鸠说得好，"一切有权力的人都容易滥用权力，这是万古不易的一条经验"，"要防止滥用权力，就必须以权力约束权力"。[2] 没有监督与控制的权

① 中共中央文献研究室编：《习近平关于全面依法治国论述摘编》，中央文献出版社 2015 年版，第 65 页。
② ［法］孟德斯鸠著：《论法的精神》（上册），张雁深译，商务印书馆 1961 年版，第 154 页。

力必然导致腐败，所以我们必须把权力关进制度的笼子里，必须用法律与制度来控制权力的滥用。同时，要严厉制裁腐败分子，要使他们不敢腐、不能腐、不愿腐！

第五，法治必须是"人权之治"。尊重与保障人权，维护公平正义，这是法治的终极价值和最高目的。法治主要是从三个方面来保障人权，一是确定人权的范围。当然，人权是人成其为人应该具有的权利，是客观存在的。它虽然不是天赋的，但是历史地产生的，是与生俱来的，即使法律没有规定，仍然是一种权利。但要得到实现，一般都要法律规定，便于人们了解与实现，便于法律保障。二是法律规定人权实现的原则、程序与方法。三是法律对侵犯人权的违法犯罪行为实行制裁。法治要保障人权，是现代文明的重要标志。

法治相对人治而言，具有很多优点，尤其是在国家治理体系现代化中，是个决定性因素，我们必须坚持与实现。它除了上述已经提到的外，还有"法治是多数人之治"、"法治是文明之治"、"法治是公开之治"等。总之，我们在论述国家治理现代化中，必须紧紧抓住法治这个核心问题，从某种意义上讲，没有国家的法治化，就谈不上国家治理的现代化。

法治与善治是国家治理中的两种方式，它们相互影响、相互作用，两者相互依存、相互渗透。但在法学界有两种对立的观点，一种认为法治等于善治加良法，一种认为善治包括法治。我们认为两者都有一定道理，都有一些偏颇。我们的观点是两者是交叉的，互相包容，总的来说，善治是法治的高级形态，是法治的新阶段。

（二）国家治理体系与治理能力现代化的总原则与总方针

1. 国家治理现代化的总原则

国家治理现代化是一个伟大的系统工程，尤其是在社会主义中国，这是前无古人的伟大事业，是中华民族的伟大创举。毫无疑问，它需要一个总原则来确定明确的政治，来调动浩浩荡荡的革命大军，来处理在实践中发生的种种矛盾。这个总原则就是：党的领导、人民当家作主和依法治国的有机统一（简称"三者统一"）。

历史是面镜子，大凡一个国家，大都有一个治国方略，20世纪以来形成了一个治理体系，并强调其现代化，随之又必须有一个政治总原则。先以我国春秋战国时代为例：如儒家治国方略是"德治"，其原则是"仁爱"。墨家的治国方略是"人治"，原则是"兼爱"。道家的治国方略是"无为而治"，其原则是"道法自然"。法家的治国方略是"以法治国"，基本原则是"法、术、势相结合"。事实证明：法家的治国方略与原则，符合当时的形势需要。秦孝公采纳商鞅变法的意见，通过两次变法，再经历后世100多年的努力，终于到秦王嬴政时，秦国日益强大，并通过"以吏为师"、"以法为教"，很快就横扫六国，建立中国历史上第一个统一的封建中央集权国家。有人曾经提出秦代二世而亡，不能认为是一种好的制度。我们认为，秦代并非二世而亡，而是在商鞅变法以后，历经了141年的努力，使其从奴隶制过渡到封建制，促进其社会前进到一个新的形态，应该说法家那一套治国方略与原则是有显著成效的。至于秦朝的灭亡是有特殊原因的：一是重刑主义，严刑峻法，老百姓处于水深火热之中；二是秦始皇突然中暑死亡；三是坏人当政即赵高篡权。所以，不能把偶然的事情，认定为规律。

历史推进到18—19世纪，资产阶级通过革命夺取了政权，绝大多数西方国家的革命都获得了成功，它们的治国方略一般都是法治（当时称之为法治国），基本原则是"三权分立"。毫无疑问，当时的"三权分立"是相对封建专制与神权政治而言的，这无疑是一个巨大的进步，大大发展了生产力，使资本主义世界在100年期间创造的财富超过以前社会的财富的总和还要多，马克思对此充分肯定。但自20世纪以来，"三权分立"已经堕落为资产阶级政党间争权夺利的工具，出现了很多丑事、怪事，严重阻碍了生产力的发展；20世纪还发生了多次世界性危机。因此，"三权分立"不是什么好制度，何况，它根本不符合中国国情，我们坚决不能采用。从国情出发，只能也必须采用"三者统一"原则。

（1）党的领导是人民依法治国的根本保证。党的领导是"三者统一"的根本保证，也是国家治理现代化的根本保证。具体说，第一，它为国家治理现代化提供坚实的制度保证。第二，现代各国的竞争，归根结底是人才的竞争。党的领导能最大限度地调动人民的积极性，启发人们的创造性，共同为国家治理体系与治理能力现代化而努力。第三，提供坚实的物质保证。我国的 GDP 已稳居世界第二，有雄厚的物质基础来支撑国家治理体系与治理能力现代化。

（2）人民当家作主是社会主义民主的本质要求。在现阶段，依法治国必须从中国实际出发。发扬社会主义民主，必须切实搞好选举民主和协商民主。同时，还要创造条件，搞好基层群众自治民主、民族自治民主和特别行政区的高度自治民主以及搞好具有特色的谈判民主。我们是社会主义国家，人民民主是生命线，正如邓小平早就指出的那样：没有民主，就没有社会主义，就没有社会主义现代化。我们必须坚持和完善人民代表大会制度，把民主同依法治国结合起来，实现民主程序化、法治化，认真做好多数决策、程序正义和保护少数，使社会主义民主大放光彩！

（3）依法治国是党领导人民治国理政的最好方式。这是新中国成立以来我国民主与法制建设的科学总结。实践证明，三者结合得好，我们的经济社会就会蓬勃发展，就会不断前进，就会不断创造奇迹。反之，就会走弯路，甚至像"四人帮"那样走邪路。依法治国必须全面推进，必须与全面建成小康社会、全面深化改革、全面从严治党有机结合起来，实现全民族共圆中国梦，共同迎来全民族的伟大复兴！

党的领导、人民当家作主和依法治国是一个有机整体，不可分割，欠缺任何一部分，都会引起不好的后果。"三者统一"，是中国人民的伟大创造，是中国人民在民族复兴中的伟大创举，也是伟大壮举。我们不仅要坚持，而且要发扬，使之更加生气勃勃。

2. 国家治理现代化总方针

1949 年中华人民共和国的成立不仅标志着中国革命的第一步——
新民主主义革命的基本完成和社会主义革命与建设的开始，而且也意味
着中国共产党由革命党转变为执政党。尽管中国共产党作为领导党的地
位未变，但在历史任务和领导的基本方式上已有大的变化。过去，作为
革命党的历史任务是打倒帝国主义、官僚资本主义和封建主义，建立人
民当家作主的民主共和国。革命的方式主要是武装斗争，即用革命的武
装反对反革命的武装，最后夺取政权。而作为执政党的中国共产党在取
得政权之后，则用和平的方式，即用民主与法制的方式，领导中国人民
进行社会主义革命与建设，就是说执政党在共和国建设上，用经济上的
巨大成效来取得人民的信任与拥护，用历史的选择、现实的选择、人民
的选择，来证明执政的合法性。

对于依法执政的重要性，还有些同志没有认识到位，这是必须提高
认识的。我们认为，依法执政是国家治理体系与治理能力现代化的基本
范畴，是它的总方针和生命线。理由有三：第一，依法执政，即中国共
产党依法执政是中国特色社会主义法治体系的本质特征，是历史的选
择、人民的选择，也是现实的选择，就是说，它不是哪一个人或哪一个
集团任意决定的，而是中国历史发展的必然产物。第二，在党的权威文
件中，几乎把依法执政与社会主义法治看成是同义语，党的十八大文件
宣布："法治是治国理政的基本方式"；① 同时，党的十八届四中全会
又明确指出："把依法执政确定为党治国理政的基本方式。"② 这就是

---

① 胡锦涛：《坚定不移沿着中国特色社会主义道路前进　为全面建成小康社
会而奋斗——在中国共产党第十八次全国代表大会上的报告》，人民出版社 2012 年
版，第 27 页。

② 《中共中央关于全面推进依法治国若干重大问题的决定》，人民出版社
2014 年版，第 3 页。

说，中国共产党依法执政就是治国理政的法治。法治在中国必然是共产党的依法执政；中国的法治必然是共产党依法执政。第三，依法执政贯穿于社会主义法治体系的各个环节，体现在中国特色社会主义法治的各个领域。就是说，离开了共产党依法执政，中国特色社会主义法治体系便失去了意义。

对于依法执政的具体内容，党的十六届四中全会已有明确的规定，可以概括为四个方面，即领导立法、带头守法、保障执法、支持司法；也可以具体分为六个方面的工作：（1）及时向国家的各级权力机关、行政机关、审判机关、检察机关输送各级领导干部的人选，供权力机关和有权机关审核、任命或选举。（2）制定党的基本路线、方针和政策以及各个时期的主要方针政策。（3）及时、正确处理与权力机关、行政机关、司法机关的关系，听取它们的工作汇报，从思想上、政治上和组织上加强对它们的领导。（4）及时处理国家机关、事业单位内部的矛盾，总揽全局，协调各方，齐心协力奔"小康"。（5）及时查处各类腐败分子，建立各种有效的制度，使腐败分子不敢腐、不能腐、不愿腐。（6）积极促进国家机关职能转变，努力建设法治政府、廉洁政府、有限政府、责任政府和服务政府，充分发挥政府的特殊功能。同时，要积极领导立法，把党的主张与人民的意志有机地结合起来，及时制定良好的国家法律。

必须指出，依法执政的主体必须是政党；在我国，无疑是中国共产党及其所属的各级党组、党委，这是现代国家的通例，即由一定的政党来执政。必须明确：共产党员在各级政府中担任领导职务，根本原因是这些领导人选是受中国共产党的委派，代表中国共产党去实施党的路线、方针和政策。当然，作为执政的中国共产党应该，也必须把自己的政策、方针和主张，尽快通过法定程序制定为国家法律。同时，中国共产党及其推荐的领导人选必须带头遵守和执行国家法律，因此，"在宪法和法律范围内活动"便成为每个共产党员特别是领导干部必须带头遵守的规则。否则，将会受到法律的追究。

依法执政是中国特色社会主义法治体系的必然要求和生命线，离开了这一原则，依法治国便成为一句空话而失去其价值与意义。依法执政，这是一个新命题，有待在实践中不断总结经验，以便进一步丰富其内容，使之更富有时代精神和中国特色！

依法执政是中国共产党神圣的职责，使命光荣，责任重大，既是人民赋予的权力（利），也是对国家与社会应尽的责任。由于它是国家依法赋予的，包括权利（力）义务在内，对有功的个人应依法予以奖励，对渎职者同样要依法追究责任，包括行政责任与法律责任，当然要看情节和态度而定。

二、中国特色社会主义法治体系的科学定位

（一）法治体系①是中国特色社会主义理论体系的重要组成部分

中国特色社会主义理论体系是马克思主义与当代中国实际和时代特征相结合的产物，是马克思主义中国化的理论创新，凝结着改革开放30多年来中国共产党领导人民探索社会主义的历史经验。在当代中国，坚持中国特色社会主义理论体系就是坚持马克思主义。马克思主义的实践性与开放性，不仅使中国特色社会主义着眼于理论思考，而且使它达到了新的境界，形成一系列习近平治国理政的新理念、新观点、新战略。

作为马克思主义中国化又一次历史飞跃，中国特色社会主义理论体系具有鲜明的实践特色。一方面，它坚持实事求是、解放思想、与时俱进，勇于创新，不断突破对马克思主义教条式的理解，把马克思主义的基本原理与社会主义实践结合起来，实现了马克思主义的理论创新；另

———————

① 法治体系即中国特色社会主义法治体系的简称，下同。

一方面，它以中国改革开放的社会主义现代化建设的实践问题为中心，科学地解决与回答了一系列时代性课题。在中国特色社会主义理论的形成中，邓小平同志回答了"什么是社会主义，如何建设社会主义"这个根本性问题。江泽民提出的"三个代表"重要思想，系统回答了"建设什么样的党，怎样建设党"这一根本问题。胡锦涛同志倡导的"科学发展观"，又回答了社会主义建设"实现什么样的发展，怎样发展"这一根本问题。正是上述三大问题，构成了中国特色社会主义理论这个具有历史意义的时代性伟大课题，从国家—政党—社会三个方面发展社会主义，维护国家的长治久安。

法治体系是以唯物主义为理论基础，以中国特色社会主义理论体系为思想武器，深刻认识与把握社会发展规律、社会主义建设规律、民主与法治建设规律、法治中国发展规律，在长期的法治实践中形成了严整的科学体系。正如习近平同志指出："建设中国特色社会主义法治体系，建设社会主义法治国家是实现国家治理体系和治理能力现代化的必然要求，也是全面深化改革的必然要求，有利于在法治轨道上推进国家治理体系和治理能力现代化，有利于全面深化改革总框架内全面推进依法治国的各项工作，有利于在法治轨道上不断深化改革。"①

对于中国特色社会主义法治体系的本质内涵，习近平有明确的论述，他说："在中国共产党领导下，坚持中国特色社会主义制度，贯彻中国特色社会主义法治理论"，"这 3 个方面实质上是中国特色社会主义法治道路的核心要义，规定和确保了中国特色社会主义法治体系的制度属性和前进方向"②。

---

① 习近平：《关于〈中共中央关于全面推进依法治国若干重大问题的决定〉的说明》，载《中共中央关于全面推进依法治国若干重大问题的决定》，人民出版社 2014 年版，第 51 页。

② 习近平：《关于〈中共中央关于全面推进依法治国若干重大问题的决定〉的说明》，载《中共中央关于全面推进依法治国若干重大问题的决定》，人民出版社 2014 年版，第 49 页。

　　总之，中国特色社会主义法治体系来之不易，它凝结了几代中国人的长期不懈努力和心血，是当代中国法治文明的最高成就，不仅彰显了中国风格、中国特色、中国气派，而且借鉴了法治文明的各国精华，是马克思主义法学在当代中国最大的成就。

　　《共产党宣言》发表 170 多年的实践证明，马克思主义只要与本国实践相结合，就会激发出强大的活力与生命力。我们相信，中国特色社会主义法治体系这个依法治国的总目标，一定能在正在复兴的中华民族的大地上得到实现！

（二）法治体系是当代中国"尊重与保障人权"的最新成果

　　自从 20 世纪 80 年代末，我国恢复研究与建设人权问题以来，特别是党的十八届三中、四中全会，将"尊重与保障人权"提到了新的高度，取得了一系列新的成就，使人民群众在每一个司法案件中，都能明确地感受到公平与正义，彰显了人权保障，达到了新的高度。因此，十八届三中、四中全会从某种意义上讲，它们就是尊重与保障人权的全会，无论是会上会下讨论与议论的问题，不管是司法体制改革，还是中国特色社会主义法治体系的讨论，几乎都涉及人权保障问题；无论会上对问题的讨论与研究，还是会后发表的决定，无不直接或间接涉及人权问题的深化。

　　第一，从治国理政的方式来看，变过去的"人治"为现代的"法治"，变以往的"管理"为现代的"治理"。"法治"以保障人权为最高价值，我们在第一篇报告中已经论及。至于"管理"与"治理"的区别，这不是一字的差别，而是在主体、内容、性质上都有重大差异，同时也有相互包容的一面。这个问题，在前面业已说到。这里再次提到上述两个问题，在于"法治"与"治理"都涉及人权问题，都把人权问题提到了首位，都把人权问题作为其重要内容，并作为"法治"与"治理"的出发点和落脚点，都以"尊重与保障人权"为其根本原则。

或者说"尊重与保障人权"是中国特色社会主义法治体系的重要特征，也是法治体系的伟大成果。

第二，从立法来看，构建完备与完善的法律体系是中国特色社会主义法治体系的前提与基础。这个体系早在 2010 年已经建成，或者说主要法律已经建成。据全国人大常委会宣布的，这个体系现在已经包括七大部门，其重大变化，就是新增了一个"社会法"。鉴于宪法、民法、刑法、行政法和程序法在保障人权方面的巨大贡献，已有大量法学论著论及，这里仅就立法体系中的社会法问题作些说明。

社会法是 20 世纪新兴的部门法，它是一国法律体系中的重要组成部分，同行政法、民商法、经济法等部门法具有相同的位阶，属于国家基本法范畴。从法域的维度来说，是公法、私法两大法域之外的第三法域。从规范元素来看，它与民法、刑法等是国家的制定法不同，它除主干部分属于制定法外，还包括一些习惯、民约和社团内部的规章等。从基本内容来看，它与其他部门法也有不同，如刑法，主要以国家制定刑法典为主，而社会法往往由许多单一的法律为主构成，如劳动法、社会保障法、社会福利法，甚至还包括环境保护法、卫生法、健康法等，其范围相当广泛。

社会法的基本理念是尊重与保障人权。人权，就是人成为其人应当具有的权利，就其权利性质而言，它首先是一种应有权利，属于道德权利的范畴；其次，它是一种保障权利，属于法律权利；最后，它是实有权利，即使法律没有明文规定，它仍然作为权利而存在。在社会法这一法律部门中，不管是劳动法，还是社会保障法，以及属于社会法范畴的其他单行法律，都是为了"尊重与保障人权"，都体现了"人文关怀"，都是为了坚持"生存权与发展权是基本人权"这一理念。具体讲，第一，社会法体现尊重人、关心人的人道主义精神，弘扬扶弱济贫、友爱互助、和谐共生的社会主义道德情怀，传承千百年来尊老爱幼的人文传统，渗透对人的生命、尊严的尊重与关爱。第二，社会法作为一种制度安排，确立人的主体性，强调人在社会发展中的主导地位，突出"人的全面发展"是社会发展的最高目标。第三，社会法是一种重要的社会调节机制，体现对弱势群体的帮助与关怀，即社会保障、救济、慈善、安抚等措施，切实保障弱势群体的权益。

社会法作为一个部门法，产生于 20 世纪，但作为其组成部分的劳动法与社会保障法，其产生时间却要更早。学术界公认的现代劳动法，始于英国 1802 年的《学徒健康与道德法》，人们称之为"工厂立法"。之后，瑞士于 1815 年、德国于 1839 年、法国于 1841 年、俄国于 1886年，均相继颁布限制童工和夜工的法律。应当指出，这些"工厂立法"与过去的"劳工法规"有本质的区别。后者是把劳动作为一项义务，如 1547 年英国法律规定，拒绝劳动的人将判为告发人的奴隶，而上述"工厂立法"则视劳动是一种权利。当然，在资本主义制度下，劳动力只是一种商品而已，在本质上工人只有受剥削的自由。在社会主义制度下，劳动是一种光荣，既是一项权利，也是一种义务。

在当代中国，社会法是一个极为重要的法律部门，它不仅是"尊重与保障人权"的制度安排，体现社会主义制度的优越性，彰显中国特色社会主义法治体系的人文关怀，而且是中华民族伟大复兴的重要保障，昭示"天下为公"、"人的全面发展"的崇高理想。

至于执法、司法等环节，我们将在第四讲"中国特色社会主义人权理论体系纲要"中详细谈到，这里从略。

（三）法治体系是全面依法治国的总目标

党的十八届四中全会的伟大功绩，就是明确地、毫不含糊地提出中国特色社会主义法治体系的构建，就是全面依法治国的总目标。习近平同志指出："全面推进依法治国，总目标是建设中国特色社会主义法治体系，建设社会主义法治国家。①"这就是：在中国共产党领导下，坚

---

① 《中共中央关于全面推进依法治国若干重大问题的决定》，人民出版社2014 年版，第 50 页。

持中国特色社会主义制度，贯彻中国特色社会主义法治理论，形成完备的法律规范体系、高效的法治实施体系、严密的法治监督体系、有力的法治保障体系，形成完善的党内法规体系，坚持依法治国、依法执政、依法行政共同推进，坚持法治国家、法治政府、法治社会一体建设，实现科学立法、严格执法、公正司法、全民守法，促进国家治理体系和治理能力现代化。

提出构建法治体系这个总目标，既明确了全面推进依法治国与国家治理现代化的性质和方向，又突出了全面依法治国的工作重点和国家治理现代化的基础工程及其总抓手。一是向国内外鲜明宣示我们将坚定不移走中国特色社会主义法治道路，而这条道路是社会主义建设成就和经验的集中体现，是建设社会主义法治国家唯一正确的道路。在走什么样的法治道路问题上，必须向全社会乃至全世界，释放正确而明确的信号，指明全面依法治国与国家治理现代化的正确方向，以便统一全党全国各族人民的行动。二是明确全面依法治国和国家治理现代化的总抓手。这个总抓手就是建设中国特色社会主义法治体系。因为它涉及依法治国的各个主要领域与方面，因为它涉及国家治理现代化的各项制度、规范及其职权范围。全面依法治国与国家治理现代化的各项工作都要围绕这个总抓手来谋划和推进。当然，除了这些领域和方面外，还涉及各种能力建设，涉及根本制度、基本制度的完善以及各种现代化措施、平台的建设等问题。但是，有了一个总抓手便于有计划、有步骤地展开。

构建中国特色社会主义法治体系，除了上面已经提到的外，还要补充两个：

1. 新型的法治社会体系

"法治社会"过去很少提及，一般把它看成是法治国家在社会领域的延伸。自 20 世纪西方国家普遍建立"法治国"后，便有法治社会一说，但并无统一看法。按照马克思主义唯物史观的理论，法律（包括法治）应该以社会为基础，马克思、恩格斯曾多次批判资产阶级关于法律（法治）是社会的基础，认为社会应该是法律（法治）的基础，并指出，社会以法律（法治）为基础，那是资产阶级法学家的幻想。

因此，我们认为，建设法治社会必须同建设法治国家联系在一起，它们之间的关系应该是"法治国家是前提，法治国家是主导，法治社会是基础"。两者应该一并建设，共同推进。因此，离开法治社会这个坚实的基础是空中楼阁，这就是说离开法治社会只讲法治国家是不现实的，法治国家便有可能成为空中楼阁。同时，我们必须看到，没有法治国家的存在，法治社会便建立不起来，因此，能否这样来处理与认识它们两者的关系，那就是：法治社会是基础，法治国家是主导。法治社会与法治国家必须一体建设。过去，我们对法治社会重视不够，失去社会对公权力的监督，以致出现贪腐分子和冤假错案。历史表明：对公权力的监督，既要以权力制约权力，也要用保护权利制约公权力，还要用社会力量制约公权力，就是把权力关进制度的笼子里。而这个笼子必须是立体的。这个笼子必须牢固，这是世界各国人民反腐败的一条经验。

建设法治社会是个复杂的工程，必须有一个正确的指导思想，必须让制度笼子的钥匙掌握在人民为主体的手里。前一两年，有人提出要建立公民社会。事实证明，公民社会的这些所谓理论是西方资本主义的产物，不符合中国国情，因此，我们讲的法治社会不能建立在公民社会的基础上。① 从中国国情出发，我们要建构中国特色社会主义的社会管理新格局，这就是党中央提出的，正在贯彻执行的"党委领导、政府负责、社会协同、公众参与、法治保障"的模式。几年来，这个模式在实践中已取得明显效果，如网格式管理等。当然，如果在如何发动公众参与上下些工夫，那就更好、更全面了。我们认为，法治社会重在社会治理法治化、好在共治与善治，贵在人民主体作用的发挥。我们应该强调社会自治，要求人民自我管理、自我监督，应突出人的自主性，发挥人的积极性，保障人的权利，使法治社会成为中国特色社会主义法治体

---

① 相关论述参见本书第一讲。

系的基础工程。当然，法治社会的建设必须同法治国家、法治政府一体建设，相互作用，相辅相成，成为一个有机的整体。

2. 独创的法治执行体系

法律的目的和判决的实效关键在于执行。执行，这是法治体系中的最后环节，其效果的好坏，直接关系到整个法治体系的效果。多年来，我国司法系统一直存在民事判决执行难的问题，有时甚至使民事判决成为一纸空文。针对这一情况，首先在权力配置上作了改革，在法院内设置了执行局，作为负责执行的专门机构，从试点单位的效果来看，执行状况有所好转，但还有些问题，需要在实践中进一步改正，存在的问题自然不少。

执行，包括民事判决和刑事判决的执行，法院内设的执行局只管民事判决的执行。它们针对执行中存在的问题，采取了一系列措施，除传统的依法扣押、冻结财产等措施外，还采取了一些行政措施，效果较好，特别是将拒不执行者列入黑名单，使他们信誉扫地，使其在金融和其他方面受到限制，迫使他们不得不执行判决。当然，这些强制措施必须依法采取，以不侵犯公民人身权利为原则。

必须指出这里所讲的执行，是专指刑罚的执行。按有关法律规定，凡被判处拘役，特别是有期徒刑、无期徒刑、死缓刑的罪犯，一律在监狱或劳动改造机关执行。我国的监狱和劳动改造机关严格执行党和国家关于劳动改造的方针政策和国家制定的《监狱法》，本着教育人、改造人的目的，以无产阶级的宽大胸怀，对罪犯实行劳动改造，让他们在劳动中改造自己成为新人——自食其力的公民。

按照"在社会主义制度下，只要改恶从善，都有自己的前途"的要求，实行"惩罚与宽大相结合"、"思想教育与劳动改造相结合"的政策，集中对罪犯实行劳动改造，并按照"改造第一、生产第二"的方针，对罪犯的改造表现进行认真的评判，并于每年冬训期间召开奖惩大会，对表现较好的罪犯给予记功与表扬，对有立功表现的罪犯给予记功奖励，对其中有重大记功表现的，依法通过法院给予减刑、提前释放或假释。当然，对其中个别反改造分子和重新犯罪分子将给予惩处，如记过、加刑（通过法院）。这种宽严相结合的政策，使罪犯受到极大感召，效果很好。尤其是，碰到特殊情况，国家还通过法律对罪犯的特定情况实行特赦。自新中国成立以来，我国已实行了几次特赦；2015 年对四类罪犯实行了特赦，特赦就是对特定的罪犯实行赦免，如中国末代皇帝溥仪，便在 1959 年受到了特赦，他感动地写了《从皇帝到公民》一书，歌颂新中国的劳动改造政策，影响很大。总之，党和国家的劳动政策，得到了中国人民和世界人民的一致赞扬！

党和国家的劳动政策与《监狱法》体现了革命人道主义精神，显示了无产阶级改造人、教育人的伟大胸怀，它根源于毛泽东思想。毛主席在《论人民民主专政》中指出："对于反动阶级和反动派的人们，在他们的政权被推翻以后，只要他们不造反、不破坏、不捣乱，也给土地，给工作，让他们活下去，让他们在劳动中改造自己，成为新人。"①这种给出路政策，不仅体现在政治上、生活上，而且还体现在身体上，罪犯有病，给予治疗，重病可以住医院，对不治之症还可以假释或保外就医等。每月按情况，给一些津贴；寒冬腊月，发棉衣；特殊工种发劳保用品，如工作服等。每月有休息日，每半月或一月有接见日，容许与家人接见。这些事实，使罪犯深受感召，异口同声说："新旧社会两重天！旧社会把人变成鬼，新社会把鬼变成人！"

当然，在劳改中，还存在这样或那样的不足。但是，通过坚持和完善社会主义法治体系，通过全面推进依法治国，劳改政策将进一步完善，教育与改造罪犯的效果将进一步显现出来。

---

① 《毛泽东选集》第 4 卷，人民出版社 1991 年版，第 1476～1477 页。

三、法治体系是国家治理现代化的基础工程

（一）法治体系为国家治理现代化奠定了制度基础

中国特色社会主义法治体系是治国之道，为国家治理现代化奠定了制度基础，具体说：

第一，宪法确定了我国的国体和政体，明确规定一切权力属于人民，而人民行使权力的机关是人民代表大会。近几年来，我国人民代表大会制度得到了进一步完善，实现了一人一票，城乡平等的民主选举，人大代表在素质上特别是在治国理政能力上大有提高。全国人大常委会依法履行职责，并增设了专职委员；特别是全国人大作为国家最高权力机关，通过和批准"十三五"国民经济与社会发展规划，确认了创新、协调、绿色、开放、共享五大发展理念，为国家治理现代化提供了明确的指导思想。正如习近平同志指出："发展理念是发展行动的先导，是管全局、管根本、管方向、管长远的东西，是发展思路、发展方向、发展着力点的集中体现。发展理念搞对了，目标任务就好定了，政策举措也就跟着好定了。"①

第二，健全了宪法实施和监督制度。宪法是国家根本大法，是治国安邦的总章程。依法治国实质上是依宪治国。党的十八届三中、四中全会提出要进一步健全宪法实施监督机制和程序，加强宪法解释程序机制，健全备案审查制度和能力建设，特别是确定每年 12 月 4 日为国家宪法日。同时，四中全会决定建立宪法宣誓制度，明确规定：凡经人大及其常委会选举或任命的国家工作人员正式就职时公开向宪法宣誓。这

---

① 习近平：《关于〈中共中央关于制定国民经济和社会发展第十三个五年规划的建议〉的说明》，载《中共中央关于制定国民经济和社会发展第十三个五年规划的建议》，人民出版社 2015 年版，第 48 页。

样做，有利于彰显宪法权威，激励公职人员忠于与维护宪法，同时有利于在全社会树立宪法意识，树立宪法权威。从而，为国家治理现代化奠定宪法基础和现代文明基础。

第三，进行了司法体制改革，从体制上保障了人权，为国家治理现代化提供人才资源，奠定了人才基础。司法体制改革是个伟大的创举，一是规定了省级统一管理检察院、法院的人财物；二是司法人员和司法辅助人员实行分开管理，突出司法人员的地位、作用和责任；三是谁审理，谁裁判，实行严格的责任制；四是法院、检察院依法独立审判，不受行政机关、社会组织和个人的干涉，建立领导干部干预案件的登记制度；五是实行员额制，在国家规定的编制内合理配备司法人员及其辅助人员；六是建立司法人员（法官、检察官）选拔委员会，按国家要求选拔法官与检察官；七是切实公正处理案件，使人民群众从每个案件中感受到公平正义，等等。所有这些，都极大地鼓励了公民建设社会主义法治，实现国家治理现代化的积极性和创造性。

（二）法治体系为国家治理现代化奠定了物质基础

改革与法治是当代中国的两大时代主题，也是中华民族历史上的两大壮举。正如习近平同志指出："改革与法治如鸟之两翼、车之两轮，将有力推动全面建成小康社会事业向前发展"；① 并共同构成共和国的基本方向和民族复兴的顶层设计，标志着中国人民治国理政进入法治化的新境界。法治体系是全面依法治国的总目标，它对改革有极大的促进作用，对我国经济社会的发展起着明显的引导与保障作用。

首先，法治体系调整了生产关系，解放了生产力，使我国的 GDP

---

① 中共中央文献研究室编：《习近平关于全面依法治国论述摘编》，中央文献出版社 2015 年版，第 14 页。

总量稳居世界第二，并在此基础上继续发展，出现了经济平衡发展的新常态。在宏观上，通过立法中的"立、改、废"，对经济起引导和保障作用，使国民经济发展维持在 6.5%～7%。在中观上，通过规范与促进；在微观上通过管理与保障，进一步发挥市场在经济发展中的决定作用，同时，加强政府的作用，将使我国经济稳步发展，避免中等收入水平的陷阱。

其次，法治体系将进一步促进社会主义市场经济的发展与完善，完成由以往的"官本位"向"民本位"的过渡，特别是作为市场经济基本法的现代民法——中国特色社会主义民法即将制定与实施，必将对我国经济发展起着重大的推动与保障作用。现代法治的精神是"规范公权，保障私权"，民法就是权利的保障法。民法的基本概念是人，我国民法将充分体现人文关怀，成为关心人、爱护人、保障人的法律，必将极大地调动人们建设社会主义的积极性，从而使生产力得到极大的提高。

再次，市场经济，即使是社会主义市场经济，也有两重性：一方面通过激励与竞争机制，可以大大提高生产效率，增加社会财富；另一方面，它有一定盲目性、自发性和拜金主义倾向，如果不及时管控，对全社会肯定有负面影响。而法治体系通过立法，及时制定反不正当竞争法、反垄断法、市场管理法、公平交易法，可以防止上述倾向的发生，促使它走向正确的轨道，促进经济的发展。

最后，法治体系反作用于物质基础的另一个重要领域——民生问题的诸多方面。民生是一个极为广泛的概念，传统上一般主要包括衣、食、住、行和柴、米、油、盐；现在其范围更广，目前，中国民生最迫切的问题，主要涉及就业、教育、医疗、食品卫生和社会保障等问题，其中，尤以环境问题最为突出。在最近两年召开的两会上讨论的治理雾霾问题，更为代表、委员们所关注。党的十八大报告，以专章讲了民生问题，明确提到"要多谋民生之利，多解民生之忧，解决好人民群众最关心最直接最现实的利益问题"①。

中国特色社会主义法治体系的本质决定了它必须关心民生问题，这是人民当家作主的本质要求，无论在立法、执法和司法上都要将民生问题作为迫切问题首先解决。如 2015 年新增城镇就业人口 1312 万，2014年新建廉租房 45 万套，农村高中生进重点大学增加了 10% 的比例，医疗改革取得了重大进展，缓解了上学难、住房贵、看病难等重大问题。随着法治体系的进一步完善，将进一步解决民生问题。党和国家早已把民生纳入法治的轨道，一年将会比一年好，将有更多的"红利"惠及人民。

（三）法治体系弘扬社会公平正义，为国家治理现代化奠定了社会基础

早在古罗马时期，五大法学家之一乌尔比安就明确指出过：法学是正义之学。中国特色社会主义法治体系更是正义的基石，因为法治体系的根本目的和价值取向就是促进社会公平正义。立法是设计正义、执法是落实正义、守法是弘扬正义、司法是维护与救济正义。以往公平正义属于不同学科，哲学、法学研究正义，政治学、经济学研究公平。我国从实际出发，把公平正义合并为"社会公平正义"，作为新时期的词组加以使用。其朴素含义就是惩恶扬善、是非分明、办事公道、利益平衡。借用经济学一个用语叫做"各得其分"。当今，公平正义是法治体系的核心要素，而且是构建社会主义和谐社会的基本内容，它有着极为丰富的含义。

---

① 胡锦涛：《坚定不移沿着中国特色社会主义道路前进　为全面建成小康社会而奋斗——在中国共产党第十八次全国代表大会上的报告》，人民出版社 2012 年版，第 34 页。

1. 合理合法

任何法律、法规，从制定到实施，都必须合理合法。事实上，法治体系是弘扬与维护社会公平正义的最后一道防线。立法者在立法时要确定权利保护的上限与下限，使公共权力与个人权利不受侵犯和干扰，执法者在法定范围内自由裁量，法官只有依照法律裁判，所谓"能动司法"也只是能在法律规定的幅度内进行。因此，公平正义的首要标准就是合理合法。

2. 程序正义

尊重程序，这是法治与人治的原则区别，是法治体系的基本要求，是法治思维和法治方式的重要原则。程序固然要为实体服务，但程序本身必须是公正的。在司法领域中，一切不合法的证据必须排除。过去，出现了一些冤假错案，绝大多数都是因为程序不公或非法引起的，这是一个严重教训，必须吸取。当然，在实践中，不仅仅要坚持程序公正，更要坚持实体公正，就是说要坚持两个公正。两个公正，是法治体系的灵魂，也是人权司法保障的重要标准。

3. 平等对待

在中国特色社会主义法治体系中，法律面前人人平等，它不仅要求人人法律地位平等、权利义务平等，而且要求在适用法律上平等，任何人没有超越法律的特权。同时，平等对待还包括机会平等、权利平等，人人都有出彩的机会，人人都有为国家作贡献的机会，并逐步实现结果平等。

4. 禁止歧视

禁止种族、民族歧视，这早已成为人们的共识，并成为国际法准则。就当前我国实际情况来看，尤其需要提出的是，要禁止在招聘中出现的性别歧视和学校歧视（即有些单位规定非"211"与"985"学校毕业的学生不要）。

5. 反对特权

这本来已经包括在平等对待的范围之内，但有单独提出来的必要。有些单位利用所在单位的某种优越性，享有特权，甚至延续到下一辈。它们明文规定或变相规定或实际暗箱操作，只招聘本单位员工的子弟。再就是他们的工资待遇实际上高出其他行业从业人员好几倍甚至几十倍。这都是社会主义法治体系要坚决制止的。

（四）法治体系为国家治理现代化奠定了民主基础

"民主"一词，源远流长，可以追溯到古代，所谓"天惟时求民主"便是。这里的"民主"，乃民之主也，与现代意义上的民主完全背道而驰。我国近代学者在留学期间，如王韬等人在向李鸿章上书中提出"民主"要求以来，人们对"民主"这个外来词，从不同学科进行翻译，哲学家译为"人民主权"；法学家翻为"多数人的统治"；历史学家直译为"平民政府"。现在，国内学者对民主达成了共识，即"人民当家作主"。

在我国，民主与法治建设有成就，也有曲折；有经验，也有教训。自 20 世纪提出依法治国以来，不仅在宪法上得到了确认，而且在实践上形成了"三原则"。当前，我国社会主义民主在法治的保障下有四种形式：

1. 选举民主

这是当今世界上多数国家采取的民主形式，有优点，也有不足。优点是在法治条件下代表一定民意，能维护社会稳定，能形成国泰民安的政治局面。不足是，尤其在资产阶级国家，容易被少数人操纵，成为富人的工具。至于不发达国家，如果把握不好，则容易引起社会混乱。在我国，通过对《选举法》的多次修改，实现了选举平等，形成"人民代表人民选，选好代表为人民"的局面，使选举民主成为了人民当家作主的重要形式。

2. 协商民主

这是我国社会主义民主的优点与特色，发源于 1945 年国共两党谈判。1949 年正式通过了《中国人民政治协商会议共同纲领》，根据这个"临时宪法"，在我国实现了协商民主。几十年来，通过不断完善，我国协商民主得到了发展，成为中国共产党团结各民主党派、民主人士的重要组织形式。协商民主在我国高举爱国主义和社会主义两面旗帜，组织和团结全体社会主义劳动者、社会主义建设者、拥护社会主义的爱国者和拥护祖国统一的爱国者，在参政、议政、廉政诸方面发挥了不可替代的作用。但也存在某些不足：一是法律化、制度化不够，其法律地位不太明确；二是形式的多样化有待加强，不仅要有政治协商，还应有经济协商、文化协商、社会协商等，要使协商民主正常化、常态化，成为我国社会主义民主的重要形式。这里，我们可以合理借鉴哈贝马斯的"商谈论"，进一步丰富协商民主。

3. 自治民主

我国在自治民主的建设上取得了很大成就，并且有三种形式：一是基层群众自治，这是自治民主的主要形式。在我国自 20 世纪 80 年代依宪法实现了自治民主，即城市里的居民委员会、农村的村民委员会，效果较好，调动了城市居民和农村农民的积极性，并在实践中不断完善。二是少数民族聚居地区实行民族区域自治，这是在我国基本政治制度下，对团结各民族共同建设社会主义国家起了很大作用。在全国有自治区、自治州、自治县和民族乡，效果较好，对维护统一发挥了重要作用。三是在特别行政区实行高度自治，即一国两制，港人治港和澳人治澳,高度自治。这是一个伟大的创造,是解决历史遗留问题的好办法,获得了各国人民的赞许。

4. 谈判民主

这是特殊的民主形式。它起源于国际关系的研究与处理,即通过谈判解决国际争端或遗留问题。后来,由国际转向国内,成为国内民主的一种形式。它对解决冲突、矛盾起了很大作用,如我国在乡镇一级的人民调解委员会、司法机关的调解、和解,甚至在检察机关与被告人之间的"辩诉交易"等。它们在实践中不断完善,将成为解决各类纠纷的重要手段。当然,这里还有些具体问题有待于进一步解决,但这种民主形式值得肯定。

第三讲　全面推进依法治国与
国家治理现代化

从古至今，治理理念、原则、体制、基本要求一直塑造着法治的指导思想、地位、功能和保证，法治模式又不断为治国理政进程革新方略。正确处理法治与治理的关系是改革发展稳定、治党治国治军的重要基础，是治理法治化的逻辑前提，对"四个全面"总体部署的协调推进具有战略意义和现实影响。从历史溯源、理论基础、逻辑框架、现实意义四个方面展开对全面推进依法治国与促进国家治理体系和治理能力现代化的辩证关系论证，回答国家、政党、政府、社会建设的根本性、全局性、长远性问题，对完善和发展中国特色社会主义制度、"促进国家治理体系和治理能力现代化"、形成"建设中国特色社会主义法治体系"的基本纲领，具有重大的战略意义。

一、法与治理的历史溯源

中国特色社会主义法治体系建设根源于中国的"法治"与"善治"传统，中华优秀传统文化的"创造性转化"与"创新性发展"是完善和发展中国特色社会主义制度、建设社会主义法治文化、实现"中国经验马克思主义化"的根基与血脉；塑造法治与治理的中国道路、中国精神、中国力量，是"在中国大地上探寻"解决问题之道的必由之路。全面把握范畴的历史发展，是正确处理坚持从中国实际出发与学习借鉴世界优秀文明成果关系的重要前提，是国际法治与全球治理概念科学重构的历史基础。

(一) 中国传统

中国古代的"法治"是"治国安邦"意义上的概念，强调以德治国、严明法制、公正利民以成盛世之治；而盛世（如北宋汴京）的衰落则为城市治理的落后与理性规约的缺失。最早可追溯到"五帝治理"时期，太昊伏羲氏立"五官"（其中"秋官"掌刑狱）以为治，黄帝之治"使民安其法者也。所谓仁义礼乐，皆出于法"。尧之治"善明法禁之令而已矣"。①

1. 明确以法成治世之功的原则

《舜典》已有以法为治在技术性维度发展，区分累犯、过失犯，以慎刑名。"象以典刑，流宥五刑"以达到"唯刑之恤"的目的。《大禹谟》记载了以明五刑"弼五教，期于予治，刑期于无刑，民协于中，时乃功"；确立了"与其杀不辜，宁失不经"的基本原则。② 而《清经世文三编》也有"国家治理之法与庶司奏绩"关系的论述。

2. 在治理方法体系上，初步形成了不同主体各司其治的基本框架、基本原则

中国古代已出现系统的治理方法探讨。《太平经》一书阐述了治理的 10 种方法，即"元气治"、"自然治"、"道治"、"德治"、"仁治"、

---

① 上古时期的历史多见于后世的史料考证中，参见（春秋）管仲撰，（唐）房玄龄注：《管子》，四部丛刊景宋本，第 161 页。
② 关于法律技术发展的详细描述，参见（汉）孔安国撰，（唐）陆德明音义：《尚书》，四部丛刊景宋本，第 8、14、34 页。

"义治"、"礼治"、"文治"、"法治"、"武治"。① 匡政巨著《群书治要》第五十卷从天下大同道、"万里一心"的角度论述了"以人治人，以国治国，以天下治天下"，并从四个方面分析了治国的"大体"，即"仁义"、"礼制"、"法令"、"刑罚"；指出面对治道万端，要把握其核心原则，即"一者何？曰公而已矣"②。在"宗法一体化的国家治理体系"中，以德治国③与严明法制相结合。《尹文子·大道上》确立了以道为治、以法为治、以术为治、以权为治的先后顺序。④ 荀况也指出礼义是"治之"，法是"治之端"，君子是"治之原"，也即礼是"法之大分，类之纲纪"。⑤ 中国古代的审判是维护秩序的"社会治理系统"的组成部分，更多的纠纷通过"礼仪和调解"解决，重视和解、关系的恢复。⑥

---

① 关于治理方法体系的论述，参见汉代道家治国经典《太平经》，明正统道藏本，第 178 页。

② 对治理之本的分析，参见（唐）魏征等编：《群书治要》，四部丛刊景日本，第 580、585~586 页。

③ 学者将中国古代的"礼治"视为"等级法"（规则）之治，属于广义的治理规则体系，如章太炎的《检论·礼隆杀论》："礼者，法度之通名，大别则官制、刑法、仪式是也。"陈寅恪的《隋唐制度渊源略论稿》："礼律古代本为混通之学。"萨孟武的《中国政治思想史》："非礼不决之礼就是法律"，故"安上治民莫善于礼"。萧公权的《中国政治思想史》："春秋时人之论礼，含有广狭之二义。狭义指礼之仪文形式，广义指一切典章制度。"也有反对这一主张的思想史与制度史论证，之所以得出不同的结论，是因为虽不能将礼、法等同起来，但二者都是规范化治理的组成部分，发挥着治理"准绳"（规则）的作用。参见李贵连著：《法治是什么》，广西师范大学出版社 2013 年版，第 18~20 页。

④ 治理方法位阶的论述，参见（汉）郑玄注，（唐）陆德明音义：《周礼》，四部丛刊翻宋岳氏本，第 178、181、189 页。

⑤ 法与治理关系的详细论述，参见（战国）荀况撰，（唐）杨倞注：《荀子》，清抱经堂丛书本，第 4、57 页。

⑥ ［法］罗伯特·雅各布著：《上天·审判：中国与欧洲司法观念历史的初步比较》，李滨译，上海交通大学出版社 2013 年版，第 4 页。

3. 法成为治理机制

战国时期，法家被视为中国历史上研究"国家治理方式"（法治）以及"体制改革"的学派。至秦始皇时期，以"法式"为"治道运行，诸产得宜"的基本方式。① （1）法是治理的准则。将法视为"天下之仪"、辨是非与安民生及治理的基础，指出"法则治"。② （2）法制统一是治理的前提。"海内为郡县"，不可不一法而治，"一法"是民族治乱的重要前提。（3）以法为强国之治，"治强生于法"，通过以法为治，建立并巩固强大的国家体系，这在历次变法中有鲜明体现。③ 同时强调治理环境建设，也即"徒善"则不能开创伟大政治局面，"徒法"不能自动形成善治局面。④

4. 良法善治与改革更化

强调改革是"善治"的前提，"民本"是"善治"之本，"厉行节约"是"善治"的要素。只有通过"更化"才能不断适应战略需要和时代变迁，实现良好的治理；只有爱民、养民、"宽民力"，才能实现治理的核心价值目标；⑤ 而善治本身即包含"务俭约、重民力"的内在要求。⑥ （1）良法之治，强调需"遵成法治"、以养民之良法治之，

① 法作为治理基本方式的论述，参见（汉）司马迁著：《史记》，清乾隆武英殿刻本，第128页。
② 法在治理体系中重要作用的论述，参见（春秋）管仲撰，（唐）房玄龄注：《管子》，四部丛刊景宋本，第182页。
③ 以法为强国之治的论述，参见（清）张玉书著：《佩文韵府》，清文渊阁四库全书本，第6322页。
④ 法的局限性的论述，参见（战国）孟轲撰，（汉）赵歧注：《孟子》，四部丛刊景宋大字本，第54页。
⑤ （汉）班固撰，（唐）颜师古注：《汉书》，中华书局1962年版，第1032、1137页。
⑥ （晋）陈寿撰，（宋）裴松之注：《三国志》，中华书局1959年版，第704页。

防止专断，唐朝"盛世"建立在厉行法治、完善制度的基础上，太宗时期，深以隋"不惟法度之善"而亡为戒，尤重"公心望治"、克己纳谏、依法办事，开创"贞观之治"；玄宗时期，厉行法治，编纂《唐六典》，完善法制，成就"开元之治"，制度完善（皇帝诏书亦须门下省"副署"审查）、贸易兴盛、吏治清谨、政治修明、人民安居、社会公正、声威远播，"无敢侵欺细人"。（2）改革之治，总结汉朝治乱的历史经验，得出没有实现善治的根源在于"当更化而不更化"。（3）民本之治，"守法以宜民"、"尽心民事"、法察民情、治宜于时是善治的前提。① （4）和谐之治，中道是"天下之大本"；和谐是"天下之大道"，并将其提升到治理之本的高度。

5. 国家法度与政府治理的关系

该关系强调以法促进治理能力的提高，对制法者的资格进行了严格的限定，尤其强调明选的基础性作用，需明了"治乱之源"，才可以"令制法"。② "以八灋治官府"在"邦治"、"官治"层面系统总结了"官属"、"官职"、"官联"、"官常"、"官成"、"官灋"、"官刑"、"官计"之辩；此外，还包括司马光提出的"十科举荐令"等诸多官府治理规则。③

6. 旧民主主义革命时期的法制与治理

从洋务运动、太平天国运动、戊戌变法到辛亥革命及新文化运动的起始，呈现从经济发展方式变革到政治制度革命，再到思想解放与理论指导的根本性转变。1851年"金田起义"是形成"军律"的太平军武

---

① （清）张廷玉等著：《明史》，中华书局1974年版，第60页。
② 立法与治理关系的论述，参见（汉）刘安撰，（汉）许慎注：《淮南鸿烈解》，四部丛刊景钞北宋本，第154页。
③ 八灋与政府治理关系的论述，参见（汉）郑玄注，（唐）贾公彦疏：《周礼疏》，清嘉庆二十年南昌府学重刊宋本十三经注疏本，第27页。

装对抗清廷的开始，经济制度上推行公有制、颁布《天朝田亩制度》与《资政新篇》，司法制度上每军设"典刑法官"，但由"帅"兼任，程序上以两司马"调理"为一些诉讼的必经程序，实体上推行严刑峻法，"凡犯天条者，一律处死刑"；政治制度上建立"官制"、颁布"三谕"、"十款天条"，文化制度上颁布"礼制"、实行《太平天历》，以"礼拜堂"形式推行教育；军事制度上的"军制"，史称"永安建制"，但其本质属性仍为封建等级制，从"万岁"、"千岁"到"大人"、"善人"、"贞人"不等。其仍然属于君权与神权合一治理与专制统治的法律化，这一根本制度的弊端，成为"天京事变"及其后形势急转直下的决定性因素；随着"治外法权"引发教案的增多及民族矛盾的加深，1899 年起，形成规约的义和团以组织化形式发展壮大起来，但由于道路选择的错误，未提出彻底的反帝反封建纲领，以及组织内部治理的弊端，至 1901 年在"中外反动势力的联合绞杀"中失败；辛亥革命后，形成三民主义的法治与"民治"模式，将国家权力分为政权（四权）和治权（五权），包含人民行使直接民主和政府机关行使管理职能，而国家富强有赖于五权宪法的施行，民治就是把"支配人事"、"调和自由和专制"的法权给人民，良好的宪法是建立真正的共和国的前提。[①]将法律提升至"惟系"国家治乱的至上地位，指出一旦不依法律为治，则"专在势力"，但其后出现党义治国的悖论，体现出历史局限性的一面。[②] 思想理论指导对于改革和治理具有基础性意义，辛亥革命后的中国社会处在"封建主义"、"鬼神迷信"、"尊孔祭天"思想罗网的束缚与扼杀下，社会发展、改革与治理上空的阴霾亟待冲破。1915 年，《青年杂志》创刊，1916 年改名为《新青年》，倡导"文学革命"、思想解放、民主自由；1917 年，"十月革命"爆发，成为社会主义革命时代的启始，"布尔什维主义的胜利"是"庶民的胜利"（李大钊语），社会

---

① 参见《孙中山选集》，人民出版社 1981 年版，第 493 页。
② 陈旭麓、郝盛潮主编：《孙中山集外集》，上海人民出版社 1990 年版，第 234 页。

主义思想与理论成为全世界被压迫人民争取独立与解放的"曙光"，"五四运动"后，新民主主义革命时期的文化运动正式以马克思主义为指导思想，以《湘江评论》等刊物、马克思学说研究会等组织为理论阵地，但其全面肯定"民主"和"科学"、全盘否定儒家思想与礼教传统的做法，违背了马克思主义唯物辩证法的基本原理。①

（二）　西方的法与治理理论

法律制度是适应私有制和社会发展对经济治理规则的需要而产生的，古代自然法、中世纪神学自然法、古典自然法、分析法学、社会学法学等理论演进，法国宪法、美国宪法、《独立宣言》、《人权和公民权宣言》等法治实践，正是治理探索在各个时期的成果，反映历史发展阶段，以及时代的治理目标。其后，在应对资本主义生产关系内部矛盾及克服治理悖论的过程中，治理由弥补政府、市场协调不足，发展为将国家、政府、政党与社会对立起来的新自由主义理论、公共选择理论、"没有政府的治理"、"第三条道路"和社会中心论。

1. 法治与城邦治理

（1）治权归于法律。毕达库斯指出，治权寄托于法律;② 柏拉图从《理想国》的"哲学王"统治主张转变为对法的治理的追求，认为一旦法律遭到践踏，城邦的灾难也就会随之而来，因此，服从法律的治理十分必要;相反，如果"法律在官吏之上"（官吏是法律的仆人），

---

① 法治与人治问题讨论集编辑组:《法治与人治问题讨论集》，群众出版社1980年版，第253页。
② ［古希腊］亚里士多德著:《雅典政制》，日知、力野译，商务印书馆1959年版，第142页。

诸神就会保佑并赐福于这个国家及其人民;① 亚里士多德指出在任何方面，法律都"应得到尊重而保持无上的权威";② 梭伦认为人民是应当服从治理的人，然而"治理的人"则需要遵守法律的规定，并禁止附带人身担保的财产行为。（2）治理能力制约法治的实施和保障。柏拉图对护法官、将军、政务员、宗教事务官、管理员、教育督导员、法官的选任办法和职务履行的重视，提出官职安置（政府治理的一个部分）上的不当，会导致制定的良好的法律的价值被掠夺，滋长政治破坏与恶行，背离法治的精神。③（3）知识的治理与法律的治理，柏拉图认为若能，就不用法律的支配，因为知识与法律或秩序相比更为有力量，但很少有人能够达到这样完美的状态，退而求其次，法律成为"第二种最佳选择"，其以"全体城邦的善"为根本目标，当法律失去权威，国家将会灭亡。(4) 良法之治与城邦美德伦理的治理，一方面，亚里士多德强调"凭城邦政制的规章加以治理"，包括治理者本身都受法律的治理，法治是最优良的统治者（法律至上），包括已成立的法律获得普遍服从和该法律本身制定得良好;另一方面，城邦美德伦理即是当时的社会核心价值体系，强调通过对法律的普遍遵守实现，在一些治理领域，积习所成的不成文法比成文法更有权威。④ 其历史局限性在于奴隶制社会的法与治理为奴隶主服务，奴隶则被视为奴隶主的所有物，是法律的客体。直至伯里克利改革后，公职人员才不再有财产限制，而陪审

---

① ［古希腊］柏拉图著:《法律篇》，张智仁、何勤华译，上海人民出版社2001年版，第714~715页。

② ［古希腊］亚里士多德著:《政治学》，吴寿彭译，商务印书馆1997年版，第192页。

③ 强调"根据理性和神的恩惠的阳光指导自己的行动"的首要地位。参见［古希腊］柏拉图著:《法律篇》，张智仁、何勤华译，上海人民出版社2001年版，第751页。

④ 普遍良好的秩序仍"以道德优良的生活为宗旨"，法律的治理成为中道的权衡。参见［古希腊］亚里士多德著:《政治学》，吴寿彭译，商务印书馆1997年版，第167、170、182、353页。

员从年满 30 岁的男性公民中抽取，被抽到者无权拒任，女性被排除在外，公民大会表决权也是如此。

2. 等级化教会法与宗教治理

历史上的第一个现代国家发源于泛欧洲的罗马教会，其以系统的法律体系为基石推进国家治理与建设进程，1140 年，格拉提安的《教会法整理汇编》（*Concordance of Discordant Canons*）即是对于其国家法律实践的"现代体系化"的总结。① 13 世纪，布拉克顿描述了国王"在上帝和法律"的治理状态；这一状态通过《大宪章》及议会权力的加强，促进了法治的成长。法律被奉为治理的主要权威，在取得自由特许状的城市，通过公众大会的治理选举产生官员、采用新的法律，形成互相制约的立法、行政、司法机构，除行会等组织成员外，市民享有包括参与司法裁判（民众法官）在内平等的自由权利，但仅城市公社和自治的商人团体通过自由特许状获得自由，其余则处于教会"神权"统治下；14 世纪后，虽受衡平法调整，普通法形式主义倾向并未改变，高度技术化的法律规则、判例导致封闭状态的出现，封建制度制约法律确立的民主治理机制的实效，议会依靠贵族势力限制王权，至都铎王朝置于国王控制之下，至斯图亚特王朝被解散，直至资产阶级革命才逐渐恢复。② 阿奎那强调了法律的共同福利属性与理性命令性质，指出处于

---

① 12、13 世纪最早的现代法律体系产生（受 11 世纪末、12 世纪初格列高利七世发起教皇革命的影响），它有两种表现形式，即罗马天主教会的新教会法（jus novum），以及"世俗法律体系"（王室法、封建法、城市法、商法）。至 16 世纪以前，西方法律体系，包括宪法性法律、法律哲学、法律科学，以及刑法、民法、程序法的原则和规则，都处于罗马天主教会的管辖；至以路德的宗教改革为关键的德国革命，"德国各公国的路德宗统治者们都颁布了综合性立法"（Ordnungen），管理公国范围内的教堂建构、家庭关系、公共教育及社会救济，17 世纪英国的资产阶级革命仍以加尔文的宗教改革为关键。参见［美］伯尔曼著：《法律与革命》第二卷，袁瑜琤、苗文龙译，法律出版社 2008 年版，导论第 2~3、4、6~7 页。

② 高鸿钧著：《法治：理念与制度》，中国政法大学出版社 2002 年版，第 104~106、112 页。

神治下的法律是人们的行动准则；从神意治理角度确立永恒法的至上地位，构成宇宙整个社会秩序的基础和国家治理的前提。①

3. 资产阶级启蒙思想中的权利法治与治理

（1）卢梭在主张人民主权的同时，强调了政府在"掌管民政和执行法律"中的重要作用，指出排除公权力或只赋予不确定权力的做法，会产生"治理得不好的共和国"；通过"明智的法律"进行治理，才能够为人民提供安全保障，防止侵害，形成永久和睦的生活环境。一个治理得良好的国家，是法律至上、人民守法的国家。② （2）洛克指出，"人民的福利是最高的法律"（Salus populi suprema lex），国家立法权或最高权力的享有者负有通过确定的、公开的、有效的法律进行治理的责任，反对临时命令的统治，因为其并不能为人民提供应有的安全和保障。《政府论》第四章"论奴役"阐述了政府治理下的人的自由应以国家立法权和法律规范为基础，且立法权与执行权应分离，不能擅自剥夺任何人的财产权；第七章"论政治的或公民的社会"确立社会在治理中的重要作用，并将其作为"真正的和唯一的政治社会"的前提，其理论根源则为社会契约论所让渡的自然权力的集合，社会"仲裁人"地位处理那些"请求保护的事项"，就权利纠纷作出裁决，并以确定的法律规则公正地、平等地对待所有人；第十章"论国家的形式"将立法权力归属作为判定国家形式的重要标准。③

4. 德国古典哲学中的法与治理

（1）康德在《法的形而上学原理：权利的学科》中指出，法律是

---

① ［意］托马斯·阿奎那著：《阿奎那政治著作选》，马清槐译，商务印书馆1963年版，第106、110页。

② ［法］卢梭著：《论人类不平等的起源和基础》，李常山译，东林校，商务印书馆1962年版，第51~52、54、128页。

③ ［英］洛克著：《政府论》（下篇），叶启芳、瞿菊农译，商务印书馆1981年版，第16、36、53、58页。

国家这一人民联合形式产生的基础，以公共利益为核心目标，以道德准则（自由法则）为主要内容，但不并同于道德规范的含义，因为这些规则仅作用于人的行为，而非思想，因而具有合法性形式与规范价值；公民具有三种法律属性：宪法规定的自由（只服从认可的法律）、公民的平等、政治的自主；任何情况（包括不公）都须毫无例外地遵守法律。① （2）黑格尔指出，好的法律是良好的国家治理状态的前提，《法哲学原理》第一篇"抽象法"中有法的命令是对人的尊重，使人真正成为人；第三章"不法"指出，在没有法律的社会状态中，原始复仇性质的刑罚屡见不鲜，要以刑罚的正义（犯罪自身的辩证法）代替复仇对治理的破坏，实现"从法向道德的过渡"。在第三篇"伦理"中界定了市民社会范围内"特殊公共利益"的管理主体层次，确立了政府（行政权）、"自治团体"、"同业公会"等不同治理主体的重要作用，并以国家法律与公共利益为治理基础，而伦理（精神性的世界）的发展则由三个阶段组成，即自然联合的家庭、通过法律制度和外部秩序建立的单个人的联合、在国家制度中的统一；第三章"国家"再次强调了自治团体对国家治理力量的支持作用，"顶层的组织化应与群众（基层）的组织化结合起来"，其构成了合法的权力存在的基础。但他把辩证关系的根本归于绝对精神，而其市民社会和国家观也是从客观唯心主义出发，宣扬王权至上和私有财产权的"神圣性"，为殖民事业提供论证，并把三权分立改为王权、行政权、立法权的结合，否定了国家的事务就是一切人的事务的观点。②

5. 分析法学与自然法学之争凸显程序自然法是规则治理的基础工程

（1）富勒在《法律的道德性》第二章"道德使法律成为可能"

---

① ［德］康德著：《法的形而上学原理：权利的科学》，沈叔平译，商务印书馆1991年版，第14、137页。

② ［德］黑格尔著：《法哲学原理》，范扬、张企泰译，商务印书馆1961年版，第47、107、173~174、311页。

中论述了"法律的内在道德的八项要求"。第三章"法律的概念"阐明全书的立论目标"服从于规则之治的事业"中自然法的内涵和属性要求，提出"法律的内在道德"观点，指出其是"程序版的自然法"（procedural version of natural law），致力于对建构和管理规则系统方式的分析与总结，而非规则实际目标的研究，这些规则有效地规范人类行为以保持其合法性形式和规范价值为前提。第四章"法律的实体目标"全面阐述了要实现"服从于规则之治的事业"这一目标，必须理性负责地进行参与，而不能背离程序自然法规范的要求，否则即构成对公民权利与尊严的侵犯；同时，要保持制度的"特定完整性"，这一完整性构成了该制度有效性甚至是合法性的逻辑前提。① （2）德沃金的权利理论的核心是"法律发展的理论"，宗旨是通过法律的发展"维持道德社会"，而这一发展本身以平衡"法律和政治实践的一致性"与适应性为前提，法律以政治道德为基础，因此，"政府道德责任"是适应社会政治条件作出法律调整和改革的原则，其构成了法律发展的效力基础及公民法律信仰的保障。《认真对待权利》第十一章"法外之法"中描述了通过由态度而非权力或领土界定的"法律帝国"，即谈及政治的阐释性的态度、表示异议态度、建设性的态度，以"高于实践的原则"，建立起社会中的联合，建设美好未来。② 此外，罗尔斯强调正义的规则是调整理性人的行为并为社会合作提供框架，在"正义原则规制良好的社会"，法治准则是"程序正义和制度设计"的基础，合法性与自由主义原则（公共性、一般性、透明性）之间的联系就建立起来了。③ （3）哈特在《法律的概念》第五章"法律作为初级规则和次级规则的结合"

① ［美］富勒著：《法律的道德性》，郑戈译，商务印书馆 2009 年版，第 55 页。

② ［美］德沃金著：《认真对待权利》，信春鹰、吴玉章译，中国大百科全书出版社 1998 年版，第 87~88、142 页。

③ 转引自 ［美］杰里米·沃尔德伦著：《法律与分歧》，王柱国译，法律出版社 2009 年版，第 10 页。

论证法律内涵与不同类型规则的联系，指出命令、服从、习惯、威胁观念是法律基本形态的必要内容，只要法律适用，人类就不能任意行为，但对于法律体系的复杂性也要有清晰的认识与"周延地处理"，需要把握法律科学的真正关键，即科以义务的"初级规则"（primary rules）和授予（公共的或私人的）权力的"次级规则"（secondary rules）；第七章"形式主义与规则怀疑论"部分论述在涉及人民自由的事项上，法院完善和发展"基础规则"的基础是确定无疑地遵守规则的规定，树立法律权威与司法威信；第八章"正义与道德"部分论述对于"法律作为社会控制工具的特质"（治理机能）的阐释，须区分初级规则和承认、变更、裁判等次级规则，法律和道德的关联处于核心的位置，但"国家只能惩罚触犯法律明令禁止的行为"，但在极端情况下，也不能忽视道德的判断。①

6. 社会学法学的法与治理理论

庞德在《通过法律的社会控制》第一章"文明的社会控制"中指出，"一战"后，对法律制度和法律正义的失望引出了"不要法律的治理"，没有如 19 世纪"法律统治"权威性理想指导下的强力行使助长了对个人意愿与偏好的放任，而文明是人类通过社会控制对外在物质世界和内在本性的最大限度的控制来维系的；第二章"什么是法律"论述法律即按权威性的传统理想由一种权威性的技术加以发展和适用的一批权威性法令（三要素），其用"惩罚、（有限的）预防、特定救济和代替救济"，很好地履行着调和、解决、排解利益冲突和纠纷的职能，奠定了文明的延续与发展的秩序基础。相信万能国家的人，不会诉诸柏拉图的哲学王假设，而是需要一个治理者或组织起来的社会推进法律的社会控制，其需要宗教、道德、教育的支持，埃利希已证明了作为法律

---

① ［英］哈特著：《法律的概念》，许家馨、李冠宜译，法律出版社 2011 年版，第 45、74、141、142 页。

秩序基础的各个治理主体及他们的联合形成的内在秩序对社会治理的重要意义。①

7. 戴雪的自由主义法治与治理观

即法律主治，法律的治理是人民唯一需要服从的东西，这也意味着除非经过法律规定的程序，人们不受无故惩罚与剥夺，以致人身权利、财产权利受损。"行政院"不具有"裁决权能"（discretion），以避免"武断性"（arbitrariness），即使是在一个民主国家中，赋予行政院法律上的"裁决权能"，将导致对人民权益与自由的侵害。② 发展至哈耶克新自由主义思想中的法治与进化论理性主义治理观，即民主的治理要求人们就一般性规则达成共识，并且，最高权力机构及其他所有权力、国家统一皆以"人民之同意"（the consent of people）为前提，如果代议机构将政府治理与立法这两项权力集于一身，那么，"法律下的政府"（government under the law）和法治就不能够实现。《法律、立法与自由》第三卷"自由社会的政治秩序"第十三章"民主权力的分立"分析了现行代议制度以政府治理需要而非立法为源起，并且，现行立法机关、代议机构属性也是由其"承担的政府治理职责所决定的"，因此，导致最高权力机构集中关注政府治理而非法律现象的出现，制度设计本身使政府治理成为"压倒法律的工作"，同时，民选议会的政府治理任务"常与立法者的目的直接发生冲突"，代表的当选将取决所属党派的政府治理成就，而非立法工作状况。为防止无限权力冲破禁锢并占据支配地位，必须改进调整各种行动（包括政府行动在内）的法律框架，以

---

① ［美］罗斯科·庞德著：《通过法律的社会控制》，沈宗灵译，商务印书馆2009年版，第9、32、37页。

② ［英］戴雪著：《英宪精义》，雷宾南译，中国法制出版社2001年版，第21、232页。

及构成正当行为规则的"法律人的法律"。①

8. 垄断资本主义时期的法治与对抗式治理模式

这种模式与其主导建立的国际规制与全球治理秩序的形成密切联系，即 20 世纪 90 年代西方兴起的管理范式。"一战"后国际组织的成立与公约的达成，成为世界范围内的治理的转折，其奠定了从均势、强权向平等协商、法律的治理转变的基础。（1）定义：将法律看作"社群的决策过程"，以"建立人类尊严之公共秩序"、加强公众参与为目标。拉斯韦尔和麦克道格尔在《自由社会之法学理论：法律、科学和政策的研究》的第二部分"社会过程背景"中将其"作为一个整体的社会过程"；② 全球治理不仅意味着正式的制度和组织维持管理世界的规则，而且意味着所有其他组织追求影响跨国规则和权威体系的目标和对象；③ 联合国开发计划署认为治理是一种"公共管理框架"，以正义、平等、高效的法律系统为基础，包括正式的和非正式的制度和规则，但其基础不是控制，而是协调，治理本身不是一套规则或制度，而是一个过程，只有接受一套共同的权利和责任观念，才最符合人类的整体利益，才能实现善治；④ 罗茨列举治理六种定义的第四种"作为善治的治理这一公共服务体系，强调效率、法治、责任的作用"；斯托克"作为理论的治理：五个论点"的第三种治理观点强调致力于集体行动的组织存在权力依赖，相互交换资源的结果取决于参与者的资源、游戏规则和环境；罗西瑙在《没有政府的治理：世界政治中的秩序与变革》

① ［英］弗里德利希·冯·哈耶克著：《法律、立法与自由》（第二、三卷），邓正来等译，中国大百科全书出版社 2000 年版，第 267～330 页。

② ［美］哈罗德·D. 拉斯韦尔、迈尔斯·S. 麦克道格尔著：《自由社会之法学理论：法律、科学和政策的研究》，法律出版社 2013 年版，第 2 页。

③ ［英］戴维·赫尔德等著：《全球大变革：全球化时代的政治、经济与文化》，社会科学文献出版社 2001 年版，第 70 页。

④ ［瑞典］卡尔松、［圭亚那］兰法尔主编：《天涯成比邻——全球治理委员会的报告》，中国对外翻译出版公司 1995 年版，第 1～2、4～5 页。

中指出，治理是以被多数人接受为生效前提的规则体系。① （2）原则：
作为全球治理改革的重要组成部分，"独立且据法裁判的全球治理裁判
机制"以法治原则为基础，程序公正、法官（及工作组、专家小组）
中立、秘书处的平等对待、透明度原则，以"保证全球治理机制在自
身法律框架基础上的独立性"，软法不得损害法治和民主原则；根据公
认的法律原则处理好新的更大范围内的全球治理机制与已有机制的衔接
协调、正当性论证或失效问题，联合国框架内的解决也不能违背全球治
理机制的相对独立性原则，以实现"没有全球政府的全球善治"；在全
球治理机制内部，国际组织以法治为行动原则和组织模式，以实现善治
为目标；民族国家以法治为善政的组成部分和善治的重要原则。全球治
理机制一方面加强全球治理的规则化、制度化；另一方面，也以形式法
治理论为基础构建法律规范本身的合法性基础，即民主合意的程序性规
定。由此，全球治理机制成为实现法治原则的重要载体，是"国际关
系民主化"的基本前提，而"集体安全体制的失败"是由于国际联盟
规制体系本身的绝对化，割裂了政治、法律、国家权力的系统作用，从
而，维护和平发展与平等、避免武力与侵略的规定在国家权力的扩张面
前不堪一击；但可以合理界定和限制全球治理机制尤其是立法职能机构
的权力，促进各种全球治理机制间的合理分工与协作，跨领域权力扩张
须经严格合法的民主程序，改革同时承担立法、裁判、监督甚至执行职
能的部门或机制。② （3）国际规制与全球治理实践中的中国责任："全
球规制"是全球治理的核心③，包括国际人权立法、经济贸易规则、诉
讼与仲裁规定等方面，全面协调和规范全球治理进程。法治指标与治理

---

① ［美］詹姆斯·N. 罗西瑙主编：《没有政府的治理：世界政治中的秩序与
变革》，张胜军、刘小林等译，江西人民出版社 2001 年版，第 5 页。

② 王奇才：《法治与全球治理——一种关于全球治理规范性模式的思考》，
法律出版社 2012 年版，第 80、82~83、155~156 页。

③ 俞可平著：《全球化：全球治理》，社会科学文献出版社 2003 年版，第
14、68 页。

指标密切相联，法治原则体现于《联合国宪章》、《世界人权宣言》等一系列国际规约中，《国际法原则宣言》（1970 年）第一次明确提出国家间法治 rule of law among nations，确认了联合国和国际法治之间的内在关联，并通过七项国际法原则的确立建立法治框架；2000 年《联合国千年宣言》强调了国际法治与国家法治密切相联；2004 年，联合国秘书长向安理会提交"冲突与后冲突社会中的法治与过渡司法"报告，指出法治意味着一个"治理原则"（a principle of governance），并确立国际法治基本原则；2006 年联合国大会通过"国内和国际的法治"（the rule of law at the national and international levels）决议，明确了推进国内和国际的法治，国家和国际的良治和法治，对持续经济增长、可持续发展、消除贫困与饥饿以及保护所有人权和基本自由极为重要，确立了联合国及其会员国以"公正和善政"为指导方针，提出国家间和平共处与合作的三个基础——法治、国际法基础上的国际秩序、公正原则。中国以"亲仁善邻"、"天下为公"、"天下大同"等治理观念为基础，承担起大国的历史责任，完善涉外法律法规体系，构建开放型经济新体制，积极参与国际规则制定及执法安全国际合作，积极推进对国际司法机制的深度参与，重构全球治理，推动国际法治，建立国际新秩序。①

　　此外，后现代语境的"治理术"，福柯在《安全、领土与人口：法兰西学院演讲系列（1977—1978）》第四讲"治理术的问世：从司法国家、行政国家到治理国家"中，强调了以人口自身为目标的治理，指出中世纪司法国家对应"法律的（习惯法或成文法）社会"，15、16世纪行政国家对应"管制和纪律的社会"，是从主权出发的治理艺术，"治理国家"则对应"安全配置控制的社会"；国家治理有赖于"牧领技术"、"新的外交—军事技术"、"治安"；将"治理"（governmentality）与"权力/知识（power/knowledge）"、"规训"（discipline）等概念联系起来探

---

① 单文华：《法治中国的国际维度》，载《光明日报》2014 年 11 月 5 日。

讨，强调法制、管理、伦理权力实践是作为"灵活策略"与动态关系的"生产性实践"与"生产性网络"，从权利分析的法律模式转变为"权力分析的战略模式"，其弊端是在一定程度上也解构了法律、制度及国家的积极作用。①

二、理论基础

依宪治国、良法善治关系一个国家根本性、全局性、长远性的制度安排，不能套用西方的理论分析中国的现实，更不能走"改旗易帜的邪路"，首要的是完善中国特色社会主义法治理论与治理理论体系建设，实现完善和发展中国特色社会主义和推进国家治理体系与治理能力现代化相统一，坚定道路自信、理论自信、制度自信。

（一）马克思主义法治与治理观

马克思主义法治与治理论述以阶级本质的分析为核心，并奠定了法与治理分析的方法论基础，是科学社会主义理论体系的重要组成部分。

1. 法与治理的辩证唯物主义与历史唯物主义基础

法与治理运行机制的内在矛盾是系统化发展的动力，"法治只有不仅作为一种有效的治国方略而且更作为一定形态的经济关系的必然要求"而产生、存在和发展时，"才能对社会的发展和进步起广泛、稳定和持久的推动作用"，这也构成了古代法治和近现代法治的区别；② 现

---

① ［法］米歇尔·福柯著：《安全、领土与人口：法兰西学院演讲系列（1977—1978）》，钱翰、陈晓径译，上海人民出版社 2010 年版，第 2 页。
② 周旺生、朱苏力主编：《北京大学法学百科全书：法理学·立法学·法律社会学》，北京大学出版社 2010 年版，第 523 页。

代国家的法不仅是经济基础的表现，而且需要呈现内部和谐一致性。从方法论角度看，恩格斯在《社会主义从空想到科学的发展》一文中指出，社会变迁的终极原因不在对真理和正义的认识中，而在于生产方式和交换方式的变更，公平、正义等价值追求是具体的、历史的，立法的不断丰富与完善要依据经济生活条件所借以表现的方式；关联关系是一种"活的机体"，自然界、人类历史、精神活动是由联系和相互作用"无穷无尽地交织"形成的，应从运动的、本质上变化的视角，而非静止的、永恒不变的状态，去考察相互联系的事物的运动、变化、生成、消逝。这就要求：第一，我们把法治与治理的关系放到整个历史进程中去，从社会形态的生产关系基础出发，研究法治与治理发展的必然因果联系；第二，既分析相互促进作用的内涵、机制、方式等发展规律，又注意相互制约作用、历史悖论出现的情形及克服的路径；第三，从时代性的总的联系去考察，实现"四个全面"总体部署的协同推进。

2. 揭示法与治理在"巩固国家根本制度"上的本质一致性，强调法是"阶级的物质生活条件来决定的"的阶级意志的体现

马克思主义的治理理论也围绕揭示治理的阶级本质展开。经济方面，马克思在《法国的状况》一文中批判了1860年1月15日"通报"上发表的路易·拿破仑致国务大臣富尔德的关于"国民财富"（如在"工人阶级中普及福利"）的书信，揭示了帝国治理下的国民生产的发展并未"改变法国人民群众的生活状况"，以及农业、工业、信用事业发展方式的剥削实质，人民不可能平等分享发展成果，而是成为服务于帝国经济治理的工具；政治方面，马克思在对"华沙会议"的讨论中，揭示沙皇俄国"解放农奴"建立在"消灭共产主义原则的计划"基础上，贵族所取得的政治权力即是行使"宪法权利参加帝国的一般治理"，作为放弃对农奴的统治权的条件；国家安全方面，在《墨西哥的干涉》一文中，马克思阐明了以建立民主的强有力政府为名，以主权干涉为实质的治理所造成的"无政府状态"给人民带来的灾难，并在对"加里波第的信"的讨论中描述了通过人民性质的运动取得治理权、"排除法国外交干涉的一切借口",保护国家不受敌人侵犯的安全治理,揭示了"加里波第和拉法里纳之争"的虚伪性。①

3. 国家与法的理论方面

马克思在《评普鲁士最近的书报检查令》一文中从国家治理的准则出发,探讨作为"政治理性和法的理性的统一"的国家,遵循以行为规范,而非思想强制,"作为主要标准的法律",因为行为是一个人主张基本权利的唯一现实媒介,也是受法律规制的唯一的因由。如果所思所想的也要成为惩罚的对象,那么,这种法律则具有"危害生存的法律"、"追究倾向的法律"、"报复的法律"的法律属性,其是特权,是党派倾轧的工具,而非权利保障的手段。②

4. 从抽象的理性人权观到历史唯物主义人权观的转变,将法与治理的联系建立在人的现代化基础上

在这一本质上,以人们的自由行动与联合及自我控制为基础,使法律成为人民意志的自觉表现;只有以物质生活条件为基础,立足生产方式及其矛盾运动,确立人的本质与法权体系,才能使一切人自由发展以个人自由与全面发展为条件成为现实,人在积极实现自己本质的过程中,也同时在创造其社会本质;而历史唯物主义人权理论确立之前,费尔巴哈将抽象的"类"作为人的本质,将法视为抽象理性,治理也与现实的社会联系脱离开来。

5. 科学社会主义理论体系

从空想社会主义理论(如《太阳城》、《乌托邦》、《自然法典》

---

① 《马克思恩格斯全集》第 15 卷,人民出版社 1963 年版,第 4、101、194 页。

② 参见《马克思恩格斯全集》第 1 卷,人民出版社 1995 年版,第 120 页。

中）对实业制度、法郎吉、新和谐公社（治理），及自然法是人为法的前提，共同构成自由的基础进行的论述，到科学社会主义体系中，共产主义是在更高物质基础上实现"自由、平等、博爱精神"的回归；国家从社会中产生，从产生之初即以缓和社会冲突、维护公共秩序为职能，以"表面上凌驾于社会之上的力量"控制利益冲突、维持生存发展；① 国家的政治职能以社会职能为基础，恩格斯在《论住宅问题》中阐述了从习惯（生产和交换的共同规则）、习惯法到法律的演变过程，指出国家是以维护法律为职责的公共权力，② 强调国家、政府在公共治理中发挥着积极作用；无产阶级专政的政权以公有制为主体，以"议行合一"为原则，实行民主治理，巴黎公社即为"首倡者和楷模"，其确立了包括人民代表会议的权力、立法与行政主体的民选、民治、公务人员依法对每个公民负责的一整套民主治理机制；强调社会力量在治理中的作用，马克思在《哥达纲领批判》中指出，把国家的"高踞社会之上的机关"属性需要合理转变，才能够真正实现自由。这一对西方以个人中心主义为基础的"自由民主理论"（liberal democracy theory）进行辩证分析的方法，发展为强调国家与社会的互动的"治理民主理论"（governable democracy theory），即以"宪法根本秩序"为基础、以正义原则为准则、以善治为目标的政体民主形式。③

6. 法与治理机制的关系方面，强调无产阶级掌握国家政权

列宁指出，国家公职人员要"根据法律管理国家"，人民的自由才能得到保障。④ 国家制度须真正地、实际地体现人民意志，也即"人民

---

① 《马克思恩格斯文集》第 4 卷，人民出版社 2009 年版，第 189 页。
② 《马克思恩格斯选集》第 3 卷，人民出版社 1995 年版，第 211 页。
③ 杨光斌：《超越自由民主："治理民主"通论》，载《国外社会科学》2013 年第 4 期。
④ 廖盖隆、孙连成、陈有进等主编：《马克思主义百科要览》（上卷），人民日报出版社 1993 年版，第 1368 页。

成为国家制度的原则"。① 将群众是否实际参与国家管理视为民主制的阶级性差别之一。列宁在《俄共（布）纲领草案》中指出资产阶级的民主制和议会制在形式上宣布了各种自由和权利，无产阶级的民主制则着重于在实际上保障劳动人民真正参与国家管理、享有文化和民主权利、享受文明的福利。② 立法权与法律执行权归于人民，斯大林在《十月革命和俄国共产党人的策略》中指明了人类民主发展进程的一大里程碑，即苏维埃的立法权和法律执行权在人民代表权力上的集中体现。③

（二）中国特色社会主义理论体系中的法治与治理

中国特色社会主义理论通过一系列法律文件、报告、纲要、决定等形成具有高度内在一致性与协调性的开放体系。

1. 人民民主专政的法制理论与治理基础

早在 1912 年，毛泽东《商鞅徙木立信论》一文中阐述了良法观，肯定法律之治，指出"法令而善，其幸福吾民也必多"。④ 在新民主主义革命理论指导下，民主和法制对于建立人民民主专政的国家制度的根本性意义凸显，从 1947 年《中国人民解放军宣言》（《双十宣言》）、中共中央《必须将革命进行到底》的指示，到 1948 年末、1949 年初，在中国人民解放战争取得全国范围内胜利形势明了的背景下，毛泽东同志揭露国民党《新年文告》"求和"保留伪"法统"的政治斗争阴谋，发表《将革命进行到底》一文，指出通过彻底的革命坚决推翻国民党的反动统治，是实现人民解放、民主和平和建立新中国的首要条件，废

① 《马克思恩格斯全集》第 3 卷，人民出版社 2002 年版，第 72 页。
② 《列宁全集》第 36 卷，人民出版社 1985 年版，第 85 页。
③ 《斯大林全集》第 6 卷，人民出版社 1956 年版，第 336~337 页。
④ 《毛泽东早期文稿》，湖南人民出版社 1990 年版，第 6 页。

除伪"法统"符合人民的意志；1949 年 1 月中共中央政治局会议通过了《目前形势和党在一九四九年的任务》的指示，其后 1 月 14 日，毛泽东同志发表关于时局的声明，再次强调废除伪宪法、废除伪法院等民主和平主张；① 1949 年 7 月，毛泽东在《论人民民主专政——纪念中国共产党二十八周年》一文中指出，在工人阶级及共产党的领导下，强化"人民的军队，人民的警察和人民的法庭"，"以保护国防和保护人民利益"，由此，"消灭阶级和实现大同"。②

党的建设和政权建设的法律化阶段，彭真强调法律体现人民意志，成为"敌占区城市工作的策略"方法，"奠定我们能在敌后坚持长期抗战的合法基础"。③ 晋察冀边区的政权组织机构与陕甘宁边区等抗日根据地是基本相同的，并且由《晋察冀边区参议会组织条例》、《选举条例》、《行政委员会组织条例》、《县、区、村组织条例》等法规、法令加以确认，由合法的法律形式明确规定人民的基本权利与义务；党的八大报告提出，必须"进一步加强人民民主的法制"、"逐步地系统地制定完备的法律"、"巩固社会主义建设的秩序"。

2. 社会主义法治理论与治理

1978 年，党的十一届三中全会公报中强调加强社会主义法制，实现具有稳定性、连续性和极大权威性的民主的制度化、法律化④，邓小平同志提出，制定刑法、民法、诉讼法和其他各种必要的法律，例如工厂法、人民公社法、森林法、草原法、环境保护法、外国人投资法等，通过法律形式确定经济关系，坚持十六字方针，强调通过民主程序集中

① 毛泽东：《将革命进行到底》，载《人民日报》1949 年 1 月 1 日。
② 毛泽东：《论人民民主专政——纪念中国共产党二十八周年》，载《人民日报》1949 年 7 月 1 日。
③ 《彭真文选》，人民出版社 1991 年版，第 8 页。
④ 《中国共产党第十一届中央委员会第三次全体会议公报》，载《人民日报》1978 年 12 月 24 日。

力量制定各种必要的法律。①

最早提出"法治"的中央文件是 1979 年 9 月党中央发布的《关于坚决保证刑法、刑事诉讼法切实实施的指示》（64 号文件）；1979 年，彭真同志在中央党校所作《关于社会主义法制的几个问题的讲话》提出"要依法办事，依法治国"；1980 年 8 月邓小平同志在中共中央政治局扩大会议上发表讲话强调了制度问题的根本性、全局性、稳定性和长期性，保证人民真正享有管理国家的权利，"人人有依法规定的平等权利和义务"；1982 年第五届全国人民代表大会第五次会议通过的《中华人民共和国宪法》第 5 条规定，"国家维护社会主义法制的统一和尊严"；邓小平同志在回答日本公明党委员长竹入义胜的提问时指出"正确处理好法治和人治的关系"，在回答法拉奇提问中进一步指出，要"认真建立社会主义的民主制度和社会主义法制"；党的十三大提出建设有中国特色的社会主义的基本路线，强调"建立高度民主、法制完备、富有效率、充满活力的社会主义政治体制"。

3. 依法治国与和谐治理理论

和谐治理是指运用公共政策等手段，调整社会结构、调节社会资源分配、化解社会矛盾，促进全面协调可持续发展，并仍以"管理"范畴为社会建设的核心。以科学发展观为指导的健康可持续发展的治理理念，以人为本，创新社会管理体制，加强社会领域立法，如《就业促进法》、《社会保险法》、《劳动争议调解仲裁法》，重视社会权利保障，实现建设和谐社会、"两型社会"、小康社会，"和谐中国"、"美丽中国"目标。2002 年，学界开始出现"社会主义和谐法治"的探讨，如刘光的《论社会主义和谐法治——从柏拉图的国家学说谈起》（载《政法学刊》2002 年第 2 期）。从 2005 年开始，关于"和谐法治论"的研究扩展到政治、经济、文化、社会各个领域；2004 年，《宪法》第 33

---

① 参见《邓小平文选》第 2 卷，人民出版社 1994 年版，第 146 页。

条增加 1 款，作为第 3 款："国家尊重和保障人权。" 2007 年，出现将和谐法治置于法治话语体系转换、建设社会主义法治国家高度的论述，如张文显的《走向和谐法治》（载《法学研究》2007 年第 4 期）；党的十七大报告提出实现国家各项工作法治化，强调更加注重社会建设，完善社会管理，促进社会公平正义；2011 年 2 月 19 日，胡锦涛同志在省部级主要领导干部社会管理及其创新专题研讨班开班式上提出从法律、体制、能力建设方面出发，"完善党委领导、政府负责、社会协同、公众参与、法治保障的社会管理格局"。①

4. 全面推进依法治国与国家治理体系和治理能力现代化阶段

在十八大报告基础上，十八届三中全会和十八届四中全会两项决定开辟了全面推进依法治国与国家治理体系和治理能力现代化新阶段。法治是治国理政的基本方式，全面推进依法治国与全面深化改革相互促进，共同维护人民主体地位、促进制度现代化的实现。运用法治思维和法治方式深化改革、推动发展、化解矛盾、维护稳定。② 法治在处理社会问题、作出总体部署中的引领和规范作用，强调以法治框架、法治轨道、法治理念、法治方法，促进国家和社会生活稳定、规范、和谐运行，"领导干部要做尊法学法守法用法的模范"，"全社会都尊法学法守法用法"，以党的领导、人民当家作主和依法治国的有机统一为基本原则，以中国特色社会主义法治体系为基本依据，以依法治国、依法执政、依法行政共同推进为实现机制；推进"科学立法、严格执法、公正司法、全民守法"，在国家治理体系和治理能力现代化上形成总体效应；中央全面深化改革领导小组第二次会议通过了《关于十八届三中

---

① 胡锦涛：《扎扎实实提高社会管理科学化水平——在省部级主要领导干部社会管理及其创新专题研讨班开班式上讲话》，载《理论参考》2011 年第 3 期。

② 《坚定不移沿着中国特色社会主义道路前进 为全面建成小康社会而奋斗——胡锦涛同志代表第十七届中央委员会向大会作的报告摘登》，载《人民日报》2012 年 11 月 9 日。

全会〈决定〉提出的立法工作方面要求和任务的研究意见》、《关于深化司法体制和社会体制改革的意见及贯彻实施分工方案》等，强调了"法治的引领和推动作用"、"加快形成科学有效的社会治理体制"等具体工作要求。

三、全面推进依法治国与国家治理现代化

治理史即一部法治发展史，法治与治理呈现领域的同源性、过程的同构性，以及本质属性、基本原则方面高度的一致性，在制度、体制、机制设置上的互补性，以党的领导、人民当家作主和依法治国的有机统一为根本原则，以人民根本利益为最终目标，由其所处的物质生活条件决定，受其所服务的基本制度的制约。

（一）逻辑框架

正确处理法治与治理的关系是国家治理法治化的逻辑前提。法治化（becoming rule of law）即国家生活、社会生活全部纳入法治轨道，直到建成法治国家，形成法治社会，树立法治的制度文明和精神文明，达到民主法治的理想境地。从治国方略高度，"促使国家行为、社会行为按照法治的理念、精神、原则、规则运行"，也将经过实践检验的"国家的某些政策、举措或某些社会规范（如道德、习俗、社会组织规则）转化为法律和法律制度"。①

_____

① "促使国家与社会生活建立法治秩序；能够克服国家行为的随意性、不稳定性、无预测性、不公开性等弊端"，"或者是使某种国家措施、社会规范法制化"。周旺生、朱苏力主编：《北京大学法学百科全书：法理学·立法学·法律社会学》，北京大学出版社 2010 年版，第 399 页。

1. 逻辑前提

法治与治理的相对独立性。在治理的主体、手段、方法上，善治和法治的区别比较明显：（1）法治以国家强制力为后盾，将行为控制在国家法律范围内；善治的基础不是控制而是协调，随着社会价值多元化和利益冲突的增多，协商、共识、沟通的重要性日趋凸显，甚至"不是简单采取判决的方法"，而是诉诸多元纠纷解决机制的灵活作用。①（2）法律从单纯国家治理工具转变为独立的自主性的力量，与社会正义、个体自主性、国家权力边界联系起来，法治领域制定主体是人民，实施主体是法定主体，有来自法律的授权，执政者、行政者既是主体，也是规范的对象；而治理领域主体多元，是"合意权力"（consensual power）与强制权力（coercive power）属性的有机结合；法治运行表现为从法律规范出发的执行、适用、遵守，包括反馈机制在内，并不以多向度约定为依托；治理体系的运行则建立在广泛协商、多元互动、合作认同达成的共同目标基础上；厉行法治以实现根本权益保障和行为规范约束的统一为核心，推进治理以协调公共事务，实现维护秩序与激发活力的协同为要义。法治更重规则性、稳定性，以权威性为前提，强调规范、遵守、制度坚持，追求权利保障与权力制约；治理更重协商性、灵活性，以共同的目标为前提，强调共识、合作、体制创新，追求公共利益的实现。

2. 法治与治理权

（1）治理权来源于法律，人身权利、政治权利、经济权利、文化权利、社会权利保障的法治化是多元主体"共治"的前提。1959年新德里国际法学家大会通过的法治宣言指出，国家的一切权力来源于法律，而法本身应尊重人性的尊严，实现"治权层次上的民主"，学

---

① 朱景文：《从法治到善治的思考》，载《法制资讯》2012年第5期。

界出现"法治治理权"论述。① （2）法治对主体权利的保障成为民主治理的前提，治理的合意权力与强制权力属性的法治结合的前提是法律与社会的良性互动（朱景文语），法治"是一种以法律为基础的治理"（law-based governance），治理实现"法律与社会之间的良性互动"，及"合意权力（consensual power）与强制权力（coercive power）的结合"，"避免法治的'刚性'加剧社会的冲突"，"法治化治理强调法治必须成为国家和社会管理中一种常规的治理方式"，才能真正实现"社会治理意义上的法治"。②

3. 法治与治理规则体系

"国家治理必须依靠法制的统一、尊严和权威"，宪法以最高法律效力统领这一规则体系，赋予其"高度的内在一致性和适用效力的统一性"。③ （1）法治体系为治理现代化提供"良法"依据与价值判断，任何重大改革都要于法有据，作为全面深化改革的总目标之一，治理现代化的各个层面、各项工作都要依法开展，在不与宪法法律相抵触的前提下，充分发挥市民公约、乡规民约、行业规章、团体章程等社会规范的积极作用，以及开展行业自律、基层自治，以良法、良俗保障人权的实现；而法律的创立、改变和论证都根据自己的规则，自我调整、自我强化、自我维持，以它自己的方式行为、思考、发展，如政治、文化变迁

---

① 胡建淼：《国家治理现代化关键在法治化》，载《学习时报》2014 年 7 月 14 日。

② 即"鲜活的生活事实"，"成为日常社会生活中人们交往实践的一部分。把法治理念转化为一种具体的治理实践"。参见张元元：《澳门法治化治理中的角色分析》，澳门理工学院—国两制研究中心 2009 年版，导论第 8~9、11、10 页。

③ 宪法的全面贯彻落实为推进国家治理现代化提供"最根本的秩序保障与制度规范"。参见《塑造共同的宪法信仰》，载《人民日报》2014 年 12 月 4 日，第 1 版。

的影响要通过规范的法律程序的转化产生作用。① （2）现代法治的自
我更新同时也促进了治理内涵的发展，除一般治理范畴外，法治运行系
统本身也是对社会关系的调整，实现专门机关和特定范围的治理，通过
立法实现稳定的规则治理、通过行政法治确保公共产品（包括安全）
和公共服务、通过司法（如刑事程序法治、民事程序法治中"互动式
的主体性司法"）维护社会正义、通过社会法治实现国家治理与社会
治理的整合和联动（如法定公民参与治理机制），以及通过党内法规体
制实现政党治理。②

4. 法治体系与治理运行体系

治理体系承载法治内在协调机制的建立，在国家与社会之间"形
成适宜于现代化发展的良性结构"。③ （1）方法体系：法治现代化与治
理现代化的实现需要有科学的路径和方法，已有成果包括了制度、技
术、结构、方式（法律、行政、经济、道德、教育、协商）方面。④
从根本意义上讲，需要确立法治在治理体系中的根本性地位，以"形
成健康有序和可持续发展的国家治理结构"，实现社会和谐，促进社会
公平发展。（2）价值体系：法治是治理价值体系的基础性构成，治理
价值体系包含国家治理层面的富强、民主、文明、和谐价值目标，社会
治理层面的自由、平等、公正、法治价值取向，公民个人层面的爱国、
敬业、诚信、友善价值准则。（3）指标体系：治理评价指标体系的目

---

① ［美］比克斯著：《牛津法律理论词典》，邱昭继等译，法律出版社 2007
年版，第 17、19 页。

② 张志铭等著：《世界城市的法治化治理——以纽约市和东京市为参照系》，
上海人民出版社 2005 年版，第 2~3、9、346 页。

③ 邓正来著：《国家与社会：中国市民社会研究》，北京大学出版社 2008 年
版，第 3 页。

④ 参见刘勇：《用法治推进国家治理现代化》，载《解放军报》2014 年 3 月
17 日，第 6 版；陶希东：《国家治理体系应包括五大基本内容》，载《学习时报》
2013 年 12 月 30 日，第 6 版。

标、原则、框架需贯彻法治精神，法治是国家治理体系和治理能力现代化的标准之一。2012 年，"中国社会治理评价指标体系"标准发布，涵盖共"1 个一级指标"、"6 个二级指标"、"35 项三级指标"，实质为民主、法治、公平、正义、自治治理价值和理念的体现。① （4）治理能力：法治促进在国家与社会之间"形成适宜于现代化发展的良性结构"及治理能力的提高，包括"提高依法执政、依法治国、依法行政、依法治理社会的能力"，运用社会主义法治体系治理国家的能力、运用中国特色社会主义制度有效治理国家的能力；党和国家领导干部深化改革、推动发展、化解矛盾、维护稳定的能力，党领导人民治国理政的能力，领导全面推进依法治国，科学执政、民主执政、依法执政的能力；依法全面履行政府职能、依法决策、严格公正文明执法、综合执法、统一领导和协调行政执法管理、政务公开的能力，党和国家机关、企事业单位、人民团体、社会组织等的工作能力；人民群众依法管理国家事务、管理社会事务、管理经济文化事业，参与政府立法，依法维权的能力及国防军事能力等。

（二）现实意义

法治是治理文明的重要标志与"善治的基本要素"，是治国理政的基本方式与治理现代化目标的基础性支撑力量，坚持中国特色社会主义法治道路是促进国家治理体系和治理能力现代化的必由之路，全面推进依法治国引领、规范国家治理现代化进程，并形成"四个全面"战略部署在国家治理现代化上的总体效应和总体效果。

正确处理法治与治理的关系以坚持党的领导、人民当家作主和依法治国的有机统一为总原则，其中，党的领导是正确实施治理的根本保

---

① "中国社会管理评价体系"课题组、俞可平：《中国社会治理评价指标体系》，载《中国治理评论》2012 年第 2 期。

证，人民当家作主是治理的本质要求，依法治国是党领导人民实施治理的基本方式。① 国家治理现代化奠定系统性改革的基本框架，赋予法治现代化历史使命与时代内涵，全面推进依法治国的目的是通过中国特色社会主义法治体系的建立、改革与完善，实现中国法治建设的现代化，在国家治理上形成总体效应和总体效果，符合国家治理体系和治理能力目标的现代化法治体系包括形式"新常态"，规则之治；实质"新常态"，良法善治；战略"新常态"，适应中国特色社会主义事业总体布局与改革发展要求，协调推进"四个全面"战略部署，将法治现代化与治理现代化融入改革开放和社会主义现代化建设伟大进程，提升到完善和发展中国特色社会主义制度的高度进行推进，开拓新境界，完成新发展。

中国特色社会主义法治体系是治理体系现代化的根本依据，涵盖法律规范体系、党内法规制度体系、"政策制度体系"及有关社会规范体系。中国国家治理方式向法治与法治基础上的德治变迁，"才有利于完成中国现代化这一人类历史上最伟大的巨变"。② 法治为治理提供普遍性、确定性、稳定性、权威性、可预见性、可操作性的行为规范，通过建立稳定明确的行为指引，促进社会共识的达成和社会关系的调整；在法治轨道上推进国家治理体系和治理能力现代化，"任何重大改革都要于法有据"，乡规民约与行业及团体规程等社会规范，人民团体、社会组织及社会矛盾预警、民意表达、协商沟通及救济救助等机制积极作用的发挥都要在法治框架内展开。依法治国是国家治理的基本方式，是党领导人民依法治理国家，充分保障人民当家作主，实现国家各项工作以及社会生活的法治化；依法执政是政党治理的首要任务，是党依据宪法、法律治理国家与依据党内法规从严治党的统一；依法行政是政府治理的核心内容，包括权力机关、行政机关、司法机关，严格依照宪法法

---

① 李龙：《建构法治体系是推进国家治理现代化的基础工程》，载《现代法学》2014 年第 3 期。

② 谢岳、程竹汝著：《法治与德治》，江西人民出版社 2003 年版，第 1 页。

律规定履行职责，推进治理进程；法治社会是社会治理的战略目标。

　　治理现代化是中国特色社会主义法治"新常态"的战略推进器。中国特色社会主义道路致力于人的自由与全面发展目标的实现，是法治现代化、治理现代化回归人的现代化科学路径。全面推进依法治国，需要国家治理领域系统深化改革，从制度现代化层面形成总体性的、战略性的巨大推进力。法治现代化与治理现代化一体相连，共同提供对现代民主国家的制度安排，维护公共生活秩序，其根本是运用中国特色社会主义制度有效治理国家，通过全面深化改革，在改革领域形成各个领域的"联动和集成"，在治理领域形成国家治理体系和治理能力现代化上的总体效应和总体效果，"推动中国特色社会主义制度更加成熟更加定型"，实现国家繁荣富强、人民幸福安康。①

---

　　① 潘伟杰著：《法治与现代国家的成长》，法律出版社 2009 年版，第 6 页。

第四讲　中国特色社会主义人权理论体系纲要

　　享有充分的人权，是人类长期以来追求的理想。马克思主义把人权的充分实现与人类的彻底解放联系起来，在人权理论发展史上写下了光辉的一页。1948 年联合国大会通过的《世界人权宣言》则掀起了人权全球化的浪潮。以美国为代表的西方资产阶级人权观一度甚嚣尘上，形成了长时间的话语垄断。前苏联的解体和东欧社会主义阵营的失败，更是让大唱"历史终结论"高调的所谓西方民主国家开始不断宣扬"人权高于主权"、"人权无国界"的谬论，大肆干涉他国内政。这一时期，中国也开始了人权理论的研究与人权制度的建设。二十几年来，中国不仅逐步成长为世界第二大经济体，人权事业也取得了举世瞩目的成就，国际人权领域的斗争更是连战连捷。究其原因，就是我们党在长期的理论总结与实践探索中，形成了中国特色人权观与人权理论体系。

一、中国特色社会主义人权理论体系的理论渊源

　　马克思主义人权观是中国特色人权观与人权理论体系的理论渊源。马克思主义人权观是在马克思、恩格斯早期人权思想的演变中逐步形成的，是在唯物史观基础上的创造性成果。其内容主要反映在

《1844 年经济学哲学手稿》、《神圣家族》、《德意志意识形态》和《反杜林论》等著作中。

（一）坚持人权的物质制约性

马克思主义认为人权既不是天赋的，也不是作为"绝对观念"的演绎，而是历史地产生的，是人的物质生活条件的产物。在《神圣家族》中，马克思和恩格斯在对布鲁诺·鲍威尔展开批判时充分肯定了黑格尔否定"天赋人权"的正确性，并明确指出："除了黑格尔曾经说过的'人权'不是天生就有的，而是历史地产生的话以外，'批判'说不出其他任何关于人权的批判性言论来。"① 接着，两位导师又否定了黑格尔把人权归结为"绝对观念"的荒谬。他们指出，人权在一定意义上是资本主义的产物，既不是天赋的，也不是"绝对观念"的产物。"社会的经济进步一旦把摆脱封建桎梏和通过消除封建不平等来确立权利平等的要求提上日程，这种要求就必定迅速地扩大其范围。……所以这种要求就很自然地获得了普遍的、超出个别国家范围的性质，而自由和平等也很自然地被宣布为人权。"② 与此同时，他们也肯定了资产阶级对人权产生必然性的承认以及资产阶级人权的历史进步性，认为这同资本主义生产关系有关，并指出："正如现代国家是由于自身的发展而挣脱旧的政治桎梏的市民社会的产物，而今它又通过人权宣言承认自己的出生地和自己的基础。"③ 因此，资产阶级的"现代国家承认人权和古代国家承认奴隶制具有同样的意义"④。人权只能是社会经济发展的产物并决定于一定的物质生活条件。

---

① 《马克思恩格斯文集》第 1 卷，人民出版社 2009 年版，第 313 页。
② 《马克思恩格斯文集》第 9 卷，人民出版社 2009 年版，第 111~112 页。
③ 《马克思恩格斯文集》第 1 卷，人民出版社 2009 年版，第 313 页。
④ 《马克思恩格斯文集》第 1 卷，人民出版社 2009 年版，第 312 页。

（二）坚持权利与义务的一致性

马克思主义认为世上没有无权利的义务，也没有无义务的权利。在国家产生以前，人类是没有所谓的权利义务意识的。"在氏族制度内部，还没有权利和义务的分别；参与公共事务，实行血族复仇或为此接受赎罪，究竟是权利还是义务这种问题，对印第安人来说是不存在的；在印第安人看来，这种问题正如吃饭、睡觉、打猎究竟是权利还是义务的问题一样荒谬。"① 权利与义务的分离是阶级和国家产生以后的事。但是，在阶级社会，权利和义务往往被赋予不同的阶级，即"几乎把一切权利赋予一个阶级，另方面却几乎把一切义务推给另一个阶级"②。这就在社会中形成了赤裸裸的特权阶级。马克思和恩格斯认为，真正的人权必须是每个人平等享有的权利，是普遍的，而在其享有权利的同时，他也必须承担相应的义务。为此，马克思主义指出："一个人有责任不仅为自己本人，而且为每一个履行自己义务的人要求人权和公民权。没有无义务的权利，也没有无权利的义务。"③ 权利和义务是相应的、对等的。只享有权利而不承担任何义务，必然是特权。

（三）坚持各民族、种族的平等性，反对种族压迫与民族歧视

马克思早在《莱茵报》时期就展开了对压迫和歧视犹太人的行为的谴责，在《论犹太人问题》中，他更是肯定了犹太人获得政治解放的现实可能性。马克思和恩格斯不仅关心欧洲国家的民族解放和民族平等问题，还对西方国家对东方国家如中国等殖民侵略给予了强烈

---

① 《马克思恩格斯文集》第 4 卷，人民出版社 2009 年版，第 178 页。
② 《马克思恩格斯文集》第 4 卷，人民出版社 2009 年版，第 197 页。
③ 《马克思恩格斯全集》第 21 卷，人民出版社 2003 年版，第 17 页。

的谴责，对北美废除奴隶制的斗争给予了热情的支持。马克思和恩格斯特别强调民族的独立、解放与平等，并坚持民族间应和平相处。他们斩钉截铁地指出："压迫其他民族的民族是不能获得解放的。"① 这个社会之所以存在民族剥削和民族压迫，根本原因在于人剥削人的制度还存在。马克思主义认为，要想获得民族的解放，就必须要消灭产生剥削的所有制关系。只要"民族内部的阶级对立一消失，民族之间的敌对关系就会随之消失"②。但是"各国的资产者虽然在世界市场上互相冲突和竞争，但总是联合起来并且建立兄弟联盟以反对各国的无产者"，因此，"在无产者不同的民族的斗争中，共产党人强调和坚持整个无产阶级共同的不分民族的利益"。③ "无产阶级对资产阶级的胜利也就是对民族冲突和工业冲突的胜利，这些冲突在目前使各国互相敌视。因此，无产阶级对资产阶级的胜利同时就是一切被压迫民族获得解放的信号。"④ 也就是说，在马克思主义眼里，民族、种族没有优劣之分，一律平等。消除民族压迫，实现民族解放的根本途径是要消灭产生人剥削人的所有制关系。

（四）坚持个人人权和集体人权都受法律保护的一致性，反对压迫和剥削发展中国家

在马克思主义看来，人权是一个关系概念，其存在于人与人之间的相互交往，孤立的个人是不存在什么人权问题的。人权的基点是单个的个人，但"人是最名副其实的政治动物，不仅是一种合群的动物，而且是只有在社会中才能独立的动物"。⑤ 因此，"单个人的历史

---

① 《马克思恩格斯文集》第 3 卷，人民出版社 2009 年版，第 355 页。
② 《马克思恩格斯文集》第 2 卷，人民出版社 2009 年版，第 50 页。
③ 《马克思恩格斯文集》第 2 卷，人民出版社 2009 年版，第 44 页。
④ 《马克思恩格斯文集》第 1 卷，人民出版社 2009 年版，第 694~695 页。
⑤ 《马克思恩格斯选集》第 2 卷，人民出版社 2012 年版，第 684 页。

决不能脱离他以前的或同时代的个人的历史，而是由这种历史决定的"①。也就是说，"一个人的发展取决于和他直接或间接进行交往的其他一切人的发展"。② 所以，人权的实现不得不依赖于人类共同体的发展，不得不依赖于社会经济、政治、文化的发展。"只有在共同体中，个人才能获得全面发展其才能的手段，也就是说，只有在共同体中才可能有个人自由。"③ 强调个人人权而忽视集体人权就是为"人权高于主权"、"人权无国界"等谬论张目，就是为西方资本主义国家压迫、剥削广大发展中国家提供理论支持，这是马克思主义坚决反对的。恩格斯就曾指出："一个大民族，只要还没有民族独立，历史地看，就甚至不能比较严肃地讨论任何内政问题……无产阶级的国际运动，无论如何只有在独立民族的范围内才有可能。"④ "真正的国际主义无疑应当以独立的民族组织为基础"，⑤ "国际联合只能存在于国家之间，因而这些国家的存在、它们在内部事务上的自主和独立也就包括在国际主义这一概念本身之中"。⑥ 所以，个人人权与集体人权是相互依存、有机统一的，打着"人权"的幌子干涉他国内政，置他国主权和利益于不顾压迫他国的行为，是马克思主义者不能容忍的。

（五）坚持在特定条件下，人权就是资产阶级的特权

马克思主义认为，在资本主义条件下，人权在本质上就是资产阶级的特权，其中，财产权是其最根本的、核心的人权。马克思指出，

---

① 《马克思恩格斯全集》第 3 卷，人民出版社 1960 年版，第 515 页。
② 《马克思恩格斯全集》第 3 卷，人民出版社 1960 年版，第 515 页。
③ 《马克思恩格斯文集》第 1 卷，人民出版社 2009 年版，第 571 页。
④ 《马克思恩格斯文集》第 10 卷，人民出版社 2009 年版，第 471~472 页。
⑤ 《马克思恩格斯全集》第 18 卷，人民出版社 1964 年版，第 87 页。
⑥ 《马克思恩格斯全集》第 39 卷，人民出版社 1974 年版，第 84 页。

在资本主义社会，"被宣布为最主要的人权之一的是资产阶级的所有权"。① 其在《资本论》中更尖锐地指出："平等地剥削劳动力，是资本的首要的人权。"② 以 1789 年的法国大革命为例，一方面资产阶级大喊自由、平等、博爱；另一方面又把公民按财产的多少分成"积极公民"和"消极公民"，而后者却没有选举权，当时，被剥夺选举权的工人、农民达 1000 多万。再拿美国来说，曾被马克思称赞为人类历史上"第一个人权宣言"的美国《独立宣言》，虽然大张其鼓地宣扬"天赋人权"，并强调人人平等享有"天赋"之"人权"，但在真正制定《美国宪法》时，却默认了奴隶制的合法地位，毫无掩饰地背离了《独立宣言》中的人权原则。为此，恩格斯曾尖锐地指出："这种人权的特殊资产阶级性质的典型表现是美国宪法，它最先承认了人权，同时确认了存在于美国的有色人种奴隶制：阶级特权不受法律保护，种族特权被神圣化。"③也就是说，资产阶级的人权只是资产阶级剥削无产阶级的特权，无论其做怎样的包装，也"只是为了用金钱的特权代替已往的一切个人特权和世袭特权"④。因此，"工人阶级的解放斗争不是要争取阶级特权和垄断权，而是要争取平等的权利和义务，并消灭任何阶级统治"。⑤ 这就为无产阶级争取自身和全人类的解放指明了方向。

（六）坚持公民政治权利与经济、社会、文化权利的统一性，反对离开一定的经济、社会、文化条件而抽象地谈论政治权利

在马克思看来，狭义的人权无非就是"市民社会的成员的权利，

① 《马克思恩格斯文集》第 9 卷，人民出版社 2009 年版，第 20 页。
② 《马克思恩格斯文集》第 5 卷，人民出版社 2009 年版，第 338 页。
③ 《马克思恩格斯文集》第 9 卷，人民出版社 2009 年版，第 112 页。
④ 《马克思恩格斯全集》第 2 卷，人民出版社 1957 年版，第 648 页。
⑤ 《马克思恩格斯全集》第 21 卷，人民出版社 2003 年版，第 16 页。

就是说，无非是利己的人的权利、同其他人并同共同体分离开来的人的权利"。① 这样的人权主要包括平等、自由、财产权以及信仰自由的权利。至于广义上的人权，马克思认为除了狭义的人权外，还包括公民权。他说："我们现在来看看所谓人权，确切地说，看看人权的真实形式，即它们的发现者北美人和法国人所享有的人权的形式吧！这种人权一部分是政治权利，只是与别人共同行使的权利。这种权利的内容就是参加共同体，确切地说，就是参加政治共同体，参加国家。这些权利属于政治自由的范畴，属于公民权利的范畴。"② 公民的政治权利与经济、社会、文化权利是统一的，政治权利不能离开一定的社会经济条件。"权利决不能超出社会的经济结构以及由经济结构所制约的社会的文化发展。"③ 离开一定的社会经济条件，人将无法生存，也就无法享受建立在一定经济基础上的政治文化权利。马克思恩格斯指出："我们首先应当确定一切人类生存的第一个前提，也就是一切历史的第一个前提，这个前提是：人们为了能够'创造历史'，必须能够生活。但是为了生活，首先就需要吃喝住穿以及其他一些东西。因此第一个历史活动就是生产满足这些需要的资料，即生产物质生活本身，而且，这是人们从几千年前直到今天单是为了维持生活就必须每日每时从事的历史活动，是一切历史的基本条件。"④ 恩格斯在谈到政治平等时也指出："平等应当不仅仅是表面的，不仅仅在国家的领域中实行，它还应当是实际的，还应当在社会的、经济的领域中实行。"⑤ 马克思主义人权观的这一主张已为世界上大多数国家所接受。由 171 个国家在 1993 年世界人权大会上通过的《维也纳宣言和行动纲领》就重申了"各项人权是普遍、不可分割的，相

① 《马克思恩格斯文集》第 1 卷，人民出版社 2009 年版，第 40 页。
② 《马克思恩格斯文集》第 1 卷，人民出版社 2009 年版，第 39 页。
③ 《马克思恩格斯文集》第 3 卷，人民出版社 2009 年版，第 435 页。
④ 《马克思恩格斯文集》第 1 卷，人民出版社 2009 年版，第 531 页。
⑤ 《马克思恩格斯文集》第 9 卷，人民出版社 2009 年版，第 112 页。

互依存和相互联系的"这一观点。

二、中国特色社会主义人权理论体系的现实基础

中国共产党一贯重视人权，早在 1940 年 11 月就组织领导山东省临时参议会制定了中国历史上第一部人权保障法规——《人权保障条例》。新中国的成立，为全面保障人权奠定了坚实的政治基础。改革开放以来，特别是 20 世纪 90 年代以来，我国的人权事业取得了巨大进步，这些成就也是中国特色人权观的重要现实基础。

（一）从坚持人权的阶级性发展到既坚持人权的阶级性又坚持人权的普遍性

在新中国历史上的相当长一段时间里，提到人权，人们往往用"姓资"与"姓社"来解读，强调人权的阶级性，认为人权是资产阶级的概念，并以私有制为其核心。"为了表明与资产阶级私有制划清界限……我们认为一般不宜抽象地笼统地使用'人权'概念，而应代之以'公民的基本权利和义务'或'公民权'。"① 但是，随着国际人权斗争形势的变化，为了回应西方国家对中国国内人权状况的诋毁，中宣部理论局于 1989 年 11 月 10 日，针对西方国家宣扬的"人权无国界论"召开了一个有关人权问题的小型专家座谈会，1991 年 3 月 2 日，中宣部再次召开人权问题的座谈会，并由理论局拟就了 8 个有关人权的研究课题，人权研究的禁区被打破。② 人们对人权属性的认识也发生了重大变化，人权既具阶级性又具普遍性已逐渐成为共识。江泽民同志在

---

① 张光博：《坚持马克思主义的人权观》，载《中国法学》1990 年第 4 期。
② 郭道晖、陶威：《人权禁区是怎样突破的——建国以来法学界重大事件研究（24）》，载《法学》1999 年第 5 期。

1997 年 10 月 30 日访美期间于美中协会等六团体举行的午餐会上就旗帜鲜明地指出："人权问题具有普遍性意义。"① 人权因人的本质属性而具有普遍性，但也因现实中的人总是生活在一定的社会制度、经济文化发展水平、民族传统、生活方式中的具体的人，人权就不能不具有特殊性。在阶级社会，人们总是归属于不同的阶级，人权也就必然具有阶级性。人权是阶级性与普遍性的统一。

（二）从坚持人权斗争发展到既坚持人权斗争又坚持人权对话

在 20 世纪末以前，基于人权的阶级性以及世界上存在两种社会制度的事实，再加上西方资本主义国家特别是美国对外强硬奉行"人权外交"，在国际人权领域，我们长期强调人权斗争。美国于 1977 年正式推出"人权外交"，并在国务院设置了"人权与人道事务局"，评判并出版世界人权状况的年度报告。由于那时中美没有正式建交，其人权报告的主要对象是前苏联。随着中美建交，中国与以美国为首的西方国家在人权领域的斗争随即展开。1980 年，美国国务院就所谓的"西单民主墙事件"第一次发表了关于中国的人权报告。这种在人权领域的斗争逐步激烈化。1990 年开始，以美国为首的少数国家在联合国人权委员会搞了 11 次反华提案（直至人权委员会被 2006 年 3 月 14 日成立的人权理事会取代），但每次都以失败告终。1991 年 11 月 1 日，国务院新闻办公室正式发表了《中国的人权状况》白皮书，对西方国家的人权抹黑进行回击。1994 年 5 月 26 日，克林顿宣布将人权问题与给予中国最惠国待遇脱钩，美国利用人权打压中国贸易发展的企图宣告失败。接着，因 1995 年美国允许"李登辉访美"并随即爆发了台海危机，克林顿政府不得不开始调整对华战略。1997 年 10 月 29 日，江泽民访美并发表《中美联合声明》，两国宣布将"共同致力于中美建设性伙伴关

---

① 《江泽民文选》第 2 卷，人民出版社 2006 年版，第 52 页。

系"，美国也于次年宣布放弃向联合国人权委员会提交反华提案。中国与以美国为首的西方国家在国际人权领域也开始由直接对抗逐步转向对话与合作。在访美期间，江泽民指出："各国对人权问题的看法有分歧，应进行对话，而不应搞对抗。我们愿意同其他国家加强交流和合作，共同促进世界人权事业。"① 我们强调人权对话并不意味着不要人权斗争。事实上，从 1998 年下半年起，美国等西方国家又开始企图就宗教问题、西藏问题和结社（组织政党）问题向中国政府施压。1999 年，美国在联合国人权委员会上就再次抛出反华提案，中国也开始于次年发布《1999 年美国的人权纪录》，揭露美国政府对人权的践踏和"人权卫士"的虚伪性。也就是说，对国际人权领域的斗争我们理应保持清醒的认识，做到既坚持斗争，又坚持人权对话，将斗争与对话智慧地结合起来。

（三）从坚持人权斗争发展到既坚持人权斗争又坚持人权保护

人权问题产生于欧洲资产阶级反对封建王权与基督教神权的斗争过程中，其本身就是资产阶级的斗争武器。随着 19 世纪初废奴运动的开展，人权开始由单纯的国内问题向国际领域扩展。第二次世界大战及其间通过的《联合国家宣言》、战后的《联合国宪章》及《世界人权宣言》则使得人权问题走向了国际化。"二战"后，被压迫民族、殖民地和附属国相继获得独立，它们纷纷提出了自己的人权要求，并把国际人权运动引向了反帝、反殖、反霸斗争中。新中国则积极地参与了相关的人权斗争。在国际上，我们积极支持被压迫民族和殖民地人民的解放运动，为其争取民族自决权付出了大量的财力、人力。在国内，则通过一场又一场的群众运动，试图实现无产阶级的彻底解放，最终酿成了严重伤害人权的"文化大革命"。为此，中国于 20 世纪 70 年代末实行了改

---

① 《江泽民文选》第 2 卷，人民出版社 2006 年版，第 53 页。

革开放，一方面以经济建设为中心，满足国内民众的生存权，并致力于其发展权的实现；另一方面，在国际人权领域，除了继续展开相关人权领域的斗争外，更是积极促进国际的人权保护，强调人权的获得不仅可以通过人权斗争这条路径，在和平与发展成为时代主题、全球治理与全球法治日益发展的今天，通过人权保护获得人权显得日益重要。迄今为止，中国已经加入并正式批准的国际人权条约就多达 26 项，更是联合国《儿童权利公约》、《保护所有移徙工人及其家属权利国际公约》、《禁止酷刑和其他残忍、不人道或有辱人格的待遇或处罚公约》、《个人、团体和社会机构在促进和保护世所公认的人权和基本自由方面的权利和义务宣言》、《保护民族、种族、语言、宗教上属于少数人的权利宣言》和《发展权宣言》等国际人权条约与宣言的共同起草国。作为联合国常任理事国，中国还积极参与国际维和行动。据国防部维和事务办公室统计，自 1990 年 4 月中国首次向联合国停战监督组织派出 5 名军事观察员以来的 25 年时间里，中国军队累计派出维和官兵 30178 人，先后有 10 名官兵为维护国际和平与安全献出宝贵的生命。中国维和官兵新建、修复道路 1.1 万余公里和桥梁 300 多座，排除地雷及各类未爆炸物 9400 余枚；接诊病人 14.9 万多人次；运送各类物资器材 110 万吨，运输总里程 1200 万公里，相当于绕地球 300 圈。这都大大促进了国际人权保护。

（四）从坚持人权的理论研究发展到既坚持人权的理论研究又坚持人权的制度建设

新中国成立后，由于我们长时间坚持人权的私有制性质，缺乏对人权的关注。改革开放后，在面对以美国为首的西方国家的"人权外交"时，在面对那些"人权高于主权"、"人权无国界"、"人权的普世性"等命题时显得有点左支右绌。我国人权研究坚冰的突破也正是基于这一时代背景而实现的。为了适应国际人权斗争的需要，在国家有关部门的推动下，学界开始了对人权理论的研究，并形成了一批有分量的研究成果。但人权实现的关键是人权相关制度的制定与落实。20世纪90年代初，在全社会基本形成对人权的科学认识，特别是认识到人权是一个既具普遍性又具特殊性的概念之后，基于人权保障的现实需要，人权的制度建设开始受到重视，人权保障逐步制度化。1993年八届人大一次会议将"国家实行社会主义市场经济"写入宪法，将社会主义制度与市场经济体制有机结合，在我国确立了社会主义市场经济体制。市场经济与人权存在着内在的逻辑关联，其能有效促进公民的生存权、发展权、平等权、自由权与财产权。1999年九届全国人大二次会议将"依法治国，建设社会主义法治国家"写入宪法，依法治国正式成为治国方略，人权发展有了强大的保障力量，这是我国人权事业发展进程中的又一个标志性事件。2002年我国顺利加入WTO，为此所进行的一系列制度建设也大大地促进了中国的经济社会发展。国家更是从2006年1月1日起废止了《农业税条例》，终结了在我国沿袭两千年之久的农业税，9亿农民因此获益。2006年3月，"尊重和保障人权，促进人权事业的全面发展"第一次被写入《国民经济和社会发展第十一个五年规划纲要》，成为我国经济社会发展的一项重要内容。党的十七大将"尊重和保障人权"写入了《中国共产党章程》。党的十八大则将"人权得到切实尊重和保护"列为我国全面建设小康社会和全面深化改革的重要目标之一。党的十八届三中全会通过的《中共中央关于全面深化改革若干重大问题的决定》、党的十八届四中全会通过的《中共中央关于全面推进依法治国若干重大问题的决定》都立足于"2020年全面建成小康社会"这一阶段性目标，紧紧围绕制度建设，强调用制度管人、管事、管财、管权，全面保障人权。党的十八届五中全会通过的《中共中央关于制定国民经济和社会发展第十三个五年规划的建议》更是着力民生，聚焦群众福祉，努力把"促就业"、"保脱贫"、"强教育"、"涨收入"、"重健康"、"助养老"作为规划的重中之重，这些无一不是事关人权。伴随人权保障的进一步制度化，我国的人权事业必将更上一层楼，社会主义的制度优越性必将愈发得以彰显。

（五）从一般法律和单行条例的法律保护发展到尊重与保障人权的宪法原则

在法律层面，我国的人权保障在 2004 年之前主要是通过单行法规、条例来实现的。由于"文化大革命" 10 年是"无法无天"的 10 年，所以，真正意义上的人权法律保障是从改革开放后开始的。1979 年五届人大二次会议上通过的《刑法》、《刑事诉讼法》虽然存在这样或那样的不足，但对促进我国的人权法律保障其功犹存。1989 年又通过了《行政诉讼法》，"民告官"成为现实。但是，随着社会主义市场经济体制的确立，社会经济生活发生了剧烈的变化，人们对人权的渴望越发强烈，对现存法律中可能侵犯人权的条款的修改和制定新的法律强化人权保障的事项被提上日程。1994 年 5 月颁布的《国家赔偿法》使国家赔偿从无到有，公民在遭受国家公权力的侵犯后可以获得国家赔偿，这就限制了国家公权力的任性。1996 年国家对《刑事诉讼法》进行修订，取消了免予起诉和收容审查等，切实加强了人权的法律保障；1997 年又对《刑法》进行修订，确立了罪刑法定原则，取消了类推制度，加强了对被告人人权的保障。2003 年初的孙志刚案件也使得国务院废除了沿用多年的《城市流浪乞讨人员收容遣送办法》而代之以《城市生活无着的流浪乞讨人员救助管理办法》。随着"依法治国"入宪，特别是 2004 年 3 月，人大十届二次会议将"人权"概念引入《宪法》，在《宪法》中明确规定"国家尊重和保障人权"，这就使尊重和保障人权由党的执政理念上升为国家的宪法规范和宪法原则，也使得我国的人权法律保障从一般法律和单行条例的保障发展到了根本法层面的宪法保障。不仅如此，此次修宪中，还对人权保障作出了一系列具体规范：在公民财产权保护方面，《宪法》明确了"公民的合法的私有财产不受侵犯"和"国家依照法律规定保护公民的私有财产权和继承权"；在经济、社会、文化权利方面，《宪法》增加规定"国家建立健全同经济发展水平相适应的社会保障制度"；在非公有制经济的平等权方面，《宪法》明确了"国家保护个体经济、私营经济等非公有制经济的合法的权利和利益。国家鼓励、支持和引导非公有制经济的发展，并对非公有制经济依法实行监督和管理"；在公共利益与公民个人利益的关系方面，《宪法》明确了"国家为了公共利益的需要，可以依照法律规定对土地实行征收或者征用并给予补偿"。根据宪法原则，2013 年 12 月 28 日，全国人大常委会通过了关于废止劳动教养法律规定的决定，实施了 50 多年的劳教制度被依法废止。自 2011 年《刑法修正案（八）》取消 13 个经济性非暴力犯罪的死刑后，2015 年 8 月 29 日，人大常委会第十六次会议通过的《刑法修正案（九）》再次取消了组织卖淫罪等 9 个罪的死刑刑罚，使我国现有适用死刑的罪名下降到 46 个。人权保障的宪法化，也给广大民众追求充分人权，并最终实现人权保障法治化提供了历史性机遇。

三、中国特色社会主义人权理论体系的主要内容

党的十八大以来，习近平同志提出了一系列关于人权理论的新理念、新观点和新思想，形成了中国特色社会主义人权理论体系的基本框架，凝结为马克思主义人权理论的最新伟大成果。中国特色人权观是以唯物史观为理论基础、以人民中心为研究导向、以生存权和发展权为核心、以人的全面发展为目标的理论体系，是人权理论发展史上的重大突破，使人权理论回归到对人本身的研究，重视对人格尊严和幸福生活的保障与发展。体现人权本体论、范畴论、保障论、发展论与方法论的人权理论体系的主要内容如下：

（一）民生人权观

民生，即人民的生计，泛指人的全面发展、人格尊严和幸福生活。

孙中山先生把它理解为"社会问题"。① 习近平说得更生动和具体："人民对美好生活的向往，就是我们的奋斗目标。"② 这既是中国共产党的政治宣言，也是对民生人权观通俗的表达。

人权，伟大而神圣，令人向往，催人奋进。这一人类的共同理想，不仅在《联合国宪章》中加以确认，也在两个国际人权公约中加以记载，更在《中华人民共和国宪法》中铭刻"尊重与保障人权"的原则。中华民族历来重视人权，孔夫子早在2000多年前就提出废除陪葬制度，倡导"仁爱"。"近代以后中国人民历经苦难，深知人的价值、基本人权、人格尊严对社会发展的重大意义，倍加珍惜来之不易的和平环境，坚定不移地走和平发展的道路，坚定不移地推进中国人权事业和世界人权事业。"③ 为此，习近平同志提出了人权问题的一系列新理念、新观点和新思想，其中首先就是民生人权观。

1. 民生人权观的集中体现，就是坚持和完善生存权与发展权是基本人权的理念

在人权理论的发展史上，无论是1776年美国的《独立宣言》，还是1789年法国的《人权与公民权宣言》，都按"天赋人权"理论，将生命权列为首位，号称第一人权。这在反对封建专制和神权政治上都具有进步意义。但由于"天赋人权"本身具有虚伪的一面，它以流通领域内的自由与平等，掩盖了生产领域中的奴役与剥削。以形式上的平等掩盖了实际上的不平等。因此，它所谓生命权实际上只是一个口号。中国特色社会主义人权理论，将"生命权"提升为"生存权"，把"生"与"存"结合在一起，而具有崭新的含义，并建立在坚实的物质基础

---

① 《孙中山选集》（下），人民出版社2011年版，第832页。
② 《习近平在十八届中共中央政治局常委同中外记者见面时的讲话》，载《人民日报》2012年11月16日。
③ 《习近平致"2015·北京人权论坛"的贺信》，载《人民日报》2015年9月17日。

上，把人的"生命"加以"存"续，使我国人民的平均寿命由新中国成立初期的 30 多岁，提高到 2015 年的平均寿命 76.34 岁，不断改善人民生活条件，提高幸福指数，使人的生存变得更有意义并受到尊重。宣告和确认生存权和发展权为基本权，就是说生存权和发展权是人成为其人最基本的权利，具有不可替代、不可分割、不可转让并可以派生出其他人权的特性。我国在生存权上取得的成就，已博得全世界人民的赞扬。

同样地，在"发展权"这新一代人权上，别有广阔的天地。自1986 年联合国通过《发展权宣言》以后，很快在发展中国家形成了共识，面对西方国家对发展中国家的责难和挑战，我国从哲理的高度，公开宣布"发展权"与"生存权"一样，同为基本人权的主张，在发展中国家的共同推动下，联合国成立了发展权专门委员会，把发展权推向了新的高度。我国对发展权的新贡献，就是以法治赋予了崭新的含义，认为它既是个体人权，更是集体人权，认为"发展是硬道理"并将它作为党执政的第一理念。更重要的是，在十八届五中全会和"十三五规划"中，习近平同志提出了"创新、协调、绿色、开放、共享"发展理念，这不仅是我国长期的发展思路、发展方向、发展着力点，而且对世界各国实践发展权具有深远意义。

2. 民生人权观的使命就是消除贫困、改善民生，逐步实现共同富裕

俗话说"小康不小康，关键看老乡"，就是说看贫困老乡能不能脱贫。党的十八大以来，实施精准扶贫、精准脱贫，加大扶贫投入，刷新扶贫方式。经过长期的努力，我国已走出一条中国特色扶贫开发道路，成为世界上减贫人口最多的国家，也是率先完成联合国千年发展目标的国家。但我国人口众多，底子薄，脱贫攻坚形势仍然严峻。截至 2014 年底，我国尚有 7000 多万农村贫困人口。因此，中央提出精准脱贫的具体思路：一是加大精准扶贫力度，通过发展生产，使大约 3000 万人

跨越贫困线；二是搬迁脱贫一批，大约 1000 万人脱贫；三是提高教育程度，通过培训，设法使其就业，可以解决 1000 万人脱贫；四是用社会保障的办法，托底管理剩下的 2000 万人脱贫。大约到 2020 年，"一个也不能少"，确保贫困县全部脱贫摘帽。所以习近平号召："脱贫攻坚战的冲锋号已经吹响。我们要立下愚公移山志，咬定目标，苦干实干，坚决打赢脱贫攻坚战。"①

当然，消除贫困只是改善生活的起码条件，更重要是提高人民的幸福指数，要求党和国家的领导干部和工作人员多谋民生之利，多解民生之忧，解决好人民最关心、最直接、最现实的利益问题，像习近平同志所要求的那样："努力使全体人民在学有所教、劳有所得、病有所医、老有所养、住有所居上持续取得新进展。"②

3. 民生人权观的核心问题是就业问题

俗话说，就业是民生之本。因为人民只有充足的就业，才有可能满足生存权与发展权的需要，它是幸福指数提高的基本来源，是人权的物质基础。因此，在当今历史条件下，坚持就业优先战略，实施更加积极的就业政策，创造更多的就业岗位，着力解决结构性的就业矛盾，要全民创业、大众创业，积极贯彻劳动者自主就业、市场调节就业、政府促进就业和鼓励创业。特别是做好以高校毕业生为重点的青年就业工作和农村转移劳动力、城镇困难人员和退役军人的就业工作。加强职业技能培训，提升劳动者就业创业能力，增强就业的稳定性。健全人力资源市场，完善就业服务体系，增强失业保险对促进就业的作用。健全劳动目标体系和劳动关系的协调机制，加强劳动保障监督和争议调解机制，从而构建和谐的劳动关系。

---

① 《习近平总书记系列重要讲话读本》，学习出版社、人民出版社 2016 年版，第 220 页。

② 中共中央文献研究室编：《习近平关于全面深化改革论述摘编》，中央文献出版社 2014 年版，第 97 页。

教育、医疗、环境保护、食品安全、社会保障和生态文明建设等，都属于民生人权观的重要内容，并且都被提上了解决与提高的日程，都成为历届党代表大会和一年一度人民代表大会讨论与确定的重要方面，业已引起党和国家的高度重视。

4. 民生人权观的重心是强调社会公平正义

实现发展成果的共享，必须深化收入分配制度的改革，努力实现居民收入与社会发展同步，劳动报酬增长和劳动生产率提高同步，提高居民收入在国民收入分配中的比重，提高劳动报酬在初次分配中的比重。特别强调，"蛋糕"在不断做大，同时也要把"蛋糕"分好。我国历来有"不患寡而患不均"的观念，我们要在不断发展的基础上尽量做好使改革发展的成果更多、更公平地惠及全体人民，坚决克服分配不公现象，防止两极分化。要多谋民生之利，多解民生之忧，解决好人民最直接、最现实的利益问题。做到初次分配和再分配都要兼顾效率与公平，缩小人民工资之间的差距。中央决定调整企业高管的工资水平，使其中有的年薪近千万降低为数百万，这是深得人心的。

5. 民生人权观要求推进城乡社会保障体系建设

应该说，社会保障是保障人民生活、调节社会分配的一项基本制度。要坚持全覆盖、保基本、多层次、可持续方针，以增强公平性、适应流动性，保证可持续性为重点，全面建设覆盖城市居民的保障体系。在我国法律体系七大部门法中，其中就有社会法，而社会保障法就是其中的一部专门法。社会保障的范围很大，必须扩大社会保障基金筹集渠道，建立社会保险基金投资运营制度，支持发展慈善事业，做好优抚安置，特别是要完善社会救助体系，健全社会福利制度。

6. 民生人权观既要求提高人民的生活水平，也要求丰富人民的精神文化生活

加强社会主义核心价值观体系建设，是兴国之魂，倡导民主、文

明、和谐；弘扬自由、平等、公正、法治；树立爱国、敬业、诚实、友善精神。必将使生存权、发展权永葆活力。通过丰富多彩的文化生活，普及科学知识，弘扬科学精神，提高国家的软实力和全民科学素养，促进人的全面发展。我们一定要坚持社会主义先进文化的前进方向，树立高度的文化自觉与文化自治，使中国特色人权理论体系具有更深的科学内涵，使生存权和发展权放射出更灿烂的光辉。

7. 民生人权观要求全方位、全周期保障人民健康

我国批判地借鉴了天赋人权的集大成者洛克的观点，把健康权提升到了重要地位。习近平同志于 2016 年 8 月在全国卫生与健康大会上强调，要把人民健康放在优先发展的战略地位，以普及健康生活、优化健康服务、完善健康保障、建设健康环境、发展健康产业，加快推进健康中国建设，努力全方位、全周期保障人民健康。这是健康促进人的全面发展，保障人权的必然要求，是人类社会的基础性条件，是民主昌盛、国家富强的重要标志，也是人类的共同追求。毫无疑问，良好的生态环境是人类生存与健康的基础。我们要按绿色发展理念，实现最严格的环境保护制度。同时，我们要加快医药卫生的体制改革，要按照十八届三中、四中、五中全会的要求，把这项重大的民生和民心工程加快推进，强化责任担当，努力为人民群众提供全生命周期的卫生与健康服务。

（二）法治人权观

如果说民生人权观是中国特色人权观的核心与本体论，那么法治人权观则是中国特色人权观的关键与保障。仅有人权本体论而没有人权保障，实际上就是空谈，正如法学家边沁所讲：那是胡说八道。1999 年九届全国人大二次会议将"依法治国，建设社会主义法治国家"写入宪法，依法治国正式成为治国方略，人权发展有了强大的保障力量。2004 年 3 月 14 日，在十届全国人大二次会议上，正式以修正案的形式

将"国家尊重和保障人权"写入宪法，作为宪法的一项基本原则，这是我国人权事业发展进程中的一个标志性事件。我国合理借鉴了边沁的观点，强调了人权的法治保障，特别是重视和实施了人权的司法保障。最近，国务院新闻办公室发布了《中国司法领域人权保障的新进展》白皮书，对我国司法领域的人权保障进行了详细的阐述。当然，对那些暂时在法律上尚未规定的人权，尽量创造条件使其进入法律确定和保障的行列。在宪法这一根本法的指导下，我国近几年来，通过依法治国及司法体制的改革，使我国人权的法律保障特别是司法保障进入更高全面保障的新阶段，出现了人权法治保障的新境界。因为司法是一个国家人权保障的最后一道防线，司法腐败是人权的最大悲剧。习近平同志说得好："司法是维护公平的最后一道防线"，他同时引用了培根的一句名言："一次不公正的审判，其恶果超出十次犯罪。"习近平接着说："如果司法这道防线缺乏公信力，社会公正就会受到普遍质疑，社会和谐稳定就难以保障。"① 因此，他慎重要求，要使人民群众在每一个司法案件中感受到公平正义，要强化人权的司法保障。法治人权观有着极为丰富的内容，这是习近平同志主持的十八届四中全会对马克思主义人权理论中国化的光辉成果，是他对中国特色人权观的杰出贡献，其科学内涵主要包括：

第一，从人权的具体权利的确立与完善来看，四中全会坚持完善和强调了刑事原告人、被害人和被告人在诉讼进程中的"知情权"、"陈述权"、"辩论辩护权"、"申请权"、"复议权"、"上诉权"、"申诉权"等，而这些诉讼权利，均是当事人人权在诉讼中的具体体现。

第二，从人权的法律原则与法律制度来看，四中全会确立了"罪刑法定"、"无罪推定"、"疑罪从无""非法证据排除"等法律原则与制度从而为查清案件真相，使人权保障落到实处。同时，加强对刑讯逼

① 《中共中央关于全面推进依法治国若干重大问题的决定》，人民出版社2014年版，第55页。

供、非法取证的源头预防，健全了冤假错案的有效防范和纠正机制，从制度上加强了人权保障。

第三，坚持和完善了我国《宪法》早已确立的人民法院依法独立行使审判权，人民检察院依法独立行使检察权，不受到行政机关、社会组织和个人干涉的原则。特别是增设了领导干部干预司法、插手具体案件处置的记录、通信和责任追究制度。

第四，从司法管理体制与运行机制来看，明文规定并具体推行人民法院、人民检察院的人、财、物，由省级机关统一管理，实现收支两条线。司法人员实行员额制并分类管理，充实和加强第一线人员，特别是实行谁受理谁裁判，严格法官、检察官责任制和错案追究制，促使司法官员认真办案，严防冤假错案的发生。

第五，严格制定和执行强制执行法，规定逮捕、拘留等刑事强制措施的原则、条件；同时规定查封、冻结、扣押等处理涉案的司法程序，使当事人的人身和财产依法保护和处理。

第六，依法规范司法人员与当事人、律师、特殊关系人、中介组织的接触、交往行为，严禁司法人员与当事人及律师，泄露或打听案情，接受财物等违法乱纪行为，确保案件的正确处理、人权的切实保障。

第七，司法人权观坚决破除各种潜规则，绝不容许法外开恩，反对办关系案、人情案、金钱案，使当事人的人权受到司法过程中各种非法因素的侵犯和干扰。

第八，构建开放、动态、透明、便民的阳光司法体制，推行检务公开、审判公开、狱政公开，依法及时公开司法根据、秩序流程、结果和生效法律文书，杜绝一切暗箱操作，使人权在阳光下运行。

第九，提高司法人员的职业和道德心理素质，使司法人员牢固树立依法办事理念，执行"法律禁止不可为"和"法律授权必可为"的职业要求，明确司法领域"一个错案将导致一批人痛苦"的法制名言，使人权保障成为法官、检察官的座右铭，将"人权"两字印在脑子里。

第十，在判决的执行阶段，更要重视对被害人和被告人的人权保障，要防止"官司打赢了，被害人人权仍无保障"的现象发生，要落实对被害人的精神赔偿和财产赔偿。刑事被告人在他们被判决有罪后，送劳改单位或监狱劳动改造，给予革命人道主义待遇，有病给予治疗，重病可以住院，达到法定标准时，还可以假释。对刑事犯罪分子，实行给出路政策，"让他们在劳动中改造自己，成为新人"。①

为了使法治人权观得到真正落实，使人权在司法过程中得到切实保障，习近平同志特地提出并践行了几项改革：首先，实行以审判为中心的诉讼制度的改革，要求司法人员特别是办案人员树立必须经得起法律检验和历史检验的理念，树立"两个公正"（即实体公正与程序公正）的理念，切实防止冤假错案的发生。近年来，根据已经平反的 20 多起冤假错案的教训来看，过去办案不是以审判为中心，而是以侦查为重点，实行"联合办案"、"提前介入"。因此，必须将工作中心转移到以审判为中心上来，强调对被害人、被告人和犯罪嫌疑人的人权保障。

其次，就是对司法机关的监督，特别是对人权保障问题进行检查。一是加强公、检、法三家的相互配合和相互监督。二是要加强权力机关对司法机关的人权监督。三是要加强党对司法机关的监督，定期听取司法机关党组关于保障人权的汇报，具体解决司法机关出现的问题，必要时，派出巡视组与权力机关配合，对司法机关进行必要的检查。

（三）历史人权观

其实，历史人权观源于黑格尔。马克思指出："黑格尔曾经说过'人权'不是天赋的，而是历史地产生的。"② 但黑格尔是唯心主义者，他的历史观是建立在绝对观念的基础上。马克思主义批判地借鉴了黑格尔的说法，科学阐释了以唯物史观为理论基础的人权观。恩格斯说：

---

① 《毛泽东选集》第 4 卷，人民出版社 1991 年版，第 1477 页。
② 《马克思恩格斯全集》第 2 卷，人民出版社 1957 年版，第 146 页。

"一旦社会的经济进步，把摆脱封建桎梏和通过消除封建不平等来确立权利平等的要求提到日程上来，这种要求就必定迅速地获得更大的规模。虽然这一要求是为了工业和商业的利益提出的，可是也必须为广大农民要求同样的平等权利。""这种要求就很自然地获得了普遍的、超出个别国家范围的性质，而自由和平等也很自然地被宣布为人权。"①这就是说，人权是历史发展的必然结果，是经济规律运行的客观要求，它既不是天赋的，也不是"绝对观念"演绎的，而是历史的。只有唯物史观才能正确回答人权的产生和发展。

马克思主义人权观在毛泽东思想文库中，得到了继承与发展。毛泽东强调：只有人民才是历史发展的动力。他反复指出人是最宝贵的，要求人的权利必须与历史、经济、政治相适应。党的十八大以来，以习近平同志为核心的党中央领导集体，创造性提出了一系列关于人权的新观念和新思想，概括起来主要有：

第一，坚持和践行"人民主体地位"的科学理念，牢记"人民是治理国家的主人"这一历史唯物主义观点，党和国家的一切活动，都是为了人民，依靠人民，造福人民，保护人民，以保障人民的根本利益，保证人民依法享有广泛的权利，维护社会公平正义，尊重和保障人权；同时引导人民承担相应的义务。为此，必须坚持和完善人民代表大会制度，善于使党的主张通过法定程序成为国家意志，支持人大及其常委会充分发挥国家权力机关作用，依法行使立法、监督、决定和任免等职权。特别是提高人民代表的素质，提高基层人民代表中工人、农民和知识分子代表的比例，提高人大常委中专职委员的比例，完善人大代表联系群众的制度，优化人大常委会、专家委员会人员的法律知识和年龄结构，发挥人大代表质询和监督的功能，增强他们依法履职的能力。

第二，坚持"创新发展是硬道理"这一历史观，坚信人权的产生与发展始终离不开经济生活，始终受到物质生活条件的制约。这就是说

---

① 《马克思恩格斯选集》第 3 卷，人民出版社 1972 年版，第 145 页。

物质生活条件的高低水平直接决定着人权指数的高低水平。马克思根据人对物质生活依赖的程度不同而影响自由程度不同，将人类社会分为三种形态，他说："人的依赖关系（起初完全是自然发生的），是最初的社会形态，在这种形态下，人的生产能力只是在狭窄的范围内和孤立的地点发展着。以物的依赖性为基础的人的独立性，是第二大形态。在这种形态下，才形成普遍的社会物质变换，全面的关系，多方面的需求以及全面能力的体系。建立在个人全面发展和他们共同的社会生产能力成为他们的社会财富这一基础上的自由个性，是第三个阶段。第二个阶段为第三个阶段创造条件。"① 这就是说，人权这个属于上层建筑的观念形态，永远不能跳出社会经济结构的范围，不能离开物质生活条件这个根本。习近平同志在人权历史观上的巨大贡献，就是把"发展是硬道理"，把人权受社会经济条件的制约这个马克思主义原理与中国经济的状况直接结合起来。当我国经济发展的基本面长期趋好，但正处在从高速到中高速的增长速度换挡期、结构调整阵痛期、前期政策消化的"三期叠加"阶段，习近平同志及时阐明了我国步入经济发展的新常态并在党的十八届五中全会及时提出了"创新、协调、绿色、开放、共享"的发展理念，并强调在实践中加以落实，使中国经济开启了新的航程，不仅保障了中国人民物质生活水平的提高，而且使世界第二大经济实体对人类作出更大贡献，使人权历史观在世界范围内放射光辉。

第三，人权历史观在中国还体现在习近平同志高度重视人权的发展与历史传统的关系上。因此评价一个国家状况，"是在我国历史传承、文化传统、经济社会发展的基础上长期发展、渐进改进、内生性演化的结果"，"如果不顾国情照抄照搬别人的制度模式，就会画虎不成反类

---

① 《马克思恩格斯全集》第 46 卷（上册），人民出版社 1995 年版，第 104 页。

犬，不仅不能解决任何实际问题，而且还会因水土不服造成严重后果"。① 因此，我们在研究设计我国人权发展制度时，必须考虑历史传统这个问题。我国过去长期处于封建集权阶段，对人权不够重视，尤其近两百年来，受西方帝国主义的侵略与压迫，人权被践踏，因此，保障人权的制度建设需要一定时间。同时，我们也必须看到我国传统文化中也有保障人权的积极因素，诸如"忠孝仁爱"、"信义和平"、"礼义廉耻"等格言与信条，经过改造特别经过社会主义价值观的教育，是可以吸收其某些合理因素，通过人权历史观的传播与普及，必然使中国特色社会主义人权理论体系在实践中形成与提高。

人权历史观表明：随着历史的发展，人权观念也在不断演化、进步和发展。自从18世纪格劳秀斯提出"天赋人权"以来，历经几代人权观的演进，从"天赋人权观"到"法律人权观"，到"四大自由说"，到"新一代人权说"。但总的说来当今世界存在两种人权理论：一种是以天赋人权论为核心的资产阶级人权理论体系，一种是以马克思主义人权理论为指导的社会主义人权理论体系。中国特色社会主义人权理论体系是马克思人权理论中国化、时代化、大众化的重大成果。它的建立与发展必须以党的十八大以来党和国家提出与阐明的人权理论为核心构成要素，并合理借鉴中外论述人权的理念与观点，在中国国情的基础上逐步形成的。

（四）国际人权观

习近平同志关于国际人权观是对马克思人权理论中国化的杰出贡献。国际人权观的核心就是习近平同志提出并阐释"人类命运共同体"的新理念与新实践。2015年9月，他在深刻洞察了人类前途命运的基

---

① 中共中央文献研究室编：《习近平关于全面深化改革论述摘编》，中央文献出版社2014年版，第21页。

础上，于联合国大会中明确提出："当今世界，各国相互依存、休戚与共，我们要继承和弘扬联合国宪章的宗旨和原则，构建以合作共赢为核心的新型国际关系，打造人类命运共同体。"①

提出人类命运共同体，这既是人权发展史上客观必然性的高度概括，也是当代国际形势发展的客观要求，还是我国对外政策的指导思想。这是因为世界格局正处在一个加快演变的历史进程之中，和平、发展、人权的阳光足以穿透战争、贫穷、落后和破坏人权的阴霾，经济一体化、社会信息极大解放和发展了生产力，使基本人权指数大幅度提高。与此同时，恐怖主义、金融动荡、环境危机、气候突变等问题愈加突出，给我国带来了空前的挑战。面对这一全球性问题，无一国家可以置身事外、独善其身，世界各国需要以负责任的精神同舟共济、协调行动。人类生活在同一个地球村，必然是相互联系、相互依存、相互合作、相互促进的程度空前加深，国际社会日益成为一个你中有我、我中有你的命运共同体。保障与发展人权成为"人类命运的共同体"，成为每个地球人的神圣职责和行为准则。为此，要加强区域命运共同体建设。

我国坚持睦邻、安邻、富邻政策，突出体现亲、诚、惠、容的理念，加强与东北亚、东南亚、中亚等周边国家不断增进互信，加强人权合作、促进共同繁荣，共同打造周边命运共同体。对于非洲国家，坚持正确的义利观，做义利兼顾，以义为先，对非的合作，讲"真、实、亲、诚"。中非以全面伙伴关系的经济建设和人权建设为引领，坚持互利共赢的平等合作，开放包容的多方合作、绿色低碳和尊重与保障人权的可持续发展，不断提高人民的福祉。对于中国与拉美诸国，共同致力于构建政治上真诚互信，人权建设上互信包容、支持，经贸上合作共赢，人文上互学互鉴，共同打造中拉携手共进的命运共同体。同时，中

———————

① 《习近平总书记系列重要讲话读本》，学习出版社、人民出版社 2016 年版，第 624 页。

国积极倡导和践行多边主义，支持二十国集团、上海合作组织、金砖国家等的发展。大力推动实现联合国千年发展目标，积极应对气候变化、恐怖活动猖狂等全球性问题。随着国力的增强，中国将在力所能及的范围内承担更多的国际性义务，为人类的发展和人权建设作出更大的贡献。

为了弘扬和践行国际人权观，应该做到：第一，共同打击恐怖活动，切实保障生存权与发展权。恐怖活动是人类的公敌，它们蔑视人权、残害无辜、灭绝人性，受到各国人民的一致谴责与打击。世界各国应组织反恐怖的统一战线，联合国应该起主导作用。事实上，早在第二次世界大战期间所倡导的"四大自由"中就有免予恐怖的自由；现在已经发展到"恐怖活动，人类共讨之"的局面。中国一直走在反恐的前列，且不说上海合作组织就把反对恐怖活动、消灭恐怖分子作为主要任务之一，就在联合国的活动中，我国作为常任理事国之一，积极参加联合国的维和行动，不仅人数最多，而且作出贡献多次，受到联合国的嘉奖。更重要的是，我国派出的维和卫士，在抗击恐怖活动中光荣牺牲，在维护和平中多次受伤，从而保障了人类的生存权和发展权。同时，我国还积极参与国际人权维护活动，如参加起草人权保护的国际文件、反对以人权为借口干涉他国内政、反对种族歧视等。

第二，推进全球治理体系的变革，完善全球人权制度的建设。经济全球化的深入发展，已经把世界各国利益与命运更加紧密联系在一起，很多问题不再局限于一国内部，很多挑战也不再是一国之力所能应对。人权这个重大事业，根本上需要各国共同努力，急需建立国际机制，遵守国际规则，追求国际正义，保障人权事业已成为多数国家共识。中国是现行国际体系的参与者、建设者，更是国际合作的倡导者和国际人权的保卫者。中国一直保持开放、透明、包容的姿态，同世界各国尤其是二十国集团成员加强沟通和协商，利用在杭州召开峰会的机遇，把二十国集团维护好、建设好、发展好，促进该集团从危机应对机制向长效治理机制转变，促使世界经济发展和人权保障更上一个台阶。

第三，推动可持续发展，树立尊重自然、顺其自然的观念，将尊重与保障人权落到实处。可持续发展是 21 世纪人类共同发展战略，绿色发展是实施可持续发展的具体行动。习近平同志指出，生态发展是经济社会发展的基础。发展应当是经济社会整体上的全面发展，空间上的协调发展，时间上的持续发展。必须清醒地认识到在经济发展中，GDP 数字的增加，绝不是我们追求的全部，我们同时注重社会进步、文明昌盛的指标，特别是人文指标、资源指标、环境指标和人权指标，要尊重自然、顺应自然，实现天人合一，全面体现尊重与保障人权。为此，十八届五中全会提出，促进人和自然和谐共生，构造科学合理的城市化格局、农业发展格局、生态安全格局、推动建立绿色低碳循环发展产业体系，把人权保障提到崭新的高度，实现人的全面发展。

人类命运共同体这一重大命题的提出有着深厚的历史渊源和文化积淀，应该说它根植于传统的"和"文化。所谓"和"文化就是坚持"以和为贵"、"有容乃大"的格局，追求"太平和合"的境界，秉持"天下为公"、"友爱和谐"的政治理念，讲究"和而不同"的哲学思想。总之，"命运共同体"是站在世界和人类的高度，提出了反映人类共同理想的"中国方略"，体现了博大的天下情怀。

四、中国特色社会主义人权理论体系的基本特征

渊源于马克思主义人权观，立基于中国政治、经济、文化与人权现状的中国特色社会主义人权理论体系，是指导中国人权事业的重要指针，也是我们进行国际人权斗争的强大武器，其不仅具有丰富的内容，而且具有鲜明的特色。

第一，充分体现以人民为中心的研究导向。习近平同志指出，我国哲学社会科学要有所作为，就必须以人民为中心的研究导向。这本是哲学社会科学必须遵循的价值立场和科学逻辑，更是人权理论本身的生动

反映。所谓人权就是人成为其人应该具有的权利，离开了人就失去了研究的价值。人既是研究人权的载体，也是研究人权的中心。"民生人权观"和"历史人权观"正是人权理论体系中的本体论，体现了"人民，只有人民才是历史发展的动力"这一唯物史观的基本原理。

第二，中国特色社会主义人权理论体系充分阐明"人类共同命运体"这一崭新的具有里程碑意义的伟大主张。人权强调人的全面发展，突出人的解放。主张将来建立一个联合体，使"每个人的自由发展是一切人的自由发展的条件"。① 目前，要形成"命运共同体"，需通过不断发展，最终达到上述理想境界。现在提出和不断实现"命运共同体"，正是实现人权的终极价值。

第三，中国特色社会主义人权理论体系立足于中国国情，结合于中国实际，无论"民生人权观"，还是"法治人权观"都是中国实际经验的总结与提升。它来源于实践，又高于实际，对中国特色社会主义人权制度建设具有参考价值，对发展中国家人权制度建设也有借鉴价值。

第四，中国特色社会主义人权理论体系具有正义性。无论是强调民生，突出人权的司法保障，还是主张"人类共同命运体"，都是以弘扬和平、发展、公平、正义、自由、平等为内容，占据了人类道义和时代发展的制高点，无疑会得到各国的支持。

第五，中国特色社会主义人权理论体系具有包容性。因为我们的国际人权观和民生人权观倡导提高人民福祉，走和平发展道路，实现各国和平相处、和谐共生与和平发展，必将推动求同存异、和而不同、加强合作、谋求共赢，为人类社会发展进步作出应有贡献。

五、中国特色社会主义人权理论体系的实践拓展

人权理论体系，不仅仅是一种价值理念，也不仅仅是一种权利体

---

① 《马克思恩格斯选集》第 1 卷，人民出版社 1995 年版，第 294 页。

系，更重要的它还是一种实践活动。人权的观念只有转变成人权的实践，人权价值才能最终得以实现。中国特色社会主义人权理论体系只有在中国的人权实践中才能充分实现其价值，也只有在中国的人权实践中才能得到进一步的完善与发展。当然，中国的人权实践也只有在中国特色社会主义人权理论体系的指导下才能获得事半功倍的成效。当前，中国特色社会主义人权理论体系在事关我国人权事业的战略规划和具体举措两个层面的实践中得到了有效拓展。

（一）战略规划

1. "中国梦"助推人权的全面实现

2012 年 11 月 29 日，习近平同志在参观"复兴之路"大型展览时提出了旨在实现国家富强、民族振兴、人民幸福的"中国梦"思想。"中国梦"是中华民族的伟大复兴之梦，其不仅是"强国梦"、"富国梦"，也是"自由梦"、"平等梦"与"人权梦"，归根到底它也是伟大的人民梦。其着眼于中华民族永续的生存与发展，"中国梦"的实现必将意味着人权的全面实现。

2. "六位一体"建设为人权保障提供全面支持

着眼于社会主义现代化，党的十八届三中全会在十八大提出的政治、经济、文化、社会、生态"五位一体"建设的基础上，提出了包含党的建设在内的"六位一体"建设的总布局，其涵盖了人权发展的几乎全部领域。"六位一体"战略意在实现国家的全面、协调的发展，必将为我国的人权发展提供全方位的支持。

3. "四个全面"的布局有助于提升人权发展的总体水平

十八大以来，党提出了到 2020 年全面建成小康社会的战略目标，并为此形成了"四个全面"的战略布局。"四个全面"立足于中国特色社会主义的阶段性目标，必将有利于全面提升中国的人权发展水平。

4. 中国特色社会主义法治体系建设推动人权保障的法治化

人权与法治都是社会主义的核心价值，两者密不可分。人权保障离不开法治建设。党的十八届四中全会提出要构建中国特色社会主义法治体系，实现国家治理的法治化，建设法治国家。中国特色社会主义法治体系是促进人权发展，实现人权保障法治化的重要战略举措。

5. "一带一路"建设进一步推动国际人权合作与发展

在 2014 年博鳌亚洲论坛上，中国政府全面阐述了以"一带一路"为重点的亚洲合作政策。"一带一路"虽不是一个实体，但它强调的是一个合作发展的理念。"中国认为，人权问题同发展问题一样，需要开展国际合作，需要一个和平、稳定的国际环境。"[1] "一带一路"不仅连通亚欧，而且辐射全球，其既能带动相关国家的经济发展，亦能促进文化融合，进而推动国际人权事业的发展，创造更好的人权合作与对话的条件。

(二) 具体举措

1. 全面深化政治体制改革，充分保障公民政治权利的实现

以人民代表大会制度、政治协商制度等为特色的政治架构，为公民参与权、表达权、监督权等政治权利的行使提供了制度保障。全面保障公民权利和政治权利，需要努力发展社会主义民主政治，进一步提升人

---

[1] 《中国代表团团长刘华秋副部长在世界人权大会上的讲话》，载《外交学院学报》1993 年第 3 期。

大代表的代表性、权力制约与政治协商的有效性。为此，党的十八届三中全会就全面深化政治体制改革作出了科学严谨的规划，必将有利于公民政治权利的实现。

2. 建设统一开放、竞争有序的市场体系，提升我国的人权发展水平

市场经济既是法治经济，亦是自由、平等等私权张扬的经济，而以保护产权、维护契约、统一市场、平等交换、公平竞争、有效监管为导向的社会主义市场经济在我国尚未完全形成。《中共中央关于全面深化改革若干重大问题的决定》在建立公平开放透明的市场规则、完善金融市场体系以及深化科技体制改革等诸多方面提出了具体的举措，随着我国市场经济体制的逐步完善，公民的生存权和发展权必将得到充分的实现。

3. 全面推进立法、执法、司法改革，为人权实现提供明确的法律引导和充分的法治保障

立法是对权利、利益、权力的分配，执法是运用国家权力对法律的执行，司法则是维护正义的最后一道防线，它们皆与人权保障紧密相关。科学立法、严格执法、公正司法是人权法治的内在要求。党的十八届四中全会已经将我国人权保障法治化的蓝图展示给了世人，6 大领域计 180 多项改革举措必将助力人权的法治保障。因此，全面落实好《中共中央关于全面推进依法治国若干重大问题的决定》中有关的改革措施，并适时制定《中华人民共和国人权保障法》对我国今后的人权发展至关重要。2016 年 9 月 12 日，国务院新闻办公室更是发布《中国司法领域人权保障的新进展》白皮书，对我国司法领域的人权保障状况进行了全面的阐述，提出要不断健全人权司法保障机制，进一步完善人权司法保障程序，努力提高人权司法保障执行力和切实保障被羁押人的合法权利。

4. 推动精准扶贫，切实保障中国贫困人口和贫困地区的人权

截至 2014 年年底，我国仍有 7000 万的农村贫困人口。这不仅是我国将生存权与发展权作为首要人权的现实依据，也是我国将扶贫帮困作为推动人权进步重大举措的直接动因。2015 年 11 月 27 日至 28 日，中央扶贫开发工作会议作出部署，要求今后的扶贫工作应重点强调精准扶贫、精准脱贫，重在脱贫成效，并郑重承诺：确保到 2020 年所有贫困地区和贫困人口一道迈入全面小康社会。届时，这将不仅仅是我国扶贫史上的重要里程碑，也将是世界人权发展史上极具指标意义的大事，足以彪炳史册。

5. 加强特殊主体的人权保障，实现人权的全面进步

特殊主体的人权状况往往反映了一个国家真实的人权状况。我国在妇女、儿童、老人和残疾人等特殊主体的人权保护方面都有专门的法律，并配以诸多政策的支持，特殊主体的人权保障得到了持续的改善。今后应就加强相关法律和制度的协调性和实效性方面开展工作，以充分实现人权的平等保护。

6. 持续加大反腐力度，为人权保障创造一个清明的政治环境

腐败不仅违法还侵蚀社会，亦往往伴随着对人权的伤害。反腐败既能释放社会活力，又能规制公权，为人权保障创造一个清明的政治环境，促进人权事业的发展。自党的十八大以来，反腐力度持续加大，反腐也从运动式反腐逐渐走向了制度式反腐，强调反腐的体制机制建设，力争"把权力关进制度的笼子"，并让广大人民群众通过社会主义民主来掌握笼子的钥匙。与此同时，国家在反腐过程中也加大了对违法者的人权保障力度。

7. 发展民间组织，壮大人权保障的社会力量

保障人权，不仅是国家的义务，也是社会组织和公民的共同责任。为了切实推动民间组织的发展，从 2011 年下半年开始，我国对工商经济类、公益慈善类、社会福利类和社会服务类等四类民间组织采用了登记制。截至 2016 年第二季度末，全国依法登记的社会组织达 67 万个，特别是对公益慈善类等四类民间组织采取登记制以来，我国的民间组织得到快速发展，它们也纷纷依法参与各种维权活动，极大地推动了我国人权事业的发展。

8. 提出社会主义核心价值观，为中国的人权保障提供不竭的精神动力

人权保障，除了物质保障与制度保障外，理念认知必不可少。党的十八大报告明确提出了"三个倡导"，并概括了社会主义的核心价值。2013 年 12 月，中央办公厅印发《关于培育和践行社会主义核心价值观的意见》，包括人权在内的"24 字"社会主义核心价值观在全社会得到了很好的宣传，人权价值深入人心。但人权事业的进步需要持久的精神动力，应尽快制定《国家人权教育规划》，为中国的人权保障事业提供智识支持与精神认同。

9. 制定《国家人权行动计划》，更好地规划我国的人权发展

迄今为止，我国已发布以人权为主题的三部国家规划，即《国家人权行动计划（2009—2010）》和《国家人权行动计划（2012—2015）》、《国家人权行动计划（2016—2020）》。历次发布的人权行动计划不仅是对前一阶段人权发展的总结，也是对未来中国人权事业发展的规划；不仅着眼于国际人权斗争，更着眼于国内人权发展。2011 年 7 月 12 日，国务院新闻办公室主持召开了有关《国家人权行动计划（2009—2010）》的评估总结会议，并确认了预期目标已得到全面落

实。2016 年 6 月 14 日，由国务院新闻办公室、外交部牵头并由中央和国家机关有关部门、人民团体、社会组织等 50 个单位组成的国家人权行动计划联席会议机制，在北京人民大会堂召开《国家人权行动计划（2012—2015）》实施评估总结会议。会议认为本期"行动计划"确定的各项措施得到有效实施，整体执行情况良好，主要目标和任务如期实现。其中，48% 的约束性指标、50% 以上的涉民生指标提前或超额完成。

10. 全面履行国际条约，塑造一个负责任的人权大国形象

中国参加了几乎全部的国际性人权公约，严肃认真地履行条约的相关责任和义务，并按承诺及时、真实地提交条约履行的工作报告，这不仅促进了中国的人权发展，也有利于向世界展示中国的人权建设成就。对于国际人权领域最具权重的两个公约，即《经济、社会和文化权利国际公约》和《公民权利和政治权利国际公约》，我国也已分别于 1997 年和 1998 年签署，2001 年 2 月 28 日对前一条约予以了批准，并已于 2003 年 10 月由中国人权研究会按规定向联合国经社理事会提交了首份工作报告。与此同时，后一条约签署后的相关批准准备工作也从未中断。

11. 积极参与国际组织，更好地推动国际人权保护

中国积极参与各种全球和多边组织，开展国际合作，发出中国声音，不仅为国家的稳定与发展创造了一个和平的国际环境，也推动了全球广泛领域的合作。特别是中国作为联合国常任理事国，在联合国改革、国际安全、全球发展、维和行动、全球反恐等方面都作出了重要贡献，维护了世界的和平，推动了国际人权的发展。

12. 优化中国的人权外交，为人权发展创造一个良好的国际环境

和平共处五项原则是中国人权外交政策的基础，这也是中国人权外

交与以美国为首的西方国家的人权外交不同的地方。多年来，中国在此
原则下广泛开展人权合作与对话，并对那些试图利用人权干涉他国内政
的行为进行"有理、有利、有节"的人权斗争，既捍卫了主权，也保
护了人权。另外，中国也积极支持国际人权正义事业，尽自己所能最大
限度地帮助广大发展中国家发展经济、改善民生，在国际上赢得了巨大
的声誉，也为本国的人权发展创造了一个良好的国际环境。

中国特色社会主义人权理论体系不是封闭的系统，而是一个开放、
包容、发展的体系，其也将随着人类社会的进步而不断充实、完善自
己。正如美国学者安靖如所说："中国的权利话语是'独具特色'而非
'独一无二'"，"中国的权利话语从来就没有与其他不断发展的权利话
语传统相隔绝。相反，它与这些传统进行了持续的接触并在对它们进行
解释的同时从中吸取了大量适合中国的各种养分"。① 当前及今后一段
时间，应不断充实中国特色社会主义人权理论体系的实质内涵，完善中
国特色社会主义人权理论体系的实现机制，优化中国特色社会主义人权
理论体系的实现环境，深度参与国际人权合作与对话，提升中国特色社
会主义人权理论体系的国际话语权，最终实现在中国特色社会主义下的
人人自由而充分的发展。

---

① ［美］安靖如著：《人权与中国思想——一种跨文化的探索》，黄金荣、黄
斌译，中国人民大学出版社 2012 年版，第 196 页。

第五讲　国家治理法治化与人权保障

一、法治、法治化与国家治理法治化

(一) 法治的内涵

1. 法治理念

（1）古希腊的法治理念。现代对法治的阐释要剥离出理念原始的样貌，那么这条线索必定要上溯到古希腊时代，无论是法律至上、人人平等还是三权分立，都能在这里找到最初的经典表述。而现存文献保存相对完善且广为人知的，当属希腊思想史上的两位巨人：柏拉图和亚里士多德。故而，古希腊有没有法治的理念，常以对他们的研究为起始点。

在希腊语中，柏拉图《国家篇》与亚里士多德《政治学》的标题都出于同一希腊语词语 Πολιτειˉα，但如果将两者直接做类比则是危险的尝试，这样极易形成以柏拉图的人治观对应亚里士多德的法治观的思维定式。事实上，将柏拉图不同时期的三部有关政治思想的著作即《国家篇》、《政治家篇》和《法篇》联系起来看，就很容易发现柏拉图对待法律从思想到态度上的渐变历程。

有一点需要肯定的是，理性之治始终是柏拉图最理想的选择。法律的正当性也是源于知识，并且现实中的法律总会存在某些无法克服的缺陷，因此，倘若存在一位代表了知识和理性的哲学王，他运用知识发出的指令就是法，并且毫无疑问该指令将优于现实中的法律，因为它直接来源于知识本身，而显然知识比法律更有权威。从这一逻辑看来，法律是没有用的。或者说哲学家制定的是更高层次的法。但这并非类似于现代无政府主义的无须法律的主张。在苏格拉底构想的"理想国"中，法官的选择不是任意的，更不是可有可无的，而是有一套完整且严格的选取标准，熟稔现实法的柏拉图并没有完全排斥具体的法律制度。作为三部著作中最早的一篇即《国家篇》中，柏拉图主张人治，承认现实法但存有抵触，法律的权威居于代表知识的哲学王之下。

随着柏拉图探索理想治理的三次西西里之行的一次又一次碰壁，他的思想发生了较大的变化。在稍后的著作《政治家篇》中，哲学王消失了，取而代之的政治家仍隐约带着哲学王的理想光环，这充分体现在柏拉图对第七种政体的表述中。第七种政体完全可以看作是《国家篇》中贤人政体的翻版，政治家"是真正科学的理解统治技艺的人"，① 第七种政体是政治家运用真正的知识施行的统治技艺。尽管法治是统治技艺的一部分，然而第七种政体独立于法律，统治是否依据法律并不是它的评判原则，反而构成对真正知识的某种妨碍。除第七种政体以外，法治就成为另六种政体的重要评价标准，即好的守法的三类政体和坏的不守法的三类政体。② 真正的政治家跟哲学王一样难以寻觅，真正的人治也就难于实现，法治的合理性在于统治者依据法律统治时，无论他"是在政治科学的指导下实施统治，还是在正确意见的指导下按法律行事"，③ 守法的三类政体都是对理想的政治体制的模仿。因此，虽然柏

① 《柏拉图全集》（第三卷），王晓朝译，人民出版社 2003 年版，第 171 页。
② 守法的三类政体包括君主制、贵族制和民主制，不守法的三类政体包括民主制、寡头制和僭主制。其中以君主制为最优良，僭主制为最糟糕。
③ 《柏拉图全集》（第三卷），王晓朝译，人民出版社 2003 年版，第 171 页。

拉图仍然主张人治，认为政治家的统治是唯一正确的政体，然而它毕竟是"位于凡人中的神"，① 实行法治便成为了衡量现实政体的重要标准。

"对经典作家而言，理想的是理性之治或天才之治，而法治是对其一种必要的折中。"② 尽管《法篇》被认为代表了柏拉图从人治到法治的转向，但柏拉图仍清晰地指出："没有任何法律或法规有权统治真正的知识。"③ 这与《政治家篇》中的表述如出一辙，不同的是，在《法篇》中，柏拉图对这种理想的人治模式基本是确凿加以否定的。"除了某些已经衰退了的遗迹，这种洞见在任何地方都找不到，因此，我们只好退而求其次，诉诸法规和法律。"④ 通过对现实各国法律制度的考察和法制实践的参与，柏拉图的《法篇》在下述法治理论中实现了重大的理论突破：

首先，从从属价值到实现自身价值。《政治家篇》中，法律并不是理想的控制手段，法律的粗略和始终一致、不易变通都是无法克服的缺陷。它的合理性仅仅在于它是对理想体制的模仿，由于不可能有完美的理性作为模仿的范本，它的从属地位决定了它既可能模仿到真正的知识，也可能模仿到错误的知识，因此，法律是需要的，它是统治技艺的一个部分，也屈服于统治技艺以下，"法官捍卫法律，是国王的仆从"。⑤ 到了《法篇》中，法律不再是统治权的附庸，它直接是神的统治的体现，代表了永恒的理智。"一个共同体如果不是由神来统治，而是由人来统治，那么其成员就不可能摆脱邪恶和不幸。"⑥ 真正的法律以共同体的共同利益为目标，这是法治正义性的体现，统治者只有绝对

---

① 《柏拉图全集》（第三卷），王晓朝译，人民出版社 2003 年版，第 160 页。

② V. Bradley Lewis, Higher Law and the Rule of Law: The Platonic Origin of an Ideal, Pepperdine Law Review, Vol. 36, p. 631.

③ 《柏拉图全集》（第三卷），王晓朝译，人民出版社 2003 年版，第 637 页。

④ 《柏拉图全集》（第三卷），王晓朝译，人民出版社 2003 年版，第 637 页。

⑤ 《柏拉图全集》（第三卷），王晓朝译，人民出版社 2003 年版，第 164 页。

⑥ 《柏拉图全集》（第三卷），王晓朝译，人民出版社 2003 年版，第 473 页。

服从于法律，不以自身的喜恶任意行事，才能使共同体免于倾覆。因此，权力是法律的使臣。①

其次，从绝对知识到民众自由。知识即美德，美德是关于善的概念的知识，对于知识的探求，贯穿于柏拉图的政制与法律思想。在《国家篇》和《政治家篇》中，统治者的德性和知识才是衡量政体良善的真正准则。盖因为多数人不可能拥有真正的知识，真正的知识只属于少数人，因此，即使除却哲学王和政治家的理想统治，在现实中民主政制也是永远不如君主政制和贵族政制的。《法篇》中柏拉图一反常态，似乎有意剔除了知识在现实体制中的分量，提出"体制有两个策源地，其他各种体制都是从其中派生出来的"，② 即君主制和民主制，且体制再无优劣之分。以极端专制和极端自由的政制为例，柏拉图指出过分的专制和自由都是不应当的，过分的专制之下，统治者将不以民众的共同利益为考量；过分的自由之下，民众将不服从任何的权威。因此这两者都是对法律统治的破坏，其原因是共同利益和法律权威的维护都是法治不可缺少的部分。当然，柏拉图有关自由的表述不能被过度理解，它并不是个人自由，而只是为了共同体而存在。"普通民众的自由太少，君主的权力太大，从而使他们的民族情感和公共精神终结。"③ 然而他对自由的强调，却无疑提高了普通民众在国家中的地位和作用，而使高高在上的绝对知识走下了神坛。

最后，从社会分工到限制统治权力。在《国家篇》中，柏拉图将人区分为金、银、铜、铁等特质，并认为正是人们的这些天性决定了他们在社会中的不同分工。金质的人注定是国家的统治者；银质的人天生是维护国家的勇士；铜质或铁质的人则代表了社会中广大的劳动者。而与身份不同的是，人的天性虽然是先天决定的，但并非遗传的，这就为

① 译本的原话为"我刚才把权力称作法律的使臣"。参见《柏拉图全集》（第三卷），王晓朝译，人民出版社 2003 年版，第 475 页。

② 《柏拉图全集》（第三卷），王晓朝译，人民出版社 2003 年版，第 450 页。

③ 《柏拉图全集》（第三卷），王晓朝译，人民出版社 2003 年版，第 455 页。

社会分工中实现社会阶层的流通提供了理论依据。在《法篇》中，柏拉图借克利尼亚之口道出了城邦毁灭的根本原因："依据可能性以及通常的经验，其根源在于国王的奢侈导致浮夸的歪风。"① 统治者自身的腐化由来已久，过多的权威集于一身的结果是灵魂的专横，不设法限制这种专横，结果就是犯罪。以三位神启者的名义，柏拉图提出了分权和限权的最初构想：第一位神启者通过设立两位国王使权力合乎比例；第二位神启者通过设立具有同等发言权的长老职位限制王权；第三位神启者通过设置礼仪官作为约束。

作为柏拉图离世前的最后一部著作，《法篇》的影响力不可小觑，它为亚里士多德的《政治学》提供了直接的思想源泉，我们甚至可以看到两者之间许多相类似的论述；另一位被认为倡导了法治精神的思想家西塞罗也承认，"他的《论法律》在许多方面模仿了柏拉图的《法律篇》"。② 而与西塞罗一样，亚里士多德同样认为自己的思想是与柏拉图有根本区别的，因此亚里士多德在其名著《政治学》中，对柏拉图的观点进行了彻底的反思，并形成了自己一套鲜明的法治理论。

首先，法治作为实现公共利益的理性。柏拉图将法律从人的附属关系中解脱出来，将其视为神和理智的体现。亚氏继承了这一思想，但在亚氏的论述中，法治的实施与国家的存续并不直接产生联系：法治体现公共利益，公共利益体现国家本身的存在。不同于柏拉图财产共有的思想，亚氏主张"产业私有而财物公用"的财产制度，因此亚氏的城邦是个人利益与城邦利益共存的城邦。但这并不表示个人价值的完全独立，事实上，个人利益在某种程度上还是依托于公共利益的，"人没有更高的目的，并且那个目的就是联系的共同任务，这就是城邦"③。因

---

① 《柏拉图全集》（第三卷），王晓朝译，人民出版社 2003 年版，第 447 页。
② 《西塞罗文集（政治学卷）》，王焕生译，中央编译出版社 2010 年版，序言第 XIII 页。
③ ［美］大卫·福莱主编：《从亚里士多德到奥古斯丁》，冯俊等译，中国人民大学出版社 2004 年版，第 153 页。

此，"亚里士多德没有把个人利益和城邦利益对立起来，对他来讲一个极权的城邦根本就不是一个城邦"①。极权意味着偏离了公共利益的政体，统治者以个人利益为目标，权力高于法律。政体是法治与公共利益的重要纽带，在批判了柏拉图《法律篇》中对政体的漠视后，亚氏指出"法律的制定必定会根据政体的需要"，② 有什么样的政体就决定了有什么样的法律，而能否实施法治则直接关系到政体的好坏。根据公共利益能否得以维护，亚氏将政体归纳为体现公共利益的正确政体和仅体现统治者利益的变态政体③，正确政体的显著标志即根据法律来统治，"崇尚法治的人可以说是唯独崇尚神和理智的统治的人"④。

其次，法治体现人人平等。据信，人人平等的理念未必是现代法治的产物，法国学者让—皮埃尔·韦尔南就指出，"法律面前，人人平等"的概念可能要追溯到公元前 6 世纪末的 isonomia 一词，它指"所有公民都有参与执政的同等权力"。并在演进的过程中，"人人"的范围也逐渐由贵族圈子扩展到平民中去。⑤ 因此，人人平等的观念并不是亚氏的首创，但确实是亚氏在其著作中率先论证了这种平等精神，亚氏清楚地表明，法律面前的平等是基于人的本性，而不是政体或法律中的预设。"天生平等的人按照其自然本性必然具有同等的权利和同等的价值。"⑥ 在现

① ［美］大卫·福莱主编：《从亚里士多德到奥古斯丁》，冯俊等译，中国人民大学出版社 2004 年版，第 154 页。
② 苗力田主编：《亚里士多德全集》（第九卷），中国人民大学出版社 1994 年版，第 97 页。
③ 正确政体包括了君主政体、贵族政体和共和政体，变态政体包括僭主政体、寡头政体和民主政体。
④ 苗力田主编：《亚里士多德全集》（第九卷），中国人民大学出版社 1994 年版，第 112 页。
⑤ 参见［法］让—皮埃尔·韦尔南著：《希腊思想的起源》，秦海鹰译，北京大学出版社 2012 年版，第 50~52 页。
⑥ 苗力田主编：《亚里士多德全集》（第九卷），中国人民大学出版社 1994 年版，第 112 页。

实的政治生活中，"平等就是对所有同等的人一视同仁"①。因而，任何权利都是公民有资格拥有的，包括置于最高地位的统治权。这就为亚氏"轮流执政"的理论提供了依据，没有人能够凌驾于他人之上，一切人都有权参与对城邦的治理，行使统治权。当然，需要指出的是，亚氏所称的人人平等绝不是就现代意义上的自然人而言，实际上它与公民的概念更为靠近，"公民的通常含义是参与统治和被统治的人"②。

最后，法治要求对"三权"的合理配置。与人治比较，法治要更为可靠。人治的劣势盖源于人本身不可规避的弱点，那就是"法律绝不会听任激情支配，但一切人的灵魂或心灵难免会感受激情的影响"③。如果说人人平等的理念为"轮流执政"理论提供了正当性的依据，那么法治的优势则说明了"轮流执政"的可行性。不难发现，在任何正确政体形式中，亚氏都将轮流制看作人员构成的基本原则。除此之外，亚氏更提出了一切政体的三要素：议事机构、行政官职和司法机构。这无疑是后世洛克、孟德斯鸠、潘恩、杰佛逊等人的三权分立学说和理论模式的最早表述。当然，目前还没有任何证据表明亚氏具有权力制约权力的思想。孟德斯鸠指出："一切有权力的人都容易滥用权力，这是万古不易的一条经验。"④ 亚氏显然意识到了，但他似乎希望发挥的是轮流制的作用。因此，亚氏政体三要素更主要体现的是配合。但有一点值得注意的是，关于议事机构的设立，虽然在不同的政体中议事机构的组成形式和权限都有所不同，但亚氏仍会在其后补充说明相应官员的权限问题，这是否能够说明亚氏通过权力配置实现权力限制权力的主张，有

---

① 苗力田主编：《亚里士多德全集》（第九卷），中国人民大学出版社 1994年版，第 258 页。

② 苗力田主编：《亚里士多德全集》（第九卷），中国人民大学出版社 1994年版，第 102 页。

③ 苗力田主编：《亚里士多德全集》（第九卷），中国人民大学出版社 1994年版，第 109 页。

④ ［法］孟德斯鸠著：《论法的精神》（上册），张雁深译，商务印书馆 1961年版，第 154 页。

待进一步研究。

（2）古罗马的法治理念。就年代而论，古罗马的《十二铜表法》比柏拉图的理论出现更早，但这并不表明罗马法对希腊法传承的割裂。事实上，公元前 450 年前后，罗马的首个十人立法委员会奉命起草最早的十表法时①，即派遣使者赴希腊学习希腊的立法体系，包括梭伦立法以及其他立法。了解罗马法与希腊法、希腊哲学家的这层关系，是探讨罗马法学家法治理论思想的前提，罗马法对希腊法的继承，制度先于哲学家的理论。

制度先于理论，因此罗马的法治理论并不为某一思想所垄断，罗马的思想家综合吸收了希腊的各家学说并重新认识罗马的制度本身。在思想理论上，作为连接晚期希腊和罗马哲学的斯多葛学派对继承和发展法治理论发挥了巨大的作用，他们将自然与理性引入学说中，提出"当理性通过更完善的领导而获得我们所说的那些理性存在时，对它们来说，依据理性的生活就正当地成为一种自然的生活方式"，而与自然相一致的生活与"德性的生活是一回事"，② 从而建立了自然、理性与德性之间的联系。以自然人性推导出普遍的伦理规范，形成世俗自然法倾向，这其中的代表人物即是著名政治家、哲学家和法学家西塞罗。

首先，法作为理性存在因符合自然法而具有最高权威。在西塞罗看来，理性是神与人所共有的，自然法是神的理性，它以公民的幸福和安全为福祉，代表了正义与非正义之间的区分，作为人的理性的人定法，只有符合自然即理性才能具备至上的权威。人的理性并不全然意味着正义，"把所有基于人民的决议和法律的东西都视为是公正的这种想法是

---

① 《十二铜表法》最早只有十表的内容，另外两表的内容为以后补充。罗马人学习希腊立法的这段历史，可详细参见古罗马史学家李维（Livy）著的《罗马史》。

② ［古希腊］第欧根尼·拉尔修著：《名哲言行录》（下），吉林人民出版社 2011 年版，第 368 页。

非常愚蠢的"。① 因此自然法高于人定法，不符合自然法的人定法归于无效。然而当法律符合了自然法，那么权力则应屈居于人之下。"犹如法律指导官员，官员也这样指导人民，因此完全可以说，官员是说话的法律，法律是不说话的官员。"② 事实上，权力对不正义的法也不可任意违背，只有智慧的人才能辨识真正的法，权力不能作为突破法律的理由。

其次，法治思想中人的主体地位的确立。罗马法律对希腊法律的因袭，决定了两者的法律都以国家至上为根本信条，公民生活的各个方面都处于国家控制之下，并不因政权的改变而弱化。"政府可以是王政、贵族政治或民主政治，但所有的革命无一能给人以真正的自由、个人自由。"③ 然而，或许是对风雨飘摇的罗马共和制的反思和理念上的救赎，西塞罗在解释法的本质问题中展现了对人的主体地位的肯定，以理性而非国家为唯一目的。一方面，与亚里士多德一样，西塞罗也主张人的平等。作为斯多葛学派将哲学理念融入法学领域的重要奠基者，西塞罗同样指出人的平等源于自然，人之所以能被界定为人就代表就其本身而言人类不存在差异，人拥有的理性使人具有同质性，也即是说，理性为所有人类所共有。他进一步指出，这种平等仅是权利方面的平等，由法律所确定，人在才能上的差异现实存在，因而权利的平等区别于绝对的均等。另一方面，人因其理性而具有主体地位。自然、神与理性是一体的，也都代表了一种永恒的存在。"因为法律即理性，因此应该认为，我们人在法律方面也与神明共有。"④ 正如国家的存在以符合理性为归

---

① 《西塞罗文集（政治学卷）》，王焕生译，中央编译出版社 2010 年版，第168 页。

② 《西塞罗文集（政治学卷）》，王焕生译，中央编译出版社 2010 年版，第217 页。

③ ［法］菲斯泰尔·德·古朗士著：《古代城市 希腊罗马宗教、法律及制度研究》，上海人民出版社 2012 年版，第 250 页。

④ 《西塞罗文集（政治学卷）》，王焕生译，中央编译出版社 2010 年版，第161 页。

依，人也因与神共有理性而成为了在自然法中符合理性的存在，从而确立了人在现实中的主体地位。西塞罗将国家比作人民的事业，指出"常常是'人民的事业'力求从国王和元老们的统治下摆脱出来，而不是自由的人民需要国王或贵族们的权势"①。

最后，法治体现人民权利对行使国家权力的制衡。在《论共和国》中，西塞罗将国家政体根据统治者人数的不同划分为王政制、贵族制和民主制三种，并极力主张包含三种政体因素的混合政体，也即罗马现存政制的理想模型。西塞罗把支持混合制的理由归纳为两点：自由的人们需要的公平性和维持政体不被破坏的稳定性。就如何维持国家的稳定，他指出："如果一个国家不存在权利、义务和职责的公平分配，使得官员们拥有足够的权力，杰出的人们的意见具有足够的威望，人民享有足够的自由，那么这个国家的状态便不可能保持稳定。"② 其中不难发现人民的自由和权利所具有的核心地位，它既构成了政体形式的直接原因，也是政体组成的原因之一。因而，全部国家事务的管理也都需要得到人民的赞同，西塞罗甚至从语义学的角度声称为限制国王权力而设置的执政官（consul）一职源自协商（consulere）。③ 遵照自然人的权利原则，各项具体法律制度的采用也不再以统治权的行使为准则，人民的意愿同样扮演了重要的角色。以摧毁贵族权威的板票表决法为例，西塞罗论述道："当人民享有自由时，从来没有感到需要这条法律，但是当他

---

① 《西塞罗文集（政治学卷）》，王焕生译，中央编译出版社 2010 年版，第34 页。

② 《西塞罗文集（政治学卷）》，王焕生译，中央编译出版社 2010 年版，第78 页。

③ 与之相对应的则是国王所具有的暴君特色。由于这部分出自西塞罗的文献不完整，原出处为圣奥古斯丁所著《天主之城》。由于版本不同，台湾学者吴宗文采用的译本对应的拉丁词语为 Consules 和 Consulendo，在此予以特别说明。参见［古罗马］圣奥古斯丁著：《天主之城》（上册），吴宗文译，吉林出版集团有限责任公司 2010 年版，第 162 页；《西塞罗文集（政治学卷）》，王焕生译，中央编译出版社 2010 年版，第 76 页。

们处于显贵们的统治和权力的压迫之下时，便坚决要求这样的立法。"①基于人的自由，人民权利的行使构成了限制国家权力的主要方式。

如果说亚里士多德的《政治学》产生于雅典共和制的没落期，那么西塞罗的《论共和国》则伴随着罗马共和制一同陨灭了。奥古斯都开启了罗马帝国的大门，以后的罗马人"重要兴趣是发现和规定那些作为私有财产的抽象关系的关系"②，自公元 529 年，查士丁尼大帝关闭雅典的所有学院，法治思想似乎随着它的哲学之门一起关闭了，随之而来的，是长达约 1000 年的中世纪黑暗。

（3）中世纪的法治理念。中世纪是法治进程中不可忽略的时代，在这长达一千年的时间跨度里，它直接脱胎出现实制度中对王权的控制，使权力居于法（实际上更包括神）之下，形成了现代法律至上的理念。就法治理念而言，它的发展是缓慢且令人窒息的，这与中世纪宗教对人的精神和思想的束缚相一致。我们无法想象教皇褫夺君主的至高王权是出于对法治理念的追求而非权力的争夺，因此，本书更愿意将中世纪纳入法治化进程中去论述。然而当法治化在朦胧的孕育阶段时，我们却不能忽略一位对中世纪具有非凡意义的"神学界之王"托马斯·阿奎那（以下简称阿奎那）。"中世纪法律与政治理论的突破性进展肇始于托马斯·阿奎那"，③ 他率先把理性融入基督教，论证了上帝的权威与自然法则之间的关系，不仅丰富了神学的内涵，也给法治思想注入了新的活力。

首先，构建了和谐包容的法治体系。阿奎那所处的是一个在思想上乃至整个欧洲将要产生巨变的时代，国王权力显著加强，民众政治热情高涨，正是在这样的政治夹缝中建立起了他调和各方力量的一统的精神

---

① 《西塞罗文集（政治学卷）》，王焕生译，中央编译出版社 2010 年版，第232 页。

② 《马克思恩格斯全集》第 1 卷，人民出版社 1972 年版，第 280 页。

③ Eric Voegelin, The Middle Ages to Aquinas, History of Political Ideas, Vol. II, p. 171.

体系。有学者指出，它的基督教精神体系是具有跨时代意义的："因为它表达了将要决定直至今日的西方政治史的那些力量：以宪政方式组织起来的人民，资产阶级商业社会，宗教改革所坚持的唯灵论，以及科学理智主义。"① 阿奎那所构建的法治体系也体现了这样的包容。与奥古斯丁不同，阿奎那并没有把上帝之城与地上之城截然分开，而是运用理性将神性与人性串联起来。永恒法、自然法、神法和人定法是阿奎那对法所作的基本分类，其中自然法即是上帝在参与创世的过程中将上帝的部分理智结合于人和现实世界，因而自然法代表了人的理性，人也应受其管辖。神性与人性在自然法中的结合，一方面使自然法的合理性诉诸永恒法，另一方面又实现了自然法作为本体的存在。人定法以自然法为依据，不符合自然法的现实法，人们有权对抗和推翻；合法的，人定法符合："第一，法的目的是为公共福利（目的因）；第二，由合法的人或集团所立（动力因）；第三，所命令之事是合情合理的（质料因）；第四，要看守法者的能力、条件、情形，该法是否能合理地被遵守（形式因）。"② 阿奎那的人定法理论作为其法治体系最后的一环充分体现了对神性、理性、人性共同所应有的尊重。

其次，人的存在与自由确立了实质正义的法治理论。在阿奎那看来，人本性自然而归向天主，自然本体的存在决定了人本体的存在。进而，阿奎那对人性作了更详尽的解说，指出人作为有智性的实体而区别于世间万物，并基于智性而拥有自由，"自己有自己行动的自主，乃是有行动的自由：因为自由者，是自己现实行动的原因"③。人的自由出于人的本性，这一认知上的突破意义重大，实际上，我们会惊讶地发

---

① ［德］沃格林著：《中世纪（至阿奎那）》，叶颖译，华东师范大学出版社2009年版，第253页。

② 刘素民：《托马斯·阿奎那自然法的形上架构与神学意涵》，载《哲学研究》2005年第9期。

③ ［意］圣多玛斯·阿奎纳著：《阿奎纳著作集·论万事》，吕穆迪译，安徽人民出版社2013年版，第437页。

现，通过对人本身存在的肯定，阿奎那为现代法治理论中所强调的实质正义也打开了缺口，他指出："法律是后天的。人行为的正当与否，却是先天的。法律的正当与否，系于它是否遵行先天的物性之自然，扬其善而抑其恶。"①

最后，对权力的服从而非制衡构成了制度安排的主旋律。受到亚里士多德的启发，阿奎那也主张君主制、贵族制和民主制的混合政体，认为人治易流于腐败而需要法治，并指出："就法律的支配能力来说，一个君主的自愿服从法律，是与规定相符合的。"② 然而单就世俗权力的配置上则显得过于保守。在阿奎那看来，"制定法律，是'治理'的本务"，③ 而人作为本体的存在，本身是有差别的，根本上说，是一种上下之别。人因智力、觉力（身体器官的知觉能力）和体力上的差异而区分开来，以智力的优越为最高，觉力次之。"智力优越的人，自然主持事物的治理"，④ 其他人自然相应地处于服从地位。与其同理的是，拥有全智的上帝治理万物，没有任何智力的兽类服从人类。事实上，这种唯智至上的秩序观，已经完全将"从下而上"的权力制衡扼杀在摇篮里，不仅如此，这一理论还为奴隶制度提供了辩护。

中世纪以阿奎那为分水岭，相继发生了一系列重大事件和理论革新，法治理念伴随着法治制度取得了飞速的进展，神治被推翻，现代法治逐步开始兴起。

---

① ［意］圣多玛斯·阿奎纳著：《阿奎纳著作集·论万事》，吕穆迪译，安徽人民出版社 2013 年版，第 491 页。

② ［意］托马斯·阿奎那著：《阿奎那政治著作选》，马清槐译，商务印书馆 1963 年版，第 122 页。

③ ［意］圣多玛斯·阿奎纳著：《阿奎纳著作集·论万事》，吕穆迪译，安徽人民出版社 2013 年版，第 445 页。

④ ［意］圣多玛斯·阿奎纳著：《阿奎纳著作集·论万事》，吕穆迪译，安徽人民出版社 2013 年版，第 301 页。

2. 法治概念

法治概念因其内容广泛而被认为难以界定，且就其译名之繁多而被各国赋予了不同的含义。英美国家有"rule of law"与之对应，并衍生出"rule by law"、"the rule under law"、"law of nature"等参照概念。与英美国家的发展路径相异，其他一些国家则以"法治国"或"法治国家"为指称，如德文的"Rechtsstaat"、法文的"Etat de droit"以及俄文的 правовое государство。

在这些概念中，英国一般被认为代表了最早的起源。《牛津法律大辞典》认为"它（rule of law）可能源于中世纪的一种信念，即不论是上帝法还是人法，法律应统治世界"①。与阿奎那同时期的神学家和法学家亨利·布雷克顿（Henry de Bracton）往往被赋予了对现代法治具有开创性的意义。作为曾经的英国法官，他指出"统治者只有以合法的方式获得和行使权力才能被称为国王"，并进而推演出法治的实质为"不是在人，但在上帝和法律之下"（NON SUB HOMINE SED SUB DEO ET LEGE）。② 这一概念与阿奎那有许多共通之处，但毫无疑问，亨利的概念更务实，他并没有过多地去探讨法律背后而是直接诉诸法律，因而被认为呈现出了诸多理念："例如法律至上、国家法律、正当程序、法的统治以及声称我们是一个法治而非人治政府。"③

另一位被认为率先给法治下了精确定义的学者是英国法学家戴雪（Albert. V. Dicey），其代表作《英宪精义》深入诠释了法治的三层含

---

① ［英］戴维·M. 沃克著：《牛津法律大辞典》，李双元等译，法律出版社2003年版，第990页。

② 记载于哈佛大学法学院兰德尔大厅（Langdell Hall）的这句名言据著名大法官爱德华·柯克（Edward Coke）称为亨利提出，而在柯克与国王詹姆斯一世的论争中正式被引用，当然亨利本人并没有明确表示这是对法治"rule of law"所下的定义。

③ O. John Rogge, The Rule of Law, American Bar Association Journal, Vol. 46, Issue 9（September 1960），p. 981.

义。戴雪的法治思想以英宪为前提，将其实质概括为巴力门（议会的音译）主权、法律主治以及宪法与宪典的结合，充分显现了与英国现实政制的紧密结合，这也正是亚里士多德在两千年前所作的预判与呼吁。戴雪认为联邦具有三个特性："（1）宪法的至尊性；（2）分配有限制的权力于同等而又独立的各个机关；（3）法院诠释宪法的权威。"①与联邦政制相对应，法治的概念也呼之欲出，戴雪强调保障人权，并寄望于通过普通法院作用的发挥来实现。法治的三层含义，其一即"国法的至尊适与武断权力相违反"，强调了法律的权威；其二即"人民在法律前之平等"，体现了法律对公平正义的追求；其三即"凡宪章所有规则"，"不但不是个人权利的渊源，而且只是由法院规定与执行个人权利后所产生的效果"，表达了宪法对人权的保障。② 戴雪对法治概念的影响以及法治与宪法相关联的观点是根本性的，百余年后的今天法治的原则仍被看作是服从宪法原则的结果。③ 例如我国有部分学者主张依法治国就是依宪治国，或认为依宪治国是对依法治国的升华和发展，其理论支撑回避不了戴雪论述法治的基本观点。

　　法治作为一项原则也出现了多种表述。就其本身而言有如下解读："1. 一般性法律原则，常常表述为准则或'经验法则'，在决定法律问题时作为指导；2. 一个普遍的声明，目的是指导行为，适用于政府官员，并作为一种权威的来源而获得支持；3. 该原则指最高的权威是法

---

　　① ［英］戴雪著：《英宪精义》，雷宾南译，中国法制出版社 2001 年版，第 197 页。

　　② ［英］戴雪著：《英宪精义》，雷宾南译，中国法制出版社 2001 年版，第 244~245 页。

　　③ A substantive legal principle; the prevailing of regular power rather than arbitrary power; the principle that all citizens are subject to the judicial decisions in their states as well as those of the courts of the United States, and that such decisions are the result of constitutional principles. Susan Ellis Wild, ed. Webster's New World ® Law Dictionary, Wiley, Hoboken, N. 2006, p. 230.

律，而非政府或政府的领导者。"① "二战"以后，富勒在与哈特的论战中，从八个方面的原则来描述法治概念，即法治的八项原则，包括法律的普遍性、法律的公开性、法律的可预见性、法律的明确性、法律的一致性、法律的可服从性、法律的稳定性、官方行为与法律的一致性。② 富勒的描述是归纳性的，即八项原则共同构成了法治的含义，但该方法明显是一种不完全归纳推理，因此也为之后的学者留下了理论空间，如菲尼斯、拉兹等在不同程度上对该法治的八项原则作了改进和补充。

法治出于中世纪英国的观点并不为所有学者所主张。《柯林斯法律词典》就提出法治概念与亚里士多德一样古老，而只是在英国宪法以及无处不在的法律与政治的相关讨论中被赋予了特殊的含义。它的真意是指 "人人皆在法下行为"。③ 如果按照这一解释，那么法治的含义至少是可以上溯至古罗马的自然法学说之中。事实上，就法治的现代意义而言，以德国和法国为代表的法治化与英国式的法治化走上了截然不同的道路，发展成了区别于 "法治" 的 "法治国" 概念。

康德被认为是法治国理论的最早阐发者，在界定国家与法的关系时，康德指出 "国家是许多人依据法律组织起来的联合体"，④ 在这样一种联合体中，"根据康德的道德哲学，行为导向的普遍性是其正确性的理性衡量标准"⑤。它的合理性在于普遍性的法律，即所有人为所有人立的法，理论上一方面由于人的共同作用而克服了来自他人的强制，

---

① Daniel Oran and Mark Tosti (eds.), Oran's Dictionary of the Law 3rd Edition, CA: West Legal Studies, Thomson Learning, 2000, p. 431.

② Lon L. Fuller, The Morality of Law, Yale University Press, 1969, pp. 46-94.

③ W. J. Stewart and Robert Burgess (eds.), Collins Law Dictionary 2nd, Harper Collins Publishers, Inc., 2002, p. 345.

④ ［德］康德著：《法的形而上学原理：权利的科学》，商务印书馆 2005 年版，第 138 页。

⑤ ［德］齐佩利乌斯著：《德国国家学》，赵宏译，法律出版社 2011 年版，第 356 页。

另一方面由于法的普遍效力而体现公允。国家—法律—所有人的逻辑结构，形成了法治国基本的形式标准，以康德哲学为基础，则易形成一个最广义的法治国概念，即国家的本质就是法治国。① 汉斯·凯尔森指出，"既然法是国家的存在条件，那么，每个国家都是法治国"②。为了使法治国概念不流于形式主义，凯尔森对法治国的本质和内容做了区分，强调法治国的内容是通过国家与法的适当的关系建立起来的，本身包含着政治和道德价值。而遵循个人主义的法治国原则，法治国概念被进一步解读为："国家应该像对待它的公民的自由范围一样，通过法的方式精确地决定并且可靠地保证国家发挥作用的轨道和界限，还应该从国家方面，也就是直接地、不超过法的所属范围地实现（ 强制实现）道德观念。"③

　　法治作为全球一个更为普遍的概念，应体现在 1959 年于印度德里通过的《法治宣言》（*Declaration on the Rule of law*），以国际法学家委员会于 1955 年雅典会议上对"法治"问题所作的专题讨论和发表的宣言为基础，《法治宣言》承认并尊重世界各国在原则、制度和程序上的差异，指出它们"虽不总是相同，但却大体相似"；而共同的是在"法治概念背后隐含两种理想。首先，它意味着不考虑法律的内容，全部国家权力应来源于法律并应依法行使。其次，它坚持法律本身应基于对人

----

　　① 我国有学者将康德的学说定位为自由法治国理论，而区别于其后形成的形式法治国理论，这一观点是富有创见的。但事实上，康德的学说确实为形式法治国理念的形成起到了推波助澜的作用，而自由法治国作为一种组建国家的理念从未真正实行过。因此，康德的学说虽然具有特殊性，但似乎将其看作是法治国理论中的自由法治国倾向或若干原则更为恰当。参见郑永流：《德国"法治国"思想和制度的起源与变迁》，载夏勇主编：《公法》（第 2 卷），法律出版社 2000 年版，第 65 页。

　　② ［奥］阿道尔夫·J. 默克尔：《法治国的观念和形态》，谢怀栻、翁振葆译，载《环球法律评论》1983 年第 5 期。

　　③ ［奥］阿道尔夫·J. 默克尔：《法治国的观念和形态》，谢怀栻、翁振葆译，载《环球法律评论》1983 年第 5 期。

的个性至高价值的尊重"。① 就这一点而言，法治和法治国的界限也就不那么明显了。除了这些共同的原则和大体一致的理想外，"法治"和"法治国"还拥有共同的形式标准，如法的普适性就分别可以在康德和洛克处找到同样的源头，且"都深深植根于德国的法治国家学说和英美的'法治'学说当中"。② 因而，英美法系的"法治"与大陆法系的"法治国"实质上不存在根本差异。

法治对我国而言，无疑是一个继受概念。在经历了一段"无法无天"的"文革"岁月后，理论界已逐步实现了从人治到法治，从法制到法治的跨越，并且在理论探索中，广泛吸收各国的法治经验，使我国法治理论的范畴较它国也更广泛。

一是法治形态论。认为"法治既是一种法律形态，也是一种价值形态，亦是一种国家形态"，③ 法治则是三种形态动态地结合在一起。法律形态要求统治必须基于普遍的规则，而就价值形态和国家形态而言，古今显现出了较大差异，现代法治所要求的个人自治以及权力的分立与制衡是古代所没有的，古今都被视为法治，差异仅仅代表了不同的法治类型。事实上，在这一定义下，法治是一个开放的概念，也可称之为广义的法治概念。④

二是形式法治论。认为"'法治'是一个价值中立的形式化概念，并不带有实体上的价值倾向"⑤。法治仅被赋予基本的形式要件，因而法治与民主、人权等概念密切相关，但并不必然内含这些概念，需要探

---

① Geoffrey de Q. Walker, The Rule of Law: Foundation of Constitutional Democracy, Melbourne University Press, 1988, pp. 6-7. 转引自高鸿钧等：《法治：理念与制度》，中国政法大学出版社 2002 年版，第 177 页。

② ［德］约瑟夫·夏辛、容敏德编：《法治》，法律出版社 2005 年版，第 88 页。

③ 黄涛：《重新思考法治概念》，载《读书》2013 年第 12 期。

④ 李步云教授对广义法治的范围界定更广，认为建立在专制主义的基础上也可称为法治。参见李步云：《论法治》，社会科学文献出版社 2008 年版，第 190 页。

⑤ 张千帆：《法治概念的不足》，载《学习与探索》2006 年第 6 期。

求法治以外的制度提供对良法的支持。

三是实质法治论。这一主张是我国的主流观点，不过我国对实质法治的主张却并不一定是以对形式法治的批判而建立起来的，盖因为我国并没有真正经历形式法治阶段，当我国在提出法治理论时，实质法治理论已广为传播和接受。① 以马克思主义法律观为指导，学者们从法治的界定和法治与法制的区分入手，深入分析、论证了法治的构成要件和价值原则，认为民主政治、市场经济、理性文化是现代法治的前提和基础。法治本身则存在以下共识：是一种治国方略或社会调控方式，是一种政治体制；意指依法办事的原则；代表一种价值取向，是良法之治；意味着一种良好的法律秩序。②

在梳理法治概念前还需补充的一点是法治的社会实效问题。我们强调法治的社会实效，并不是掉转头来去寻求法治的工具价值，而是主张法治不仅是文明社会的产物，在它产生出来以后，也是推动文明社会发展的不竭动力，作为法制的高级形态，当现有法治成为了社会发展的阻力，那么法治的目的价值将大打折扣。就现有法治而言，"法治是构建公民社会有序自由和发展之基石。它为经济发展的基础，人权的保障，自治条款，犯罪和腐败的预防，基本尊严的促进以及经济和社会权利的实现提供支持"③。并且我们相信，法治在人类社会的发展过程中，还将体现更为丰富的社会价值。鉴于以上认识，本书提出：法治是一个不断发展的概念，在国家实体中，法治是运用法律治理国家和社会的高级形态，与一定的政体相适应，且正向体现文明的进程，以政体中法律的最高权威为其必要条件。也可以说，在发展着的人类社会中，"用法律的准绳去衡量、规范、引导社会生活，这就是法治"④。

---

① 我国对法治的普遍探索在 80 年代以后，而德国由形式法治到实质法治的转向，则始于"二战"以后；英美等国自然法的复兴也以"二战"为起点。

② 沈宗灵主编：《法理学》，高等教育出版社 2004 年版，第 194~197 页。

③ Greenstein, Marla N., Defining the Rule of Law, Judges' Journal, Vol. 46, Issue 4 (Fall 2007), p. 16.

④ 中共中央文献研究室编：《习近平关于全面依法治国论述摘编》，中央文献出版社 2015 年版，第 9 页。

(二) 法治化的内涵

1. 法治化概述

论及法治化，便必然涉及法治化与法制化的关系问题。关于建设社会主义法制国家还是社会主义法治国家，在我国理论界也曾引起不小的争议，并形成坚持"社会主义法制国家"、用"法治"替代"法制"以及"社会主义法制"与"社会主义法治"同义等各种主张。① 这说明法治与法制、法治化与法制化既有区别，又有联系，两组概念不应相互分离，更不能截然对立。

《辞海》中"化"的第一层含义即"变；改"，② 因此法制化与法治化也就是将不属于法律规范的上升为法律规范，把不能称之为法治的转化为法治的过程。如果说法治是运用法律治理国家和社会，那么法制化与法治化的差异就不同于法制与法治的差异，因为法治化将同时体现为两个方面的目标：法制的完善与运用法律治理国家和社会的完善。法制化的自我证成不能单独存在，盖因为在实践中，法制总会被归结到人治或法治的范畴。当法制与法治对称时，我们实际上所指为人治中的法制，这一法制化的目标体现为：法制的完善与人治理国家和社会的完善。亚里士多德指出"法律的制定必定会根据政体的需要"，③ 确实是基于事实的洞见。但此处为了论述的方便，我们将人治领域的法制化称为人治法制化（人治并不必然需要法制），而与纯理论上的法制化相区

① 在国家正式提出"建设社会主义法制国家"后，在学术界相继举办了多场讨论会、座谈会和笔谈会就法治国家和法制国家的概念进行了深入的探讨。参见程燎原著：《从法制到法治》，法律出版社 1999 年版，第 263~279 页。

② 《辞海》，上海辞书出版社 2009 年版，第 936 页。

③ 苗力田主编：《亚里士多德全集》（第九卷），中国人民大学出版社 1994 年版，第 97 页。

别。法治化、法制化与人治法制化，现作以下区分：

第一，法治化的最高权威来源于法律而人治法制化的最高权威取决于人。人治并非不需要法律制度，任何一个相对发达的古代社会都会凸显法制的显耀地位，而一个精细化的人治社会里，法制也会趋向于完备与合理。法律的调整仍然具有普遍意义，只是这种调整并不是决定性的，君主意志可以是任何权力行使的最后裁决者。人治法制化也不必然是君主—法制的严整结构，在我国古代，也出现了一些变通。例如来源于《孙子兵法》的"君命有所不受"① 就指出作战时将帅对君主绝对权威突破的合理性。但就根本而言，君主至上仍是人治法制化中治国理政的总原则。法治化强调法律至上，不仅一切人都需要遵守和服从法律，一切权力也不得超出法律的范围。"任何人，甚至最优秀的立法者也不应该使他个人凌驾于他的法律之上。"②

第二，法制对人的平等地位的充分肯定使法治化区别于人治法制化。人治法制化需要确定统治者的最高权威，那么统治者与其他臣民就存在天生的不平等。而从人治法制化到法治化，实现人的平等地位最困难的不是法制化进程，而是如何运用法律在治理国家和社会中实现人的平等这一法治化进程。在一些国家里，人的不平等曾被进一步的细化和法制化，古印度的种姓制度就明确地被写入了《摩奴法典》。不同种姓之间几乎在一切权力上都显现了人的不平等，并且直到现在，"不管是英国殖民者的改革也好，还是印度政府的举措，都未能完全地清除掉印度的种姓制度"③。此外，人的平等在不同的时代还被赋予了不同的含义，现代的平等要求体现为"一切人，或至少是一个国家的一切公民，

---

① 春秋时期军事家孙武作了最早的表述："凡用兵之法，将受命于君……城有所不攻，地有所不争，君命有所不受。"先后为诸葛亮、司马光等引用，成为我国古代重要的军事原则。参见《孙子兵法·九变篇》。

② 《马克思恩格斯全集》第 1 卷，人民出版社 1995 年版，第 264 页。

③ 李明珠：《种姓制度对印度法律的影响》，载《西北民族大学学报（哲学社会科学版）》2005 年第 1 期。

或一个社会的一切成员，都应当有平等的政治地位和社会地位"①。

第三，法治化不仅要让一切权力服从法律，而且要让权力的行使受到有效的监督和制约。在人治法制化相对发达的社会里，对权力的监督和制约也会存在，如中国古代设置御史监察制度，就是为监督百官而设，然而这一制度实质是为了维护皇帝的最高统治权，而非为限制权力、维护法律的权威，并且这一制度本身缺乏监督，因此到了明朝专制集权极端发展之时，也是"厂卫制"② 迅猛腐败之际。可以说法治化的限权是为维护法律而限权；人治法制化的限权是为维护个人权力而限权，这种对权力的限制不可能是彻底的。当然，法治化却并不一定决然地排斥君主制和君主权力，只要君主权力受到法律的有效制约，那么这一革新历程仍可以称为法治化，现存的单一制、君主立宪制民主国家英国就是法治化的产物。

第四，法治化诞生于人治法制化以后，与人类近代文明相融合。人治法制化事实上更早地承担了人类社会的文明进程，我们所熟知的四大文明古国，都以其独树一帜的法制文明为标杆，古印度的《摩奴法典》、古埃及的《博克贺利斯法典》、古巴比伦的《汉谟拉比法典》以及中国的《唐律疏议》，无不被视为古代法制文明的辉煌成就。然而到了近代以后，随着自由、民主、人权等价值概念的揭示，人治从根本上被加以否定，法治则作为近代政治理念更为适宜的统治类型参与到文明的新征程。法治化不同于人治法制化，首先表现于法制化上的差异，法制化作为法治化的第一阶段，必然融入时代价值观念，它所要形成的法制也就不可能是中性价值，更不可能是人治法制化所要求的实现人治的价值，而是实现先进文明的法治价值；法治化的第二阶段则为依据法律治理国家和社会，它不仅要求实现法制中的价值观念，还需要尽可能地在现实社会中进一步地实现价值观念本身，换句话说，法定价值并不是

---

① 《马克思恩格斯全集》第 20 卷，人民出版社 1971 年版，第 113 页。

② 明朝监察机制的称谓。

实有价值的终点而是起点，例如作为价值之一的法定人权并不是实有人权的边界，而是实有人权的基础。

2. 法治化道路

单看斯巴达和雅典政制对柏拉图、亚里士多德思想的影响，我们就不应割裂人治法制化到法治化这段历史。将法治看作一个历史概念，这条道路显得既漫长又曲折，但总会在某些方面作出不可磨灭的历史贡献。

（1）古希腊时代的人治法制化孕育法治理念。柏拉图和亚里士多德有一个很大的共同点在于他们对现实制度的重视，柏拉图的《国家篇》为现实制度进行了详尽的比较和分类，亚里士多德的《雅典政制》为我们重述了雅典城邦政治制度的发展历程。[1] 事实上，两国政制对柏拉图和亚里士多德两位哲人的影响远比这些直观的叙述还要大。现阶段的研究表明，柏拉图的《法律篇》与亚氏的《政治学》都是在经历了多国的社会实践与更多国家制度的考察下完成的，其中《法律篇》还被认为是柏拉图供其门徒参与法律创制的范本。[2] 而对两国法制产生重大影响的，莫过于被称为"西方法治之父"的吕库古（Lycurgus）和"古希腊七贤之一"的梭伦（Solon）。

吕库古对斯巴达政制的改革主要表现在：一是对权力的分配与制约。基于对绝对王权的不信任，吕库古设立了一种全新的权力运行模式，即"混合政体"，包括由 28 位长老和 2 位国王组成的元老院、人民大会和监察官。其中 28 位长老组成的长老会与王权具有同等权力。二是实现权利的平等。具体包括重新均分土地、降低流通货币的作用以及实行被柏拉图盛赞的共餐制。以廉价不易保存也不宜携带的铁制货币

---

① 其另一部同类著作《斯巴达政制》虽然遗失，却不难从其他学者的引述中一窥斯巴达政治制度的闪光点。

② 参见汪子嵩、范明生等著：《希腊哲学史》（第 2 卷），人民出版社 1988 年版，第 1107~1108 页。

取代金银货币，抑制了斯巴达人对流动财产拥有和使用的欲望，当然，这一措施也被诟病为抑制了商品经济的发展。共餐制则是一种强制进食相同简单食物的制度。① 外邦人与奴隶被绝对排除在平等权利之外。

梭伦对雅典政制的改革：一是对权力的再分配。为了调和人民与贵族的冲突，恢复了公民大会作为国家的最高权力机关，以财产的多少而非世袭的贵族身份作为担任官职的依据，且任何公民均可参加。二是实现了公民身份上的大致平等。废除债务奴隶，且具有追溯力；建立具有最高法院属性的民众法庭，这被认为是最具民主性质的制度。②

通过前述的柏拉图和亚氏的法治理念，我们会发现他们理论的雏形都能发现于两国的改革中，并且他们对两国政制给予了同样的关注，斯巴达政制对人的平等的突破性规制，对政体中个人集权的分解，以及以共餐制来实施对公民的教化等，无不体现为他们理论中的重要理念和方式，而"民主政治从梭伦改革发其端"。③

（2）古罗马时代的人治法制化繁荣了私有财产制度。古罗马按政制划分大致包括三个时期，即王政时期、共和时期和帝国时期。《十二铜表法》就诞生于罗马共和时期的创始阶段，它也是古罗马的第一部成文法。"文明社会的正义由两个来源产生：一方面是在人类的本性中取得自己的来源，另一方面又从建立于私有财产基础上的社会环境中取得自己的起源。"④ 就前者而言，《十二铜表法》的条文虽未直接体现

---

① 也有学者指出吕库古可能根本不存在。参见 ［法］菲利普·内莫著：《民主与城邦的衰落——古希腊政治思想史讲稿》，张竝译，华东师范大学出版社 2011 年版，第 31~32、60~65 页。

② 参见 ［古希腊］亚里士多德著：《雅典政制》，冯金朋译，吉林出版集团有限责任公司 2013 年版，第 25~47 页；［法］菲利普·内莫著：《民主与城邦的衰落——古希腊政治思想史讲稿》，张竝译，华东师范大学出版社 2011 年版，第 65~68 页。

③ 晏绍祥著：《古典民主与共和传统》（上卷），北京大学出版社 2013 年版，第 11 页。

④ ［法］拉法格著：《思想起源论》，王子野译，生活·读书·新知三联书店 1963 年版，第 67 页。

出人类对本性的寻求，但作为罗马共和制的尊崇者和罗马法理念的革新者，西塞罗对自然人与自然权利的探索受益于它；而就后者而言，帝国时期法制所体现出对私有财产的尊重则不仅是对罗马，乃至对后世的积极影响也是颇大的。

德国法学家耶林曾指出："罗马帝国曾经三次征服世界，第一次以武力，第二次以宗教，第三次以法律，武力因罗马帝国的灭亡而消失，宗教随着人民思想觉悟的提高、科学的发展而缩小了影响，唯有法律征服世界是最为持久的征服。"① 耶林对罗马法律的这种极高赞赏现在看来也毫不夸张，当今世界最有影响力的两大法系，即英美法系和大陆法系都与罗马法有着莫大的关联。但如果认为罗马法代表了西方法治理念的某种最高成就，显然是过誉了。《查士丁尼民法大全》又称《国法大全》，是罗马法法典化的集大成者，它是由古罗马皇帝查士丁尼亲自主持编订的，包括《查士丁尼法典》、《查士丁尼学说汇编》、《查士丁尼法学总论》、《查士丁尼新律》，② 内容涉及罗马法法律规范、法律解释以及法学理论学说。但正是在这部重要而影响深远的法律典籍中，明确规定了皇帝高于法律的传统，走向了法治的对立面。尽管一些学者对这类规定有着温和的解释，认为规定本身并不那么绝对，然而我们肯定不能将这"征服世界的法律"与法治简单地画等号。

罗马法为法治所作的重大贡献是对私有财产的确认与保护，从而促进了商品经济的发展。它不仅孕育了民法的生成，且是现代民法各项基本制度的来源。11 世纪末兴起于意大利博洛尼亚地区的罗马法复兴运动，就是以《国法大全》作为主要研究对象。这些罗马法的倡导者们根据工作重心的不同划分为了前注释法学派和后注释法学派（又称"评论法学派"），前者持续到 13 世纪，主要是对经典文献纯粹学理上

① ［德］耶林著：《罗马法的精神》；转引自周枏著：《罗马法原论》（上册），商务印书馆 2014 年版，第 18 页。

② 《查士丁尼新敕》是在查士丁尼大帝去世当年即 565 年，由法学家们将《查士丁尼法典》之后颁布的新的律令汇编成册。

的考证和注释；后者从 13 世纪到 15 世纪后半叶，进一步将罗马法与意大利现实制度相结合，使罗马法服务于现实社会生活的需要。① 罗马法除了对中世纪末期市民社会经济繁荣的促进，另一个不能忽略的事实是罗马法复兴对人文主义的积极影响。同样是以博洛尼亚大学为主战场并身处注释法学派发展期的彼特拉克，作为文艺复兴时期第一个人文主义倡导者，喊出了"我自己是凡人，我只要求凡人的幸福"的主张，开启了反对神权，回归人的本质的新纪元。

（3）中世纪的法制化突出表现在对王权的限制。三股势力促成了王权交出至高权柄，分别是教皇、日耳曼理念和贵族。自公元 6 世纪格里高利一世（Gregory I）将政治势力结合于教会起，教权与王权的争斗始终是中世纪权力角逐的主旋律。最终，"君主作为一名基督徒像所有其他人一样受这种法律的支配，他公开宣誓，确认他对高级法（自然法、神法和习惯法）和实在法的服从"②。

作为另一股势力，日耳曼人的理念以日耳曼习惯法为载体，发端于德国土著居民地区，并通过欧洲不断的战争而在其他国家散播开来。在日耳曼习惯法中，国王权力乃是客观法律即"前辈的法律"的一部分，法律成为权力合理性的来源，在这样的稳定秩序中，私人权利也因而得到日耳曼习惯法的融入，"确证并巩固了任何人都不凌驾于法律之上的

---

① 关于注释法学派的年代问题，在我国表述不一。黄右昌认为前者诞生于 12 世纪初，后者起自 13 世纪。周枏认为前者诞生于 12 世纪初，后者始于 13 世纪中叶。丘汉平认为前者始于 11 世纪下半纪，后者始于 14 世纪中叶。英国学者巴里·尼古拉斯认为前者诞生于 11 世纪末。黄右昌著：《罗马法与现代》，北京大学出版社 2008 年版，第 18 页；周枏著：《罗马法原论》（上册），商务印书馆 2014 年版，第 88~90 页；丘汉平著：《罗马法》，中国方正出版社 2004 年版，第 43~47 页；[英] 巴里·尼古拉斯著：《罗马法概论》，黄风译，法律出版社 2000 年版，第 45 页。

② [美] 布雷恩·Z. 塔玛纳哈著：《论法治——历史、政治和理论》，李桂林译，武汉大学出版社 2010 年版，第 29 页。

常识"①。

最后也最直接的是贵族（或大商人）与国王（或封建领主或主教）之间的冲突。欧洲大陆国家与英国形成不一样的法制化格局。

城市法典是欧洲大陆国家走向法治的重要部分。自治城市（也称"城市共和国"）的法制化涵盖《比萨城市法典》、《米兰城市法典》等，以意大利北部最为兴盛，并在欧洲各国如法国、德国等相继建立，表现为城市市民在经济人格上的自由平等与政治上的相对民主和自治。它是以与国王（或封建领主或主教）签订的城市法典为依据而被授予的一系列特权，因而亦被认为具有宪法性质。在自治城市中，公权力的行使依赖于选举而产生，虽然并非所有的选举都具有普适性，但可以肯定的是国王的触角被明确排除在外，城市"各自制定法律、自行征税、自管司法、自行铸币，甚至根据各自需要结成政治联盟、自行宣战或媾和"②。可以说自治城市对现代文明的形成，尤其是地区自治具有直接的示范作用。

英国贵族与国王的冲突更具广泛意义和彻底，《大宪章》的形成被看作法治的开端和法治理念的直接来源。《大宪章》的实质是贵族阶级与国王之间就赋税问题产生冲突后国王妥协的产物。然而正如前文所引述的，其后英国的思想家们无不以《大宪章》作为争取个人自由，抗拒王权的依据。

（4）文艺复兴以后的法治化道路。文艺复兴与宗教改革代表了两种对自由的追求，前者为艺术自由，后者为宗教自由。马丁路德（Martin Luther）推动德国宗教改革的直接标靶即是针对教会贩卖的赎罪券，控诉了宗教的权力滥用。而对意大利文艺复兴产生深刻影响的两个运动即经院哲学（包括注释法学派）和人文主义（包括人文主义法

---

① ［美］布雷恩·Z. 塔玛纳哈著：《论法治——历史、政治和理论》，李桂林译，武汉大学出版社 2010 年版，第 32 页。

② ［美］汤普逊著：《中世纪经济社会史》（下册），耿淡如译，商务印书馆 1997 年版，第 174 页。

学派），则同样像火种一样蔓延于整个欧洲。17、18 世纪，既属于思想文化领域启蒙运动的时代，也属于政治领域资产阶级革命的时代。宗教一统的局面被彻底打破，国家秩序相继建立，人权被赋予鲜明的时代特征且成为建国的基石，国家重新成为推动法治建设的重要环节和实施法治的根本保障。

（三）国家治理法治化的内涵

1. 国家法治化模式与国家治理法治化的提出

没有资产阶级革命的法治化是不可想象的，一些类似法治化的进程也是不稳定的。在英国，继《大宪章》后，另一项用以限制王权的法案《权利请愿书》在查尔斯达到其政治目的后随即被单方面撕毁，同时国会也被迫解散，使英国的法治呈现出倒退的迹象。相较而言，自治城市的寿命更为短暂，13 世纪中后期，也就是自治城市的建立不过百余年后，便纷纷宣告瓦解，世袭君主制几乎席卷了整个意大利自治城市，除佛罗伦萨和威尼斯外，所有的自治政体都在与贵族的斗争中覆灭了。资产阶级革命促成了现代资产阶级国家的生成，国家、法治与人权在启蒙运动的影响下以一种全新的理念相结合，而由于国情的不同，各国也形成了不同的国家法治化模式。

英国与德国的法治模式比较典型。理论上基于两种法治模式的认识产生了多种分类，如社会演进型法治化道路和社会推进型法治化道路；"内生的自下而上"的法治和"贵族自我约束的自上而下"的法治；公民权利主导型法治模式和国家权力主导型法治模式；行政他控型法治模式和行政自控型法治模式等。① 由于两国法治产生的背景差异较大，从

---

① 何勤华、任超等著：《法治的追求——理念、路径和模式的比较》，北京大学出版社 2005 年版，第 11 页；汪进元：《法治模式论》，载《现代法学》1999 年第 2 期；徐爱国：《西方国家法治的形成对中国的参照》，载《人民论坛》2013 年第 3 期。

历史上来比较其差异是一个无法一一穷尽的话题，大略而言，可以从以下三个方面来比较：

其一，法律的至上性。英国法治的起源可以追溯到中世纪，因此上帝与法高于王权是一个更为普遍的观念。随之而来的宗教改革运动和启蒙运动撼动了教会的神圣权威，但法律的地位则在这两场思想的革命中日趋巩固。正如伯尔曼指出的："如果教会应当具有各种不可侵犯的法律权利，那么国家就必须把这些权利作为对它自己的最高权力的一种合法限制来接受。同样，国家的各种权力也构成了对教会最高权力的一种合法限制。两种权力只有通过法治（rule of law）的共同承认，承认法律高于它们两者，才能和平共存。"① 德国的民主法治建设则与国家的形成更为紧密，铁血宰相俾斯麦是在建立统一德意志国家的同时推行宪政，法治意味着国家的法治，国家权力被放置在了崇高的地位。乃至于在经历"二战"以后才意识到，"法治国的原则是防御国家集权化扩张和行使不受任何限制的重要工具"②。

其二，对行政权的约束方式。英国对行政权的约束首先表现在国家层面，议会的至高无上性使行政权居于立法权之下；其次地方上，"在司法权的分配方面，中央的权力在 12 世纪也得到了加强，因此，地方名人的权力有所削弱"③。而在德国，"行政机关根据立法机关的概括授权行使权力，并依据自己制定的法律办事，行政机关的违法失职行为，受行政法院的审查裁决"④。相比而言，德国法治模式下的行政权范围更广，所受制约更具针对性。

---

① ［美］哈罗德·J. 伯尔曼著：《法律与革命——西方法律传统的形成》，贺卫方等译，中国大百科全书出版社 1993 年版，第 356 页。

② ［德］齐佩利乌斯著：《德国国家学》，赵宏译，法律出版社 2011 年版，第 353 页。

③ ［英］J. H. 伯恩斯主编：《剑桥中世纪政治思想史》（上），程志敏译，三联书店 2009 年版，第 257 页。

④ 德国的行政法院仍然属于司法机关。汪进元：《法治模式论》，载《现代法学》1999 年第 2 期。

其三，法定人权的体现。光荣革命以前，英国的《大宪章》、《权利请愿书》、《人身保护法》等重要的宪法性文件已被认为体现了对人权的保护，《大宪章》有关社会各机构和阶层的规定，就是一份确定的权利清单。光荣革命以后的《权利法案》将权利更为普遍化，其对象包括了普通平民。英国法律的特征决定其人权保障的内生性，事实上，英国专门的人权立法《人权法案》直至 1998 年才颁布，2000 年才得以生效。而有关人权保障理念的生成德国亦贡献卓著，其中康德就是人权理论的集大成者。就立法而言，《魏玛宪法》第一次将社会权利写入了文本意义上的宪法，德国法律中将人权更多地表述为了基本权利。可以说，以一种更具普遍性的人权理论而言，德国与英国可算做同时起步。

理论上，如美国、法国、荷兰等国家的法治模式都会归结为这两大类，但法治的形成又都略有不同，互有借鉴。而"随着两大法系的差别日益缩小，两种法治模式也逐渐接近"①。

资产阶级革命促成了现代资本主义国家的形成，随着资本主义的进一步扩张，法治理念也随之播散到全世界，各发展中国家也随之自愿或被迫地走上了法治化征程。

1840 年以后的中国被迫走上了法制近代化道路。主要表现在以下三个方面：其一是大量不平等条约的签订使清政府客观参与到近代法制的实践，尤其是为争取收回领事裁判权所作的不懈努力。其二是西方先进法文化的传入为中国仿效学习西方律法提供了理论基础，《万国公法》、《法意》、《群己权界论》等论著以及沈家本主持下修订法律馆对日、德、法、英等国法典的翻译为之后的法制理论提供了直接的思想来源。其三是清政府对近代法制的创制，不仅直接引用了大量的西方资本主义法律原则和法律程序，某些法律如《大清民事草案》更有外国法学家参与编撰，形成的近代法律体系包括根本法如《钦定宪法大纲》，基本法如《钦定大清商法》、《大清新刑律》、《刑事民事诉讼法》等，

---

① 李龙：《法治模式论》，载《中国法学》1991 年第 6 期。

以及其他法规如《公司注册试办章程》、《银行注册章程》、《法院编制法》等。

中国走上法治现代化的道路始于 20 世纪 70 年代末到 80 年代初，它虽然并非直接形成于中国法制近代化的基础之上，两者却同样被注入了发展的愿望与活力。1978 年党的十一届三中全会深刻总结了党和国家的经验和教训，作出把党和国家工作的重心由以阶级斗争为纲转向以经济建设为中心的重要部署，并提出"健全社会主义民主，加强社会主义法制"，开辟了建设有中国特色社会主义伟大事业的新征程。进而在党的十二大开幕词中，邓小平提出了"把马克思主义的普遍真理同我国的具体实际结合起来，走自己的道路，建设有中国特色的社会主义"① 这一科学结论，确立了中国特色社会主义道路的基本内涵，也为中国特色社会主义法治建设奠定了基调。以江泽民同志为核心的第三代领导集体在改革开放的实践中，更加丰富了中国特色社会主义道路的内涵，于十六大中首次提出了"中国特色社会主义"概念，并把这些经验总结为"三个代表"重要思想。

党的十七大、十八大对这条道路的内涵不断加以丰富，在十七大报告的基础上，十八大还强调了建设"社会主义生态文明"、"促进人的全面发展"、"逐步实现全体人民共同富裕"，② 从中不难体现出十八大

---

① 《邓小平文选》第 3 卷，人民出版社 1993 年版，第 3 页。

② 十七大对中国特色社会主义道路的表述是："中国特色社会主义道路，就是在中国共产党领导下，立足基本国情，以经济建设为中心，坚持四项基本原则，坚持改革开放，解放和发展社会生产力，巩固和完善社会主义制度，建设社会主义市场经济、社会主义民主政治、社会主义先进文化、社会主义和谐社会，建设富强民主文明和谐的社会主义现代化国家。"十八大对这条道路的表述为："中国特色社会主义道路，就是在中国共产党领导下，立足基本国情，以经济建设为中心，坚持四项基本原则，坚持改革开放，解放和发展社会生产力，建设社会主义市场经济、社会主义民主政治、社会主义先进文化、社会主义和谐社会、社会主义生态文明，促进人的全面发展，逐步实现全体人民共同富裕，建设富强民主文明和谐的社会主义现代化国家。"参见党的十七大、十八大报告。胡锦涛：《坚定不移沿着中国特色社会主义道路前进　为全面建成小康社会而奋斗——在中国共产党第十八次全国代表大会上的报告》，人民出版社 2012 年版，第 12 页。

以后党和国家对全面治理与人权保障的重视程度。同时，党的十八大亦明确提出依法治国是党领导人民治理国家的基本方略，法治是治国理政的基本方式。十八届三中全会则明确将"推进国家治理体系和治理能力现代化"列为"全面深化改革总目标"之中。十八届四中全会再次强调"全面推进依法治国"、"促进国家治理体系和治理能力现代化"，并具体提出了"加强人权司法保障"，从而进一步阐明了中国特色社会主义道路中法治、治理与人权保障的深层关系，构筑了国家治理法治化的现代意蕴。

2. 国家治理法治化概念

党的十八大报告明确提出了完善和发展中国特色社会主义制度，推进国家治理体系和治理能力现代化。而在我国理论界一般认为法治化对现代化具有重要意义，指出国家治理的法治化是国家治理体系和治理能力现代化的衡量标准，① 甚或认为"现代化的国家治理体系说到底就是国家治理的法治体系"，② "国家治理体系的现代化就是法治化"。③ 本书认为，法治与现代的紧密联系，源于法治是一个不断发展的理念，国家治理法治化，也就是将国家治理理念纳入法治的轨道，形成一条既多元开放又和谐规范的中国特色社会主义道路。具体包括：

（1）参与主体的多元与以党的领导为中心。传统的管理模式更为接近放射性结构，其中政治国家和政府处于结构的中心，通过向各个领域的延伸，如经济、政治、文化、社会和生态等，从而形成了单线的交互关系。事实上，管理理念并非不承认其他主体之间的关系，例如人民

---

① 何增科：《理解国家治理及其现代化》，载《马克思主义与现实》2014年第1期。
② 莫纪宏：《论"国家治理体系和治理能力现代化"的"法治精神"》，载《新疆师范大学学报（哲学社会科学版）》2014年第3期。
③ 陈金钊：《国家治理体系法治化及其意义——兼论法律方法的功能》，载《法律方法》2014年第1期。

群众与企事业单位的关系，我国的公司法也有详细规定，且这些规定与国家管理的理念并不冲突，但它却不是管理工作的重心。而治理模式将会进一步凸显各主体的独立地位和相互作用，且各主体间关系的法治化问题将会成为国家治理法治化的重要环节和衡量标准，而不仅仅是为国家和政府主体以外的其他主体间关系提供自我管理的理论空间。政府、人民群众、各类公私机构、企事业单位等的关系不再强调一种自上而下的线性关系，而是要形成政府的"他治"、市场主体的"自治"、社会组织的"互治"、人民群众的"主治"共同作用的局面，国家治理法治化是以实现所有主体相互关系的法治化，各主体呈现为多元、多层次的参与形式，类似于一种立体网状结构。

无论是社会管理理念的法治化还是国家治理理念的法治化，党的领导必将处于中心的地位。"党和法的关系是政治和法治关系的集中反映。"[1] 形成"党委领导、政府负责、社会协同、公众参与、法治保障"的格局既是社会管理体制的内在要求，也是国家治理法治化的基本准则。脱离了党的领导，实质上是破坏了我国根本的政治制度，没有了根本制度和理论的保驾护航，现代化道路必将迷失方向。早在几千年前，亚里士多德就已经强调了坚持正确政体对法律形成的重要性，"正确的政体必然就会有公正的法律，蜕变了的政体必然有不公正的法律"，[2] 而没有公正的法律为前提，现代化、法治化的时代重任将会成为永远无法实现的空中楼阁。

（2）治理方式的多样性和法治轨道的统一性。国家治理理论突出了治理方式的多样性，而寓于人类活动的一般性之中。"集群而居的人类不论其共同体规模大小都有公务需求，古今中西举凡一国莫不需要治理，由此而造就的包融性、跨域性、普遍性决定了国家治理同统治与管

---

① 中共中央文献研究室编：《习近平关于全面依法治国论述摘编》，中央文献出版社 2015 年版，第 34 页。

② 苗力田主编：《亚里士多德全集》（第九卷），中国人民大学出版社 1994 年版，第 97 页。

理、执政与施政、领导与引领等概念相比更具一般性。"① 国家治理概念的一般性以及参与主体的多元化促成了治理方式的多样性。国家治理广泛涉及政治领域、经济领域和社会领域等，国家治理不仅需要遵循政治规律，更应该关切市场规律和社会发展规律的动向，因此国家治理本身除了考虑政治效果以外，还需要把经济效果、社会效果等看作是考量国家治理评价体系的重要指标。尤其应当允许和适合在法治的轨道上，国家和政府以外的其他主体单纯为追求经济效果或社会效果所采取的行为方式。

治理方式的多样性呼吁国家治理理念的宽容，就是不强迫企业承担额外的社会责任，不迫使律师为道德义务买单等。国家治理法治化必须坚守法律作为准绳的底线，一旦突破其作为准绳的含义，肆意地对各领域施加影响和干扰，则不仅是对治理理念的违背，更会使中国特色社会主义道路遭受根本性的破坏，正如习近平同志在中共十八届四中全会第二次全体会议上提到的，"要保证国家统一、法制统一、政令统一、市场统一，要实现经济发展、政治清明、文化昌盛、社会公正、生态良好，都需要秉持法律这个准绳、用好法治这个方式"。② 使一切权力都在法治的轨道上运行的深层含义便是使一切权利都将得到更为全面的保障。

（3）一方面强调权力和权利的协调和互动，另一方面也强调了对权力的平衡制约和对权利的规范引导。我国《宪法》规定：中华人民共和国的一切权力属于人民。也就是说在我国权力与权利并不是根本的对立与冲突。譬如通常实施权力的中央及地方各级政府是国家权力机关的执行机关，受人民代表大会及其常委会的监督，因此其权力的行使必须以服务于人民的根本利益为最高宗旨。而国家治理就是要进一步发挥

① 江必新、邵长茂：《论国家治理商数》，载《中国社会科学》2015 年第 1 期。

② 中共中央文献研究室编：《习近平关于全面依法治国论述摘编》，中央文献出版社 2015 年版，第 9 页。

权力的这一特性，不仅使权力运行得好，更要让在权力下的权利得以更为有效的保障和促进。例如十八届四中全会通过的《中共中央关于全面推进依法治国若干重大问题的决定》中就多次体现了保障和促进权利的举措。就人民参与立法过程而言，提出了"创新公众参与立法方式"的新要求；就人民参与执法过程而言，提出了将公众参与、专家论证等"确定为重大行政决策法定程序"；就司法过程而言，提出了"扩大参审范围，完善随机抽选方式"等保障公民陪审权利的具体措施。

"人类社会发展的事实证明，依法治理是最可靠、最稳定的治理。"① 在强调权力行使中对人民权利促进的同时，还需要警惕权力倾轧和权利滥用。权力倾轧表现在两个层面：一是合法权力倾轧。也就是在合法的范围内，权力的不规范行使妨害到权利实现本身。行政部门间的"踢皮球"、重复执法等较为典型，对其克服有赖于法治对权力运行的细化和量化。二是非法权力倾轧。对人民权利的非法倾轧是一个更为普遍的现象，是指权力超出法定范围对权利和合法利益的直接侵害。最为典型的莫过于腐败问题，这亦是各国努力规制却无法根治的难题，对其克服有赖于国家与社会的共同努力，"把权力关进制度的笼子里，形成不敢腐的惩戒机制、不能腐的防范机制、不易腐的保障机制"。权利滥用则不能做多角度的理解。只要权利行使并不逾越法律的这条红线，就不应受到权力的强制性打压与惩治。但并不是说应当肆意地放任个人权利的滥用，依法治理的另一个着眼点在于治理本身，也就是积极地发挥治理的作用，以更为温和的形式引导公众合理、高效地运用公共资源，其目的是保障更多的人真正充分地行使权利和享有权益。

---

① 中共中央文献研究室：《习近平关于全面依法治国论述摘编》，中央文献出版社 2015 年版，第 63 页。

二、国家治理法治化与人权保障的相互关系

（一）国家治理法治化与人权保障的一般关系

与法治理念与人权理念相较，治理理念不过是一个新生儿。资本主义的发展在带给人类社会经济上空前繁荣的同时，也在不断遭受经济危机的困扰。起初是在传统自由主义理论下多次出现的全球经济"大萧条"，马克思经典作家对此进行了深刻的理论剖析，解释了经济危机背后的深层原因即资本主义生产资料私有制和由此决定的资本主义基本矛盾的运动。① 而西方资本主义国家于 20 世纪 30 年代大危机后采用的凯恩斯主义、80 年代采用的新自由主义也均以失败而告终。在经济领域将凯恩斯主义与新自由主义相结合的尝试实际上促成了一种新的理念，即治理理念。它强调了市场作用与政府干预的平衡。

社会主义市场经济虽然不同于资本主义市场经济，但并不表明社会主义市场经济就理所应当地可以避开资本主义市场经济中所有同类问题的出现，事实上社会主义市场经济条件下同样可能存在生产过剩造成的经济危机。这就要求我国的市场经济又必须积极发挥国家在经济中的作用，而就我国现阶段而言，经济发展的政府干预因素过多而市场作用发挥不足，国家进而提出"继续把简政放权、放管结合作为改革的重头戏"的改革思路，并强调"地方政府对应当放给市场和社会的权力，要彻底放、不截留"。②

国家治理法治化与人权保障的一般关系，首要的就是尊重我国的国情，即与资本主义社会所强调的治理理念的上述差异与共同点。我国近

---

① 可参见马克思在《资本论》和《剩余价值理论》中相关章节的阐述。
② 参见《2015 年政府工作报告》。

年来的政府工作报告，就是在社会主义制度下对两者关系的深化和具体化。2014 年《政府工作报告》将法治与治理的关系表述为："推进社会治理创新。注重法治方式，实行多元主体共同治理。"2015 年《政府工作报告》则在再次重申"加强和创新社会治理"后，进一步强调人权保障理念与国家治理理念在法治化背景下相融合的特点，具体措施包括"支持群团组织依法参与社会治理，发展专业社会工作、志愿服务和慈善事业。鼓励社会力量兴办养老设施，发展社区和居家养老。为农村留守儿童、妇女、老人提供关爱服务，建立未成年人社会保护制度，切实保障妇女儿童权益"。

而就一般理论而言，两者的相互关系还应包括以下几点：

第一，现代法治理念必然包含对人权的保障，国家治理法治化体现了治国理政的新方式。通过法律保障人权，限制公共权力的滥用，是衡量现代国家法治建设最基本的标准。倡法治，则必倡人权，这是人类文明发展的一条重要经验。当今法治昌盛的发达国家，有以对人权的宣告为标志，如美国则有《独立宣言》；如法国则有《人权与公民权宣言》；而更多法治国家则直接在各国宪法中规定了对人权的保障，① 如英国则有在长期的抗争中所形成的各项宪法性文件和法律性文件；如德国则有以在宪法中对基本权利的规定为特征的《德意志联邦共和国基本法》，以上种种，无不表明人权保障在一国法治化进程中的重要地位。

法治是治国理政的基本方式，变管理为治理，在法治建设中强调治理的理念，则体现了治国理政方式的一种革新。"中国的政治改革在很大程度上就是一种治理改革。"② 治理与管理，存在差异，不存在对立。国家治理的实践并不意味着管理理念退出了历史舞台，通过在"放管结合"中体现治理理念，说明治理理念与管理理念不仅会共同存在，

---

① 当然，美国、法国等国的宪法中亦规定了对人权的保障，较著名的如美国的《权利法案》。

② 俞可平主编：《中国治理变迁 30 年》，社会科学文献出版社 2008 年版，第 3 页。

且会在改革中相互协调、相互配合，并在创新管理理念中探寻治理的真谛。

第二，国家治理与人权都依赖于法治的保障。早在中世纪，托马斯·阿奎那就揭示了法律与治理的这种内在关系，它指出："治理无灵的万物，用本性自然的倾向。治理有灵的人类，用法律的劝戒。这是必然的。制定法律，是'治理'的本务。"① 国家治理的本务在于制定法律，盖因为没有法律的保障，治理易陷于混乱；没有法治的保障，治理将无以为继。法的规范作用通过调整人的行为的社会规范而促成社会中治理秩序的形成，并通过法的社会作用的发挥实现治理，从而确保了治理的稳定。然而如果没有法治，治理从根本上来说是无法确保的。中世纪自治城市②的空前繁荣与短时间内的相继消亡说明，没有法治，就不能确保政体的稳定性；而没有正确的政体作保障，治理的实现终会化为泡影。

人权保障对法治的依赖，是由人权的性质决定的。过去我们对人权在理论上有一个普遍的错误认识，即由于人权决定于社会经济的发展水平，因此认为我们对人权的保障可以是根据发展状况有选择性的。这个错误就在于误解了人权保障与人权实现之间的差异，马克思主义认为人权的实现受到一定的物质制约，人权是历史的、具体的、相对的，这是我们认识人权的基础。但我们却不能将暂时无法实现的人权视为不予保障的人权，譬如受教育权，国家对实现全民教育，为公民受教育提供机会和物质条件是随着中国经济社会的发展逐步改善的，但这并不表明在中国曾经还处于经济落后水平时，受教育权由于无法完全实现就可以不予保障。尽管当时国家还很不发达，但任何侵犯公民受教育权的行为仍旧是不被允许的，要受到法律的制裁。法治对人权的保障，如同习近平同志所指出的："不论处在什么发展水平上，制度都是社会公平正义的

---

① ［意］圣多玛斯·阿奎纳著：《阿奎纳著作集·论万事》，吕穆迪译，安徽人民出版社 2013 年版，第 445 页。

② 可参见本书"法治化道路"第三部分有关自治城市的论述。

重要保证。我们要通过创新制度安排，努力克服人为因素造成的有违公平正义的现象，保证人民平等参与、平等发展权利。"①

第三，国家治理体现对人权的全方位保障，法治化使人权保障趋于规范化、明确化。治理是一个更具普适性的概念，因而人权与治理的相融之处似乎比人权与法治的相融之处更为显著，正如阿奎那指出："同样，市政的治理，采用不同的政体和治术，针对市民生活条件不同，及福利种类不同，而作适当的决定。"② 国家治理在主体和方式上多元共治的实现，本身有助于促进作为人权主体的自主性与自由意志。此外，国家治理以公共利益的实现为目标，强调公共利益最大化，不仅为人权的实现进一步奠定了物质基础，更通过系统、协调的实践形式丰富和完善了人权保障的制度和内容。新的人权保障制度和机制，只有纳入法治，在立法、执法、司法、守法等运行环境中得到充分保障，才能切实保障到人权的价值。

第四，国家治理根本上是人权与法治共生关系的延续。通过前文所提到的中世纪自治城市，我们会发现治理在现实中的存在要比现代的法治与人权还要早，当然，现代西方资本主义国家倡导的以"社会中心说"为理论前提的治理理念并不能直接看作是对中世纪自治城市的继承，而毋宁是对资产阶级国家产生以来为应对一次又一次经济危机下尝试的结果，是现代法治国家重新发展出来的理论创新。因此，它与中世纪自治城市的根本区别就在于建基于法治并以保障人权为最高目标。我国的治理理念则是以全面深化改革为契机，"危机与变革的相互作用共同促进了人类治理理念的不断创新"③。国家治理的提出，既借鉴了西

---

① 习近平：《切实把思想统一到党的十八届三中全会精神上来》，载《求是》2014 年第 1 期。

② ［意］圣多玛斯·阿奎纳著：《阿奎纳著作集·论万事》，吕穆迪译，安徽人民出版社 2013 年版，第 436 页。

③ 刘相、刘德军、王忠武主编：《人类思想解放史论》，人民出版社 2007 年版，第 96 页。

方的治理理念，同时又有别于这些资本主义国家，具有一定的原创性。关于国家治理的概念，前文已有提及，此处不再赘述。然而还需要强调的是，我国的国家治理理念同样是以对法治的推进与人权的保障为宗旨，是人权与法治共生发展的产物，这也是国家治理的根本前提。推翻了中国特色社会主义法治与人权理论，也就推翻了国家治理理念本身。而国家治理如何体现于中国特色社会主义法治与人权理论中，将在下一小节具体阐述。

（二）国家治理法治化与人权保障的相互促进

从国家治理的上述特征可以看出，中国改革开放历程实质就是一部国家治理悄然行进的发展史，同时它也是法治发展史和人权发展史。尽管它们的步调有先有后，不总那么一致。然而随着改革开放的不断深入，对国家、治理、法治与人权之间紧密关系的认知也处于革新与蜕变当中，以十八大为显著标志，三部发展史在中国特色社会主义道路上最终形成合流。国家治理法治化与人权保障的相互促进，包括以下几个方面：

第一，是中国法治化道路的一环，重在马克思主义中国化与社会主义实际。

其一，马克思主义思想为其结合提供理论前提。在马克思主义国家理论中，国家不仅是阶级压迫的工具，也是社会管理的机关，也即同时具备了政治职能与社会职能。无论是在资本主义社会，还是社会主义社会，两项职能都是共同发生作用，相互联系、相互依存、相互渗透。相较而言，国家的社会职能更具一般性，伴随了整个人类社会的发展，而"政治统治到处都是以执行某种社会职能为基础，而且政治统治只有在它执行了它的这种职能时才能持续下去"①。我国的法治，作为统治阶

---

① 《马克思恩格斯选集》第 3 卷，人民出版社 1972 年版，第 219 页。

级意志的表现也具备了这两项职能，因而如何发挥好这两项基本职能就成为中国法治化道路的内在要求。同时，人权的实现有赖于两项基本职能共同发挥作用。马克思主义认为人权是历史地产生的，它具体、现实地存在于一定的社会关系之中，"人的本质不是单个人所固有的抽象物，在其现实性上，它是一切社会关系的总和"①。现实的人权不能脱离社会生活而存在，表现为"以一定的方式进行生产活动的一定的个人，发生一定的社会关系和政治关系"②。因而人权保障回归于法治道路，正是人的本质的体现。最后，政治权力对社会的积极作用要求治理理念和人权理念融入法治道路。马克思主义认为，政治权力对社会可以朝两个方向起作用，即合乎经济发展起作用和违反经济发展起作用，在前一种情况下，"它和经济发展之间就没有任何冲突，经济发展就加速了"，而在后一种情况下，"除去少数例外，它照例总是在经济发展的压力下陷于崩溃"③。而治理理念与市场经济相适应，人权理念与社会治理相适应，是符合现代经济发展规律、社会发展规律的先进理念，它是我国在改革开放的实践中逐步形成的，体现了政治权力对我国社会主义建设的积极作用，将治理理念和人权理念并入法治道路，更加确保了我国政治权力的生命力和持久力。

其二，中国特色社会主义建设为其指引方向。法治化的推进，因服膺于一国的政体，事实上，不仅是社会主义国家有这一要求，资本主义国家也莫不如是。美国著名经济学家康芒斯（John R. Commoms）在其《资本主义的法律基础》一书中指出法治在市场经济形式下对现代资本主义国家制度的保障和促进作用，"法院的行动使资本主义市场形式发展成为国家"，"当发生利益冲突时，政府通过市场的法律权利功能，

---

① 《马克思恩格斯选集》第 1 卷，人民出版社 1995 年版，第 56 页。
② 《马克思恩格斯选集》第 1 卷，人民出版社 1972 年版，第 29 页。
③ 《马克思恩格斯选集》第 3 卷，人民出版社 1972 年版，第 222 页。

寻求改善资本主义的基础"。① 同样，国家治理法治化作为社会主义法治的关键步骤也应为社会主义的长期发展廓清道路，扫清障碍。而论及人权的理论与实践，则更应当关切一国的政治制度。"自由这一人权一旦同政治生活发生冲突，就不再是权利，而在理论上，政治生活只是人权、个人权利的保证，因此，它一旦同自己的目的即这些人权发生矛盾，就必定被抛弃。"② 社会主义制度从理论上解决了政治生活与人权理论的这一矛盾，但在实践中，社会发展的停滞不前同样会阻碍到人权的发展，人权的最终实现也不得不依赖于一定的物质基础，因此，人权保障不仅要求社会主义制度，更需要一个促进发展的社会主义制度，即中国特色社会主义道路。现阶段则表现在坚持走中国特色社会主义法治道路。

第二，是世界法治化道路的一环，重在结合我国实际学习西方经验和参与世界法治化。习近平同志一再强调："坚持从我国实际出发，不等于关起门来搞法治。"③ 无论是法治还是人权，我们都不能否认它对人类文明所作的积极贡献，不应人为为其划定界域。譬如"二战"所确立的人道主义原则，实际上已将全人类裹挟其中，即使未参与"二战"的国家，也不能不受到深刻的影响。近年来的恐怖主义，尽管各国对其还存有普遍争议，包括对恐怖主义的确定，就恐怖主义所应采取的行动等，但反恐的理念作为一项人权原则已越来越深入人心。具体到国家治理法治化作为世界法治化道路的一环，它还表现在"法治的精髓和要旨对于各国国家治理和社会治理具有普遍意义"，④ 国家治理法治化只有充分吸收了作为人类文明成果的法治养分，才能更有利于其在

① 参见［美］约翰·R. 康芒斯著：《资本主义的法律基础》，寿勉成译，商务印书馆 2003 年版，中译本序第 4 页。

② 《马克思恩格斯全集》第 3 卷，人民出版社 2002 年版，第 186 页。

③ 中共中央文献研究室编：《习近平关于全面依法治国论述摘编》，中央文献出版社 2015 年版，第 32 页。

④ 中共中央文献研究室编：《习近平关于全面依法治国论述摘编》，中央文献出版社 2015 年版，第 32 页。

中国这片土壤上茁壮成长。我国的国家治理法治化参与到世界法治化进程，还因为治理的国际化趋势。市场经济作为我国国家治理的重要内容，随着世界贸易组织（WTO）、亚太经济合作组织（APEC）等的加入以及海外投资的不断加大，更加凸显其国际性的一面。国家治理法治化既包括对我国法律、法规、规章和其他政策措施的立、改、废，以适应国际市场的基本规则，还涉及创造良好国内及国际市场环境、积极引导和保障市场主体投资利益等。

第三，是对中华法律文明的延续，重在有目的地筛选和批判性地继承。世界五大法系划分自杨鸿烈起渐成国人通说，而作为世界五大法系之一的中华法系被诸多比较法学家和法史学家认为已消亡，又凿实是令人疑窦丛生且遗憾的。撇开中华法系的存续问题，那么中华法律文明的延续至少是可以承认的，即使如钱鸿猷所言"中国没有法治的传统，有的是人治的遗产"，[1] 但在人治之中，却不乏先人智慧之结晶，首先，历代法律典籍中多有体现矜老恤幼、宽宥废疾、慎刑恤刑等之规定；其次，古典文集中展现的高超断案技巧和人性化侦查技术；最后，还包括中华法律文明中所涵盖的高度乡村自治。我们强调国家治理法治化与人权保障融入中华法律文明，是为了承继千百年来积累的把人的作用和法的作用结合起来的经验。"只有那些能够'人法兼用'即把人的作用和法的作用结合起来的法律，才堪称永恒的法律。"[2] 也许正因为如此，习近平同志才特别强调了"要注意研究我国古代法制传统和成败得失，挖掘和传承中华法律文化精华，汲取营养、择善而用"[3]。

第四，面对未来，重在发展的持久力和国际化。十八大报告明确提

---

① 钱鸿猷：《西方法治精神和中国法治之路》，载《中外法学》1995 年第 6 期。

② ［日］穗积陈重著：《法律进化论》，黄尊三等译，中国政法大学出版社 1998 年版，第 53 页。

③ 中共中央文献研究室编：《习近平关于全面依法治国论述摘编》，中央文献出版社 2015 年版，第 32 页。

出"中国特色社会主义事业是面向未来的事业",国家治理法治化与人权保障统一于中国特色社会主义这一伟大事业,也就是要统一于面向未来的事业。一方面,国家治理法治化的要义就在于使国家治理理念与人权保障理念得以确定和巩固。通过法的普遍效力,使两种理念不仅在当下起到引导、规范的作用,人人得以遵守;并且在法治国家的建设中成为一种普遍的法律信仰,鼓舞一代又一代的国人为之努力奋斗。另一方面,国家治理法治化与我的人权保障不能望文生义地自我束缚于国内领域,也关乎国际社会的发展状况。中国既是全球第二大经济体,又是最大的发展中国家;既是全球治理的参与者,更是重要的建设者和贡献者。而人权的实现既受限于一国的物质发展水平,又对人类社会具有一定的普遍意义。因此,无论是国家治理还是人权保障,本质上都不能也不应脱离于世界民族之林。

(三)国家治理法治化与人权保障关系的异化

国家治理法治化与人权保障的共生与相互促进,是两者关系的主要方面。但在实践中,两者会不可避免地发生冲突,一种是两者对现实的冲突,即国家治理法治化在现实中的实现问题和人权保障在现实中的实现问题;另一种是相互间发展的冲突,即国家治理法治化的实现造成人权保障的理论困境以及人权保障的实现造成国家治理法治化的理论困境。本书特指后一种情况,并且它们的冲突并非源于相互抑制的属性,而是源于两种理念在相互结合时由于过度发展而造成的对理念本身的脱离,也就是说,这种冲突并非是本质上的冲突,本书将这类冲突下形成的关系称为相互关系的异化。

第一,主体因素对国家治理法治化与人权保障关系的异化。国家治理主体与人权主体既相重合又相区别,国家治理的主体其特点就在于多元,包括市场主体、社会组织、人民群众、国家和政府等;人权的主体即是指一切人,包括个人与人的集合体。在一国领域内,个人权利往往成为人权保障的主要方面，这是由于公权力极易侵犯到个人权利。我们一般认为在一个不实行法治的国家，人权难以得到保障，盖因为只有真正的法治才能确保有效地约束公权力，而人治国家虽然偶尔也会有惩治滥用公权力的现象，然而这种约束并非根本的，也非绝对的。但即使在一个法治国家中，并不是说公权力对人权的侵害就不存在了，法治与非法治的区别仅仅在于法治对公权力的制约是必然的，任何侵害人权的行为都会受到法律的追究。因而一位人权主义者，必然随时会对公权力采取一种高度警惕与戒备的心态。而在国家治理的变化中，政府不再扮演家长式的角色，而是作为治理这个大家族中的一分子参与进来，以分散权力的方式促进市场功能的发挥。其实质是弱化了国家和政府在国家治理中的作用。

因此，就构成了国家治理法治化与人权保障的结合中关系异化的第一种形式，即从主体角度出发都存在踢出公权力的风险。譬如有学者就指出："治理是一个比政府更宽泛的概念，从现代的公司到大学以及基层的社区，如果要高效而有序地运行，可以没有政府的统治，但却不能没有治理。"① 这一观念无疑与以"社会中心说"为基本论调的资本主义国家观念相吻合，暂且不论其是否在西方国家真正地推行过，然而将这一理论直接适用于中国特色社会主义建设中，则是一种危险的尝试。就人权保障而言，国家才是人权保障主要的实施主体②，公权力的行使虽然可能侵犯到人权，但如果完全剔除公权力的存在，那么人权保障将无从谈起，切不可因噎废食。就国家治理法治化而言，正如前文所论述的，既不能脱离党的领导，也不能脱离中国特色社会主义道路这一实际，国家治理需要法治的保障，而法治必须适应于一定的政体，这是国

---

① 罗云力著：《西方国家的一种新治理方式——社会民主主义第三条道路研究》，重庆出版社 2003 年版，第 45 页。

② 关于国家作为人权保障的实施主体，可参见《全面推进依法治国视域下的人权保障》一文中的相关论述。李龙、余渊：《全面推进依法治国视域下的人权保障》，载《现代法学》2015 年第 2 期。

家治理法治化的根本逻辑。国家和政府并不参与到每一个具体的治理环节当中，并不表明某一环节可以没有国家和政府的存在。

第二，法制与非法制需求对国家治理法治化与人权保障关系的异化。国家治理需要法治的保障，人权也需要法治的保障，两者统一于法治，看似不存在任何的理论问题。然而实质上，国家治理与人权保障在观念上却存在差异，即公共观念与共同观念的差异。

承认人的多样性是国家治理与人权保障的共同点之一。国家治理理念正是由于重视人的多样性而对管理理念的革新，它主张形成全方位的共治局面，通过发挥多元主体的作用实现公共利益的最大化。因而国家治理贯彻的公共的观念，是在突出各主体间作用和观念差异的同时，统一于公共意识，也可称之为和而不同。而人权寻求的是观念上的一致。"'建立权利唯一给定的条件是人的多样性；权利之所以存在，是因为我们与其他人一起居住在地球上。'但是，由于人权必须通过我们的努力而维持，共同的观念就成了一个必要条件。"① 虽然一项绝对一致的人权很难达成，然而寻求对人权一致认同的目标从未改变。

因此，两者关系异化的第二种形式就表现为对法制的需求。人权与法制体现为一种正向关系，在法律制度中除了对人权保障的一般表述外，将一项人权规定得越是具体，越有利于在现实中对该项人权的保障。而国家治理法治化中的法制则体现得更为微妙。这表现为法律对治理规定得过于细致，会束缚治理中人的多样性的发挥，反而影响了治理理念意欲达成的目标；此外，多元共治常体现为治理方式的多变，而一个处于经常变动中的法律规则，也构成了对治理的危害。治理需要划定法制与非法制的边界，在更多的时候，国家治理体现为以灵活的、非正式的形式达成一种合意与非制度性安排。人权保障对法制的过度需求如果越过了国家治理法治化的这一边界，不仅会增加执法者对治理的危害

---

① ［美］塞瑞娜·潘琳著：《阿伦特与现代性的挑战》，张云龙译，江苏人民出版社 2012 年版，第 7 页。

(既包括违法执法，亦包括合法执法)，还会从根本上造成对国家治理理念中公共观念的异化。

第三，权威与自治对国家治理法治化与人权保障关系的异化。权威不仅体现在统治之中，亦在国家治理中有所体现，所不同的是，统治的权威是公权力的行使者，而国家治理的权威可以来自于多个主体。正如前文所说，国家治理中国家和政府的权威是被弱化了的，将过于集中的权力进行适度的分化和释放，以刺激市场的自主性。而在简政放权中，不仅是市场主体自治会增强，还包括农村自治、社区自治、行业自治等。随之，权威与自治的这一变化对人权保障也是有正向激励作用的。现实社会中人权过分地依赖于政治权威就会使人权成为政治的附庸，而一旦人权成为政治权力的附庸，那么"人之作为人"的基本权利不再是一项道德判断，而将变为一项法律判断，甚或政治判断，这实际上是对人权的颠覆性破坏。正如女哲学家阿伦特所描述的那样："假如一个人失去了他的政治地位，根据天赋的和不可分离的人权的含义，他应该不折不扣地回到一般权利宣言所提供的情形。但是实际情况却相反。"①政治左右了人权，人权成了实际并不存在的概念，或者说可有可无的概念。人权对政治权威的相对独立性恰好符合国家治理中弱化政府权威、增强社会自治的趋势。然而对人权的理解并不能局限于这种相对独立性，人权还应该与人民的权力统一在一起，人的政治权利才是划分人与政治领域的来源，将人权与政治的界限依附于一种政府的行为方式或社会的调节方式，即国家治理，本质上是对人权的异化。

因此，国家治理法治化与人权保障关系异化的第三种形式就表现为人权对权威与自治变化过程中的依附。事实上，是权威与自治的平衡取决于人权。无论是统治、管理还是治理，都取决于人权的实践；同时，权威与自治实质上也并非是相互牵制的关系。"通过在一定的期限和权

---

① [美] 汉娜·阿伦特著：《极权主义的起源》，林骧华译，生活·读书·新知三联书店 2008 年版，第 393 页。

利范围内授予那些特定的人们以权威，人民对自治权利的行使本身也就在同样程度上限制着它的进一步行使，但却丝毫没有终止或减少这种权利本身的享有。"① 这就是说，权威来源于人民的权力，在现实中，人民的自治权利对权威的限制作用毋宁说是对权威的规范作用。或者可以说："国家的威权是有限制的。人民对国家服从的义务是相对的。"② 从根本上看，是人权确定了权威与自治关系的理论范畴，并通过人权保障来进一步校正社会现实中两者的关系。而权威与自治在国家治理法治化中的变化，只不过是前者的表象。

三、当代中国的国家治理法治化与人权保障

（一）从科学立法到立良善法的人权保障

一般而言，立法实质上是一个法制化过程。抽象意义的法制化为中性概念，它既可以是严刑峻法，作为苛政酷吏的帮凶；也可以是正法直度，作为良法善治的依据。正如本书前面所谈到的，现实中的法制化并不能独立存在，而必须与一定的政体相结合，就目前的历史发展阶段来看，或属于人治，或属于法治。无疑，当代中国的国家治理属于法治范畴，其主旨强调地是将国家治理理念与人权保障理念在法治化背景下的融合，而就立法领域而言，它是以科学立法为前提，以立良善法为目标。

科学与立法的深层关系，正如经典作家明确指出的，"立法者应该把自己看做一个自然科学家。他不是在制造法律，不是在发明法律，而

---

① ［法］马里旦著：《人和国家》，沈宗灵译，中国法制出版社 2011 年版，第 22 页。

② 胡适、梁实秋、罗隆基著：《人权论集》，中国长安出版社 2013 年版，第 32 页。

仅仅是在表述法律"。① 当然我们的立法工作并没有理想中这样尽善尽美，实质上，我们虽然致力于真实地表述法律，但一方面，这一立法活动不能不有所欠缺；另一方面，我们的社会是不断发展的，因此对法律的表述本身也是一个处于更替之中的进程，这将会使法律的滞后性更为凸显。对于科学立法，秉持这样一种信念或许是有益的，即"对于我们以为需要说明的任何事物，找出令人满意的说明"②。为了找出令人满意的说明，科学立法大致可以涵盖如下三个层面："其一，按照一定的原则建立起一个相对完整的法律体系；其二，为获得法律的真实知识而进行的系统且具历时性的整个立法研究过程；其三，使立法者得以在立法机构中从事立法活动的组织制度。"③ 也即回答了科学立法是立怎样的法、怎样立法以及由哪些人以何种形式立法。而处于国家治理法治化语境下的科学立法，可作如下表述：

首先，在法律体系层面，国家治理法治化要求科学立法明确区分法律秩序与非法律秩序。法律体系的完整性并不意味着法律触手的无限延伸，实现一种更灵活、更富创新性的社会秩序，才是治理理念的应有之义。联合国全球治理委员会在其 1995 年发表的《我们全球伙伴关系》的研究报告中就强调了治理不是一种正式制度，而是持续互动。十八届四中全会《关于全面推进依法治国若干重大问题的决定》则在提出推进多层次多领域依法治理过程中，进一步指出要"发挥市民公约、乡规民约、行业规章、团体章程等社会规范在社会治理中的积极作用"。这实际上表明，承认社会主体自我约束、自我管理的社会秩序既是国家和政府的共识，也是世界的共识。"法律制定者如果对那些促进非正式

---

① 《马克思恩格斯全集》第 1 卷，人民出版社第 1956 年版，第 183 页。

② ［英］卡尔·波普尔著：《客观知识——一个进化论的研究》，舒炜光、卓如飞等译，上海译文出版社 1987 年版，第 202 页。

③ 李龙、余渊：《全面推进依法治国视域下的人权保障》，载《现代法学》2015 年第 2 期。

合作的社会条件缺乏眼力，他们就可能造就一个法律更多但秩序更少的世界。"① 而就秩序，尤其是社会秩序的探求对人权的保障，不仅在于改善物质生活条件，更在于人的自主性的发挥。

其次，在立法研究层面，国家治理法治化要求科学立法在明确区分法律秩序与非法律秩序的同时，对整个秩序进行历时研究。实际上，不仅是国家治理会区分法律秩序与非法律秩序，人权也有应有人权、法定人权与实有人权的区别，立法研究的范围之所以宽于法律体系，在于真实知识的全面性。真实知识是连接秩序关系此岸与彼岸的桥梁，一方面，要为法律之外的社会秩序的自我生长提供生存土壤；另一方面，要为法律秩序与非法律秩序创造和谐的关系。需要特别指出的是，这样做并不是让立法研究去同化非法律领域，而是要让立法研究作为沟通的渠道，既廓清范围又建立联系。正如习近平同志提到的，"完善包括市民公约、乡规民约、行业规章、团体章程在内的社会规范体系，为全面推进依法治国提供基本遵循"。② 无论是国家治理法治化还是人权保障，也都必须体现其自身关系的和谐，消除法律秩序与非法律秩序以及法定人权、应有人权与实有人权之间的激烈冲突，以此才能达成真正的科学立法。

最后，在组织制度层面，国家治理法治化要求科学立法畅通治理主体的利益表达。人民代表大会作为我国的立法机关，要体现广泛的代表性，那么国家治理主体无疑是对各社会成员一种新的界定方式，应该被考虑在内。"一个原则乃是一个初始观念，它构成了一个思想体系的基础或第一步。"③ 而我们的立法要贯彻治理理念与人权理念，那么治理主体与社会弱势群体的利益得到充分表达是关键性的第二步。这主要有

① ［美］罗伯特·C. 埃里克森著：《无需法律的秩序——邻人如何解决纠纷》，苏力译，中国政法大学出版社 2003 年版，第 354 页。

② 习近平：《加快建设社会主义法治国家》，载《求是》2015 年第 1 期。

③ ［英］吉米·边沁著：《立法理论》，李贵方等译，中国人民公安大学出版社 2004 年版，第 3 页。

赖于我国立法机关的组织制度与相关立法法律制度的完善，而新的民主形式无疑将会在科学立法中起到巨大的作用。

但我们也应注意到，法治是一个发展的概念，"依法治国切忌掉进良善法的谎言"，① 良法善治固然是每一部法律所意欲达到的，然而社会的不断发展意味着任何完美的法律最后也只是一座里程碑而不是终点，至善的法律是与科学精神相违背的，它否定了人的创造力——包括人的社会生活与立法活动本身。"在经验科学中无论何时一种普遍性程度更高的新理论通过校正某个旧理论而成功地说明它，那就确实标志着新理论比旧理论更深入。"② 良善法就意味着这样一种更为深入的新理论，而不在理论本身。同时，国家治理理念与人权理念两者本身都是发展着的，因而它们对良法的需求实质是对科学立法的需求，而不是止于良法，这样说来，科学立法自身也是发展着的。

（二）　从严格执法到执权威法的人权保障

执法有广义与狭义之分，广义的执法是指一切执行法律、适用法律的活动和过程，而本书仅就狭义概念而言，特指行政执法。执法的重要性或许借用洛克的表述最为明了，即"法律不能被执行，就等于没有法律"③。这又与"十八届四中全会公报"中提出的"法律的生命力在于实施，法律的权威也在于实施"如出一辙。而确保执权威法，前提是确保严格执法。

改革开放以来，严格执法作为依法治国的关键一再被重申，各级政府严格依法行政，切实履行职责更是党和国家领导政府建设的行动纲

---

① 李龙、余渊：《全面推进依法治国视域下的人权保障》，载《现代法学》2015 年第 2 期。

② ［英］卡尔·波普尔著：《客观知识———一个进化论的研究》，舒炜光、卓如飞、周柏乔、曾聪明等译，上海译文出版社 1987 年版，第 213 页。

③ ［英］约翰·洛克著：《政府论》，叶启芳、翟菊农译，商务印书馆 1964 年版，第 138 页。

领。而在国家治理法治化进程中，创新社会治理、发挥市场的决定性作用要求弱化政府权力，提倡政府进一步的放权、分权，尽管如此，我们却丝毫不应忽略政府作为治理机关的重要地位。世界银行将全球治理指标概括为六个方面，分别是话语权和问责制（Voice and Accountability）、政治稳定和没有暴力（Political Stability and Absence of Violence）、政府效能（Government Effectiveness）、监管质量（Regulatory Quality）、法治（Rule of Law）、腐败控制（Control of Corruption），① 实际上都表明了治理与执法的直接关联性。严格执法与国家治理的深层关系则是指："行政官吏或政府，也就是那些赋有执行权的人，是（就'治理'一词最严格的意义来说）国家中的治理机关，因为人民已经使他们在政治体中成为整体的代表。"② 而其中人民的权利和独立性则体现在对执法主体的授权和对执法主体保持一种经常的控制，这又体现了严格执法与人权保障的关系，即执法权来源于人权且受制于人权，它的基础在于人民按照一定原则③结成的共同体，"一旦人群这样地结成了一个共同体之后，侵犯其中的任何一个成员就不能不是在攻击整个的共同体；而侵犯共同体就更不能不使得它的成员同仇敌忾"。④ 为使执法权的行使不至于引起对它自身的攻讦，执法必须合乎理性，合乎规范，发挥治理主体的作用且体现对人权的敬畏，这即是严格执法的意之所向。

在国家治理论域下要同时体现对人权的保障，严格执法还必须实现向执法权威的跨越：（1）凸显个人在国家治理中的平等。治理不同于管理，表现为对市场更少的社会控制，尊重市场规律，然而市场不是万能的，资本主义国家自诞生以来的历史经验表明信奉市场万能主义终会导致市场失灵。而就人权保障而言，政府的不干预则会放任对人权的肆

① 资料来源于：http：//info. worldbank. org/governance/wgi/index. aspx#home，访问日期：2016 年 3 月 1 日。

② ［法］马里旦著：《人和国家》，沈宗灵译，中国法制出版社 2011 年版，第 22 页。

③ 卢梭表述为契约原则或者契约条件。

④ ［法］卢梭著：《社会契约论》，何兆武译，商务印书馆 2003 年版，第 23 页。

意侵害，这源于部分人权必须寻求公权力在人权保障制度中的严格执行。譬如企业对乙肝患者的歧视、就业领域对性别的歧视等，都说明政府仍旧不能从社会中完全抽离它这只有形的手，"政府必须不仅仅关心和尊重人民，而且必须平等地关心和尊重人民"。① （2）引导治理主体间利益的平衡关系。治理主体的多元是国家治理最重要的特征，主体的多元同时造就的还包括利益的多样化，它代表了一个更为广泛的利益表达群体。而人权的要求则是在国家治理进一步释放市场功能、进一步扩大主体利益中，国家合理地引导各主体追求利益的方式，正如哲学家蒙田的警示："不应把个人利益和欲望所滋生的尖酸刻毒称做责任感（可我们每天都在这么做），也不应把背信弃义、阴险狡猾的行为称做勇敢，有些人把自己邪恶和凶暴的天性美其名曰热心，其实他们热心的不是事业，而是他们自己的利益。"② 政府积极地规范和引导市场，不表明控制和干预市场，更不是出于约束治理主体的利益，而是为了虑及各主体间利益实现的协调性和全面性，为市场中的弱者和新兴者提供生存和发展的空间和机会，使每个人公平分享社会发展的成果，是尊重人的经济发展权的写照。（3）树立政府的社会服务理念。"政府本位"向"社会本位"的过渡，是治理改革中政府职能转变的未来方向。政府与市场、社会的共治局面，既要体现政府与其他治理主体间的合作关系，更要体现政府不同于其他主体的服务理念。"也许我们可以这样说，把政府仅仅看作是社会控制的媒介或是调整社会关系和指引人们行为从而维护公共安全的工具的传统观点正在逐步被这样一种观点所替代，即把政府看作是社会服务的总和以及满足各种需要和愿望的一种手段，而公共安全仅仅是其中的一种需要和愿望。"③ 保障人权则是其作为社会服

① ［美］罗纳德·德沃金著：《认真对待权利》，信春鹰、吴玉章译，中国大百科全书出版社 1998 年版，第 357 页。
② ［法］蒙田著：《蒙田随笔全集》（下卷），陆秉慧、刘方译，译林出版社 1996 年版，第 5~6 页。
③ ［美］罗斯科·庞德著：《法理学》（第二卷），封丽霞译，法律出版社 2007 年版，第 261 页。

务总和的另一种需要和愿望。树立对社会弱势群体的尊重与关爱理念；健全社会公共设施建设如盲道、无障碍卫生间等；积极推动对社会公益事业建设如法律援助和社会工作等，都将是政府义不容辞的责任。

（三）从公正司法到司公信法的人权保障

国家治理中的司法职能较立法、执法领域所受影响应当是最小的，因为司法职能所蕴含的"法律面前人人平等"理念本身具备了去身份化的倾向，这是与立法、执法有最大差异之处。当然，立法与执法同样需要体现"法律面前人人平等"这一基本法律原则，然而就立法而言，它必须要综合考量政治、经济、文化等多种因素的作用和影响，从而得出一项我们所认同的公正的法律。譬如同样的行为，公职人员被认为是犯罪行为，而普通公民则不被认为是犯罪或是不同种类的犯罪行为，并且这样一类基于身份的规定我们并不认为是不公正的，原因就在于此。就执法而言，政府作为国家政权的执行机关，必然包含一定的政治性。譬如在国家治理背景下，以严格执法为前提，执法活动同样会将促进市场、社会的积极作用作为执法行为的重要考量因素，因而也会适度考量治理主体的身份，进一步来讲，执法行为本就隶属于行政行为。而司法活动则不会重新考虑这一类身份问题，仅通过确定立法中划分的身份即可。①

司法离社会身份的考量距离最远，因而公正司法与自然人的平等也

---

① 有学者认为司法亦存在一定的政治性，支持者主要是一些保守的思想家。可以概括为："（1）'法官是国家结构之下的机器，因而不可避免地要作出政治性的判决'；（2）法官'通过他们所受教育与训练……就态度、信念与原则而言获得了显著的同一性特征，这有益于他们表达公共利益'；（3）公共利益中什么是或者不是政治问题；（4）考虑到他们作为已经成立的权力中的一部分，他们对公共利益的概念，'是相当保守的，而非自由的'。"不难看出，司法即使被认为具备了一定的政治性，也是与执法存在根本差异的，"是相当保守的，而非自由的"。[英]马丁·洛克林著：《剑与天平——法律与政治关系的省察》，高秦伟译，北京大学出版社 2011 年版，第 110 页。

最为接近。习近平同志从结果论将公正司法的概念界定为："所谓公正司法，就是受到侵害的权利一定会得到保护和救济，违法犯罪活动一定会受到制裁和惩罚。"① 概念虽然简洁，却甚为精当而准确地道出了司法对人的平等保护：合法权利与违法行为是公正司法的核心内容，保护与惩治是公正司法的基本手段。而作为主体的人，例如国家治理中体现为多元主体的人，也只能且必须服从公正司法的上述要求，不因主体因素的不同而有所突破。

公正司法体现了人权的平等诉求，然而不对人权的其他诉求加以完善，不将公正司法建立于现代法律价值基础上，公正司法则极易转化为不公正，"如果正义的原则只是建立在各民族的法令、君王的敕令或法官的判决上，那么正义就会支持抢劫、通奸和伪造遗嘱，因为这些行为也会得到老百姓投票拥护和相关法令的认同"。② 保障人权作为一项重要的现代法律原则，是确保司公信法，提升司法公信力的关键，它要求对司法的以下观念作出强化：（1）司法对人权保障的严谨态度。司法工作的不严谨对人权的侵害最直接，造成的后果也将最为严重，那是因为对司法权的私用、滥用行为将直接损害到司法的公信力，并从根本上损害到整个法律秩序。正如卢梭指出的："一旦法律丧失了力量，一切就都告绝望了；只要法律不再有力量，一切合法的东西也都不会再有力量。"③ 必须意识到，一项权利能够得到救济，但公信力却不易弥补。（2）司法对人权保障的审慎态度。审慎司法一方面源于人类对司法的不完全认知，我们的司法时常会出错，除了刑讯逼供、变相体罚等人为因素外，司法活动自身也存有无法克服的致错因素，正如蒙田指出的：

---

① 中共中央文献研究室编：《习近平关于全面依法治国论述摘编》，中央文献出版社 2015 年版，第 67 页。

② ［古罗马］西塞罗著：《国家篇·法律篇》，沈叔平、苏力译，商务印书馆 1999 年版，第 171 页。

③ ［法］卢梭著：《社会契约论》，何兆武译，商务印书馆 2003 年版，第 164 页。

"我们并不掌握法律和完美司法的真实目的，我们使用的是它的影子和图像。"① 这就要求司公信法需要坚持疑罪从无、非法证据排除等法律原则。审慎司法另一方面源于对预期利益的不完全填补。譬如冻结与查封一方当事人的财产，不仅要合法，且要以必要性为前提，如果我们承认国家治理主体的无限潜能，那么任何非法或不必要的保全行为对当事人造成的损失都可以视做无法弥补的，因而司公信法要求在法律范围内进一步维护治理主体的合法利益。（3）司法对人权保障的积极态度。被动性是司法的一项基本特征，以不告不理的为原则，司法对人权保障的积极态度则表现为"告则积极帮助"。事实上，这并不是对不告不理原则的修正，而是早已体现在现有制度中，譬如我国《刑事诉讼法》中对法院指定辩护人情形所作之规定，即是保障犯罪嫌疑人基本人权，积极提供司法援助的例证。国家治理理念促进了治理主体间行为方式的多样性，市场与社会潜能的激活亦使得更多的社会成员卷入纠纷，那么在诉讼中合理整合社会资源为更多样性的弱势群体提供现实帮助，是保障人权、提升司法公信力的重要举措。

（四）从加强法律服务到法律服务协调的人权保障

法律服务是直接参与社会，服务于人的日常生活，通过提供法律知识和技能来帮助实现当事人特定目的或权益的一项社会活动。法律服务的蓬勃与兴盛直观体现了一国法治的发展水平，它是连接人（作为人权主体与一国公民）与法的重要桥梁，通过打破法律资源的人身依附性而促进法的社会功能的发挥。著名社会法学家尤根·埃利希指出："无论是现在还是其他任何时候，法律发展的重心不在立法、法学，也

---

① ［法］蒙田著：《蒙田随笔全集》（下卷），陆秉慧、刘方译，译林出版社1996年版，第8页。

不在司法裁决，而在社会本身。"① 法律服务作为国家治理法治化最重要的内容，就源于其深深地扎根于社会实践，并作为社会实践的一部分扮演起越来越重要的角色。

加强我国法律服务领域法治化建设，人是法律服务的核心，人权保障与市场规律是法律服务建设的两项基本准则。法律服务法治化的核心是人而非国家和社会，这不仅是因为法律服务首先是基于人的需要，还因为法律服务是对人的服务以及法治化的根本目的是促进实现人的全面发展，《法学总论——法学阶梯》中指出："首先考察人，因为如果不了解作为法律的对象的人，就不可很好地了解法律。"② 那么当人成为法治的主体与目的时，同样可以说，如果不了解法律保护对象的人，就不可能很好地了解法律服务法治化的内涵。

加强法律服务建设，要求明了保障人权与尊重市场规律。公平与效率问题是中国在发展市场经济过程中常萦绕于中国特色社会主义法治建设的两项重要价值，并伴随对其认识的深化而进行着调整，具体于法律服务领域则凸显为人权保障与市场规律的辩证关系。我国律师分类制度从一定程度上体现了人权保障与市场规律的均衡关系。公职律师制度是国家参与法律服务的一种形式，除了维护国家利益，其"不得为社会提供有偿服务"的行为准则表明了其在社会生活中的纯公益性以及分离于市场经济调控的特性。然即便公职律师不受市场经济调控，但仍须遵循市场规律，不得在行使其职权时破坏社会主义市场经济。公司律师制度则表现出另一个极端，即仅为市场提供服务。当然公司律师服务于市场是仅就其职业特性而言，并不具有人身约束性，也就是说作为一名

---

① [奥] 尤根·埃利希著：《法律社会学基本原理》，叶名怡、袁震译，九州出版社 2007 年版，前言第 1 页。

② [罗马] 查士丁尼著：《法学总论——法学阶梯》，张企泰译，商务印书馆 1989 年版，第 11 页。

律师，公司律师还是可以从事保障人权的公益服务。① 社会律师则介于两者之间，既可以出于市场的动因，也可以出于保障人权的动因；既可以有偿，也可以无偿。

限于篇幅，本书暂且不就人权保障与市场规律的相互关系作深入探讨，而主要指出法律服务在促进对人权的保障与市场功能的发挥中，人、社会与国家的作用同样重要。"人类最理想的状态是一种社会生活的状态。人们在社会生活状态中的非正义行为和暴力行为产生了对于政权的要求"，② 而正是非正义行为和暴力行为构成了法律服务的主要原由，因而法律服务对政权的要求可以被认为是正当的和必要的。我国《法律援助条例》第3条规定的"法律援助是政府的责任"说明了我国已将这一要求规范化和现实化。

加强法律服务并非加强管控，而是要遵循一项重要的行为准则，即"你的行动，要把自己人身中的人性和其他人身中的人性，在任何时候都同样看做是目的，永远不能只看做是手段"，③ 从而实现法律服务的协调发展。上述行为准则表明，人是目的，且在任何时候自己与其他人同样是目的，而人作为一种广泛的目的存在，必然内在要求对人权的协调，即对法律服务领域的协调。我国法律服务协调主要表现在三个方面：（1）治理主体在法律服务领域的协调。国家治理的多元共治即政府的"他治"、市场主体的"自治"、社会组织的"互治"、人民群众的"主治"是法律服务协调的基础。其一，人民群众"主治"的含义

---

① 保障人权的法律服务并不仅限于无偿的公益形式，部分有偿法律服务也体现出保障人权，同时，为市场主体提供法律服务同样也可以包括保障人权的内容，这是由法律服务的性质决定的，因此不能简单地将有偿服务与市场服务排除于保障人权的法律服务范畴，尚需要具体分析。但一般来说，无偿的公益法律服务都可归结到保障人权的范畴。

② ［英］威廉·葛德文著：《政治正义论》，何慕李译，商务印书馆1982年版，序言第10页。

③ ［德］康德著：《道德形而上学原理》，苗力田译，上海人民出版社2005年版，第48页。

即是指一种主体的治理。"具体的人是社会的人，不能把人从他的社会性中抽象出来。"① 也就是说，人是具体的存在，将人的社会性完全抽象，视为纯粹的社会存在，这是不符合人的本性的。人不能仅仅是社会身份的存在，如人的职位、人的肤色、人的国籍，他还必须回到对人的主体性认知，人即是作为人的存在本身。"主治"（与另一层面的法治）是体现人权保障最根本的原因。其二，政府、市场主体、社会组织与人民群众同为国家治理法治化的治理主体应通过相互协调实现社会秩序的稳定，这是法治化的要求："法是一种行为准则，旨在同时实现社会秩序和正义。法律规范意在调整政治与经济之间的关系，使二者协调平衡。最重要的实际目的是稳定社会秩序。"② 而法律服务领域的政治与经济关系就体现在人权保障与市场经济秩序，他治、自治、互治与主治作为治理主体的多样化方式，也就是协调法律服务领域的人权与市场规律，维护稳定的治理秩序。（2）治理层次在法律服务领域的协调。在不同治理层次中，协调的重点和难点是基层法律服务。基层是社会矛盾的多发地带，同时基层的广泛性也决定了基层矛盾的复杂性，因而基层也是社会矛盾化解的中心区域。基层法律服务的协调体现为对基层自治与法制的相互作用，且自治居于主导地位，"给社会秩序以一定程度的自治性，这本身对于人为法的生命力就是相当必要的"。③ 党和国家对基层法律服务也越来越重视，提出了"建立重心下移、力量下沉的法治工作机制"，这同样应该被视为充分尊重基层自治下对法治的强化。（3）治理区域在法律服务领域的协调。市场发展的不均衡构成了法律服务领域在治理区域上的不协调，更准确地说是造成了法律服务的区域

---

① ［俄］尼古拉·别尔嘉耶夫著：《人的奴役与自由》，徐黎明译，贵州人民出版社 2007 年版，第 79 页。

② ［法］莫里斯·奥里乌著：《法源：权力、秩序和自由》，鲁仁译，商务印书馆 2015 年版，第 62 页。

③ ［法］莫里斯·奥里乌著：《法源：权力、秩序和自由》，鲁仁译，商务印书馆 2015 年版，第 72 页。

隔离，在我国集中反映在偏远不发达地区的法律服务严重不足。事实上，我国广大的农村落后地区法治发展极为不均衡，这是多方面造成的，譬如曾被广泛讨论的法律意识层面上的"秋菊之惑"，现今引起广泛关注的法律资源层面上的"留守儿童"、"空巢老人"问题。现今的这种趋势将人权保障问题更为显现出来，这源于对老人与儿童人权保障的全面性需求与资源严重不足的尴尬。对这些市场暂不能发挥重大作用的区域，国家与社会的协同作用是协调该区域法律服务发展的根本途径，譬如国家资金的投入、政策的利导以及广泛征求自愿者等。并且与治理层次相较，治理区域问题更具有根本性，也就是说，对于基层经济落后地区，适用治理区域协调方式更为适宜。

（五）从完善法学教育到法学教育创新的人权保障

完善我国法学教育，首先要明了我国法学教育意之所指。本书认为应从三个方面来加以认识：（1）它是大学教育。被称为欧洲"万校之母"的博洛尼亚大学开启了大学教育以及现代学院式法学教育之先河。大学是探寻知识的场所，代表了知识的共同体，现代大学的职能在于培养人才，大学教育的意义在于追求知识本身。著名教育哲学家纽曼（John Henry Newman）指出："它是教授全面知识的地方。这说明了它的宗旨，一方面，是心智性的，而非精神性的；另一方面，是对知识的普及和扩展，而非提高。"① 学院式法学教育要区别于传统受徒式法学教育，不能仅将法律的研习当做一门通过仿效熟练掌握的技艺，而应将法律视做一门科学，以探求真理的态度和方法对待法律。（2）它是法治教育。法治教育是获得法治的知识或有关法律的各项技能，是作为探求知识的研究活动，同时，它还应当是对法治的某种信仰，对法治精神

---

① ［英］约翰·亨利·纽曼著：《大学的理念》，高师宁等译，贵州教育出版社 2003 年版，第 21 页。

的追求以及法律思维。法治的发展推动法治教育不仅完善教育自身，还是对法治的完善。现代法治精神要体现出文明的轨迹，公平、民主、科学、人权等价值理念都应包含其中。（3）它是人的教育。法学教育归根结底是人的教育而非训练人的教育或铸造人的教育，是实现人的教育。这是康德所指"人是目的"的同义语。如蔡元培所说："教育是帮助被教育的人，给他能发展自己的能力，完成他的人格，于人类文化上能尽一分子的责任；不是把被教育的人，造成一种特别器具，给抱有他种目的的人去应用。"① 关于教育最本质的含义就在于永远都以人为中心，任何其他目的与技艺的达成绝不能取代人的价值本身。

完善法学教育，目的因是必须考虑的首要问题。"法学院一旦拥有明确的使命、完成使命的计划以及衡量该使命成败的能力与愿望，那么该法学院会实现卓越。"② 一旦目的因变得混淆不清，不仅整体目标无法实现，具体的课程设置、教学方式以及其他教学工作的开展也会陷入不稳定乃至混乱不堪。一般而言，法学教育的目的因可分为或基于学生（即修习法律者）的需要，或基于国家的需要。从民国至今，就法学教育③的目的展开的几次探讨，也多是围绕这两个方面。从学生的需要出发，法律教育的核心理念应求诸大学教育之理念，本书认为即是陈寅恪先生于《王观堂先生纪念碑铭》中所提到的"独立之精神，自由之思想"。具体到法律教育之目的，燕树棠将其全面地概括为取得法律专门知识与具有"法律头脑"。"法律头脑"即是指将所学法律专门知识应用于社会实践的法学精神，包括四个条件，即"社会的常识、剖辩的能力、远大的理想、历史的眼光"。④ 从国家的需要出发，丘汉平作了

---

① 蔡元培著：《蔡元培谈教育》，辽宁人民出版社 2015 年版，第 32 页。

② Munro, supra note 4, at 3~4. 转引自［美］罗伊·斯塔基等著：《完善法学教育——发展方向与实现途径》，许身健等译，知识产权出版社 2010 年版，第 6 页。

③ 本书并不将法学教育与法律教育做细致的区分。

④ 原文称有五个条件，疑为笔误。参见孙晓楼等著：《法律教育》，中国政法大学出版社 2004 年版，第 142~144 页。

最宏观和直白的回答，即"法律教育的目的，浅而言之，不外四端：其一，训练立法及司法人才；其二，培养法律教师；其三，训练守法精神；其四，扶植法治"①。改革开放以来，我国学者就国家需要的法律人才则进行了广泛的讨论，复合型、应用型人才的培养目标渐成通说。② 到十八届四中全会期间，党和国家更是在《中共中央关于全面推进依法治国若干重大问题的决定》中具体提出法学教育新的方针："建设通晓国际法律规则、善于处理涉外法律事务的涉外法治人才队伍。"这预示着我国的法学教育目标已发展为培养复合型、应用型、国际型的法律人才，与国家治理法治化的发展相一致。

学生的需要是法学教育创新的基础和动力，国家的需要是创新的保障和助燃剂。学生的需要与人权密不可分，无论是对"独立精神、自由思想"的追求，还是获得法律专门知识以及提升学力造诣，都不应受到横加干涉，学生的需要作为教育权的一部分，既要体现人权，也不得超越人权。而国家的需要，必须以不侵犯人权为原则，以与学生的需要为主体相融合，这也是国家治理法治化的应有之义。"教育的目的，是为国家培植人才；法律教育的目的，是为国家培植法律人才"，③ 表达学生需要与国家需要相融合的部分，但不能看做是对学生需要的限制。就学生的需要来讲，国家的需要也是学生不可不考量的因素，"谁如果想要在学问研究中获得无上大用，并且与荣耀相伴，他就应该为国家之善或公民公共的善而修养其身"。④ 在国家治理法治化与人权保障

① 孙晓楼等著：《法律教育》，中国政法大学出版社 2004 年版，第 137 页。
② 参见刘作翔：《法制现代化进程中的中国法律教育》，载《中外法学》1994年第 5 期；曾宪义：《中国的法学教育体制及改革》，载《法学家》1998 年第 5 期；李龙：《"共创中国法学教育的未来"研讨会上的发言》，载《法学家》1998 年第 6期；贺卫方：《"共创中国法学教育的未来"研讨会上的发言》，载《法学家》1998 年第 6 期。
③ 孙晓楼等著：《法律教育》，中国政法大学出版社 2004 年版，第 11 页。
④ ［意］维柯著：《大学开学典礼演讲集——维柯论人文教育》，张小勇译，上海人民出版社 2012 年版，第 50 页。

的相互关系中，我们对法学教育法治化还必须有以下认识：

第一，法学教育是通识教育也是专业教育。法学教育是一种通识教育的观念起源很早。中世纪教育理论家弥尔顿（John Milton）在其《论教育》一文中，就把法学教育置于研习诸多学科，如道德著作、经济学、语言学、政治学的基础上，"以后，他们投入法律和法官的锻炼。首先是演讲，用摩西的论据，以致被认为人类精华的、被赞美的希腊的法典制定者：莱克格斯、梭伦、赞里卡斯、夏伦德斯（Harondas）以及罗马的的法典和十二铜表法。然后学习撒克逊语和英国的习惯法和法令"。① 另一位中世纪教育理论家玖恩·L. 维夫斯（Juan Luis Vives）主张学校教育不是通识教育，学校的任务仅在于提供专门的教育，而与其他种类教育相区别，他指出："因此，对每种科学或艺术必须指定一组书，要在学校里读和解释，其他，在课外自己读。"② 调和通识教育与专业教育关键在于教育的系统性与开放性。"知识成了系统即是学问"，③ 而唯有大学能提供系统而相对完善的教育，把专业教育看作是大学法律教育的本质并不为过。同时，知识体系本是无限延伸的，作为集中优势资源的大学正好为精神与思想的发展提供了更为自由的空间，通识教育体现了对人的发展的尊重，也是对人权的尊重。法学教育将通识教育与专业教育相统一，即是指将系统性的法律教育看作大学教育的职责，而另一项职责是为通识教育提供可供选择的平台。譬如历史学、哲学等应否视为法学的通识教育纳入法学教育，实际上取决于这些学科本身是否属于法学教育系统，而与通识教育的影响无关。而复合型人才，则可看作是受到两种以上专业教育的人才。

第二，法学教育是博雅教育更是职业教育。认为法学教育不是职业教育恐怕是碍于职业教育的功利性，这实际上是对职业教育的误解。如

① 吴元训选编：《中世纪教育文选》，人民教育出版社 2005 年版，第 553 页。
② 吴元训选编：《中世纪教育文选》，人民教育出版社 2005 年版，第 244 页。
③ 梁漱溟著：《教育与人生——梁漱溟教育文集》，当代中国出版社 2012 年版，第 260 页。

果法学教育是一门专业教育，那么法学教育就应该是一项职业教育。对法治真理的探求从来就不应限于对问题的抽象思考，它还寓于律师执业、法官执业、立法人员参与立法之中。问题的关键是如何在职业教育中体现为博雅教育。事实上，马克斯·韦伯早已对这一问题作了解答，通过将经验式法律训练与学院式法律训练加以区分，指出大学里的现代法律教育即是学院式法律训练的最纯粹类型，它是"作为一门'科学'的法律"，"以最纯粹的形式体现了一种特别专门的理性法律教育"。① 可以说，学院（大学）的职业教育本身就是博雅教育。

明确了职业教育在法学教育中的重要地位，我们才能更为明了法学教育在国家治理法治化中应起到的作用，创新法制人才培养机制，在于积极融合学生的需要与国家的需要，以保障人权为前提，畅通法学教育方式的革新以适应国家治理的发展需要。正如意大利哲学家维柯指出的："用益和美善从不离分。"②

① ［德］马克斯·韦伯著：《经济与社会》（第二卷上册），阎克文译，上海世纪出版集团 2010 年版，第 920~928 页。
② ［意］维柯著：《大学开学典礼演讲集——维柯论人文教育》，张小勇译，上海人民出版社 2012 年版，第 56 页。

第六讲　走向全面深化改革与全面依法治国的辩证统一

　　全面深化改革与全面推进依法治国是共和国历史上的两大创举，有如"车之两轮"、"鸟之两翼"，共同构成改革的基本方向和顶层设计，标志着中国共产党治国理政进入了法治化的新境界。要实现全面深化改革与全面推进依法治国"双轮共驱"、"两翼齐飞"，就必须处理好改革与法治的关系，而认清改革的两种性质与法治的两个阶段，则是正确理解改革与法治关系的前提。

一、改革的两种性质

　　改革一词，中国历史上早已有之，通过电子资源库全文检索，在二十五史中就有 80 篇文章使用了改革一词，而在中国基本古籍库中则有多达 2333 条计 2388 次出现改革一词。目前笔者所能发现的最早文献，也是与我们今天于政治哲学层面之改革最为接近的是《鹖子·卷下》，其中有曰："帝之道而行其政令不改革也，学皇帝之道而常。"在中国古代及至近代，改革与"变法"经常通用，如《史记·商君列传》在谈及商鞅变法时就是如此，"政必改革，礼岂因循"，"孝公既用卫鞅，鞅欲变法，恐天下议己"；又如《清史稿·康广仁传》在谈及戊戌变法时也是将改革与变法通用，"有为上书请改革，广仁谓当先变科举，庶人才可出"，"戊戌变法，德宗发愤图强，用端棻等言，召用新进"。故，在中国历史上，通常用"变法"来指称改革，如管仲变法、商鞅变法、王安石变法、张居正变法、戊戌变法等。

史称"变法"的改革，深刻地揭示了改革与法治的内在联系。改革实际上有两种，即制度改革与体制改革。本书所讲的改革特指我国的体制改革，即社会主义制度的自我完善。当然，为了说明问题，也必然涉及制度改革这个附带问题。

历史是最好的见证。制度改革具代表性的在我国古代有商鞅变法，世界近代有日本的明治维新。商鞅变法是在秦落后的土地王有制度已经远远不能适应因铁器与牛耕使用而大大发展的生产力的情形下发生的。商鞅在"治世不一道，便国不法古"① 的思想指导下，于公元前 356 年和公元前 350 年进行了两次改革，颁布了一系列的法令，其中最为重要的则是"制辕田"②、"为田开阡陌封疆"③。这就直接冲击了奴隶制最根本的经济制度，封建的土地私有制开始在秦确立起来；而日本的明治维新也是在日本的幕府统治已经无法适应商品经济发展的情况下发生的。德川幕府被推翻后，明治天皇在大久保利通、伊藤博文等为代表的维新人士的推动下，于 1868 年 3 月 14 日（阴历）以宣誓的形式发布了"五条誓文"，即"广兴会议，万机决于公论"、"上下一心，盛行经纶"、"官武一途，以至庶民，各遂其志，勿念人心"、"破旧来之陋习，基天地之公道"、"求知世界大振皇基"，④ 通过"废藩置县"、"殖产兴业"、"文明开化"三大政策开启了其近代化历程，"日本社会彻底地开始了从封建制向资本主义转变"。⑤ 具有代表性的体制改革在我国古代

---

①　《商君书·更法》。

②　《汉书·地理志》。

③　《史记·商君列传》。

④　［日］安冈昭男著：《日本近代史》，林和生、李心纯译，中国社会科学出版社 1996 年版，第 121 页。

⑤　［日］井上清著：《日本历史（中册）》，天津市历史研究所译校，天津人民出版社 1976 年版，第 532 页。

有王安石变法，在世界现代有美国的罗斯福新政。在王安石变法与罗斯福新政过程中，他们虽然都颁布了大量的法令，但无论是王安石的"青苗法"、"免役法"、"保甲法"还是罗斯福的"农业调整法"、"国家产业复兴法"、"联邦紧急救济法"、"劳工关系法"、"公平劳动标准法"、"社会保险法"都没有触动当时的根本社会制度。罗斯福在其就职演说中既表达了其改革决心，即"我们唯一要害怕的东西就是害怕本身"，又旗帜鲜明地指出了其改革的性质："我国的宪法是简明而实际的，因此只要调整重点，合理安排，就可以适应各种特殊需要而不致损及它的基本形态。"① 可见，制度改革是社会根本制度的改变，是一种社会制度向另一种社会制度的转化，而体制改革则是在不改变现存社会的根本制度的前提下，对国家管理、社会运行中的体制机制进行的变革。

现实是本书的主题。体制改革专指社会主义制度的自我完善。改革开放的总设计师邓小平同志多次讲到我国改革的性质，他说，改革是社会主义制度的自我完善，在一定的范围内也发生了某种程度的革命性变革。但这种改革不是社会主义根本制度的改变。在谈到经济体制改革时，他说："在改革中，我们始终坚持两条根本原则，一是以社会主义公有制经济为主体，一是共同富裕。"② 在谈到政治体制改革时，他又说："我们政治体制改革总的目标是三条：第一，巩固社会主义制度；第二，发展社会主义社会的生产力；第三，发扬社会主义民主，调动广大人民的积极性。"③ 邓小平始终强调"在改革中坚持社会主义方向，这是一个很重要的问题"④。并且对一些在中国改革问题上别有用心的观点提出了批评，指出："某些人所谓的改革，应该换个名字，叫作自

① ［美］舍伍德著：《罗斯福与霍普金斯——二次大战时期白宫实录》（上册），福建师范大学外语系编译室译，商务印书馆1980年版，第67页。
② 《邓小平文选》第3卷，人民出版社1993年版，第142页。
③ 《邓小平文选》第3卷，人民出版社1993年版，第178页。
④ 《邓小平文选》第3卷，人民出版社1993年版，第138页。

由化，即资本主义化。他们'改革'的中心是资本主义化。我们讲的改革与他们不同，这个问题还要继续争论的。"① 这种对改革两种性质的论断，是邓小平同志的伟大创举，是马克思主义中国化的伟大成果，是我国改革的理论基础。制度改革与体制改革存在根本性不同，两者的主要区别在于：

首先，两者的性质不同。前者是对一个社会根本经济、政治制度的变革，目的就是要改变现存社会制度的属性，实现新制度代替旧制度，其在本质意义上就是社会革命；后者则是在不改变一个社会根本制度的前提下，对那些不适应生产力发展的经济基础领域和上层建筑领域的具体制度进行改变或革除，进而解放和发展生产力，其在本质意义上就是社会制度的自我完善。虽然小平同志将中国的改革开放视为"革命"，但这主要是从解放生产力的意义上与改革对社会影响的广度和深度上来讲的，并不能将其与社会革命混为一谈，即"革命是解放生产力，改革也是解放生产力"②。"改革促进了生产力的发展，引起了经济生活、社会生活、工作方式和精神状态的一系列深刻变化。"③ 但是，他也始终强调："中国搞资本主义不行，必须搞社会主义。"④ 他不仅否定中国的改革是根本制度的改革，也反对那种"无法无天"的所谓改革，在 1984 年 10 月，邓小平会见当时联邦德国总理科尔时就说过："我们把改革当作一种革命，当然不是'文化大革命'那样的革命。"⑤ 及至今日，将改革视为一场革命仍经常出现在党的文件中。其实小平同志还经常将一些其他举措视做革命，如他在谈到精减机构时就讲："这是一场革命"⑥，在谈到选贤任能时，也说"选贤任能也是革命"⑦。可见，

① 《邓小平文选》第3卷，人民出版社1993年版，第297页。
② 《邓小平文选》第3卷，人民出版社1993年版，第370页。
③ 《邓小平文选》第3卷，人民出版社1993年版，第142页。
④ 《邓小平文选》第3卷，人民出版社1993年版，第63页。
⑤ 《邓小平文选》第3卷，人民出版社1993年版，第82页。
⑥ 《邓小平文选》第2卷，人民出版社1994年版，第397页。
⑦ 《邓小平文选》第2卷，人民出版社1994年版，第401页。

这种表述只是一种类比性说法，指向性也非常明显，旨在强调改革的重要性以及对社会的强烈动员。

其次，两者的要求不同。前者是基于生产力与生产关系产生了根本性冲突，生产关系已经严重阻碍生产力的发展，无论在经济基础还是上层建筑领域，各种矛盾都得到了长期且严重的累积，现有的生产关系已经无法容纳生产力的发展，必须对生产关系进行根本性变革的情况下才可能出现；后者则基于生产力与生产关系出现了矛盾，这种矛盾要求对生产关系的某些领域展开变革，以适应不断发展的生产力，但生产力的发展并没有突破生产关系的容量。

再次，两者在遇到阻碍时所采取的方法不同。两者在本质上都是求变，所以都会与现存的社会制度与相关的体制机制发生矛盾与冲突，但由于两者的属性不同，两者所追求的目标也不同，所以它们与现存社会制度及相关体制的冲突形式与处理方法也不同。作为第一种意义上的改革，它将冲破现存社会制度对它的一切阻挠，有时可能会采取一些极端的、暴力的手段，它可能遭受挫折，也可能几经反复，甚至演变成社会革命；而对于第二种意义上的改革来说，它在面对种种阻挠时，主要是通过和平的、竞争性而非斗争性的手段来加以解决，反对暴力手段，其成功往往取决于改革的及时性、计划性与改革者的决断力。

最后，两者的内容不同。前者是对现存的社会制度本身进行的变革，改革的内容都是针对政治、经济、法律等领域的根本性制度，关涉经济基础与上层建筑的基本内容，如生产资料的占有、国家权力的掌握、国家的根本法律制度等，从而达成社会制度的轮替；后者则是针对一定社会制度下的体制性与机制性内容进行的变革，目的不仅不是改变现存的社会制度，恰恰相反，它是为了更好地维护和发展现存的社会制度。因为生产关系仍然能容纳生产力的发展，所以，此种改革更多地是对上层建筑中的非根本性要素进行改变、完善和革除，以便上层建筑能更好地为经济基础服务。

作为社会历史发展的重要推动力，两种性质各异的改革，也有其共同性的一面。主要表现在：其一，两者都是求变。虽然两者在性质上不同，但两者的思维却有着共通性，那就是"变"，都是要对现存的社会利益格局进行调整，只是在"变"的性质及其深度与广度上有不同。其二，两者往往有承继性。从历史向度来看，两者往往处于不同的发展阶段。当生产力与生产关系发生冲突的初期，一般是通过体制机制的变革来为生产力的发展扫清障碍，在此种改革失败或既得利益怠于改革而致矛盾不断叠加等情况发生时，制度变革往往就会发生。其三，两者都主要通过上层建筑对经济基础的反作用原理来达成目的。经济基础与上层建筑相互作用是马克思主义的基本认识，但人们往往重视经济基础对上层建筑的决定性作用而较少关注上层建筑对经济基础的反作用，对此，恩格斯在给施米特的信中，针对人们对这个问题产生的某些误解，明确指出了上层建筑对经济基础反作用的三种形式："它可以沿着同一方向起作用，在这种情况下就会发展得比较快；它可以沿着相反方向起作用，在这种情况下，像现在每个大民族的情况那样，它经过一定的时期都要崩溃；或者是它可以阻止经济发展沿着既定的方向走，而给它规定另外的方向——这种情况归根到底还是归结为前两种情况中的一种。"① 在现实性上，两种改革都主要是通过对上层建筑即政治特别是法律的改变、革除来进行的。其四，两者都是客观性与主观性的统一。两者都是基于生产力与生产关系、经济基础与上层建筑发生矛盾与冲突的客观要求，但两者都离不开改革者的主观愿望与行动，都是客观需要与主观需求的统一，也是客观力量与主观行为的统一。

强调两种性质的改革，就是要明确当前我国的体制改革"改什么"与"不改什么"，处理好"变"与"不变"的关系。那就是"不要拒绝变，拒绝变化就不能进步。这是个思想方法问题"。② 但要"正确地改革同生产力迅速发展不相适应的生产关系和上层建筑"，③ 要在坚持

---

① 《马克思恩格斯选集》第 4 卷，人民出版社 1995 年版，第 701 页。
② 《邓小平文选》第 3 卷，人民出版社 1993 年版，第 73 页。
③ 《邓小平文选》第 2 卷，人民出版社 1994 年版，第 141 页。

四项基本原则的基础上，集中力量发展社会生产力。习近平同志更是指出："不能笼统地说中国改革在某个方面滞后。在某些方面、某个时期，快一点、慢一点是有的，但总体上不存在中国改革哪些方面改了，哪些方面没有改。问题的实质是改什么、不改什么，有些不能改的，再过多长时间也是不改。"① 认清这一点，不仅有利于正确认识改革与法治的关系，也有利于认清假手改革伤害社会主义事业的企图。

二、法治的两个阶段，即依法治国阶段与法治国家阶段

法治有两个阶段，即依法治国阶段与法治国家阶段，其中，依法治国阶段是法治的初级阶段，法治国家阶段是法治的高级阶段。党的十一届三中全会标志着我国开始进入依法治国的法治初级阶段，党的十八届四中全会则标志着我国的法治建设开始进入全面推进依法治国，构建社会社会主义法治体系阶段并准备向法治国家阶段，即法治的高级阶段迈进。

（一）社会主义法治建设的历程

1949 年中华人民共和国的成立，为中国的法治建设奠定了政治基础。党的十一届三中全会开创了中国特色社会主义法治道路，标志着我国开始进入依法治国的法治初级阶段。小平同志在会议召开前夕的《解放思想，实事求是，团结一致向前看》中较早地提出了对社会主义法制的认识："为了保障人民民主，必须加强法制。""做到有法可依，有法必依，执法必严，违法必究。"②形成了朴素但意义丰富的"社会

---

① 中共中央文献研究室编：《习近平关于全面深化改革论述摘编》，中央文献出版社 2014 年版，第 15 页。

② 《邓小平文选》第 2 卷，人民出版社 1994 年版，第 146、146~147 页。

主义法制原则"。党的十五大将"依法治国"确立为党领导人民治理国家的基本方略，并对其进行了科学界定："依法治国，就是广大人民群众在党的领导下，依照宪法和法律规定，通过各种途径和形式管理国家事务，管理经济文化事业，管理社会事务，保证国家各项工作都依法进行，逐步实现社会主义民主的制度化、法律化，使这种制度和法律不因领导人的改变而改变，不因领导人看法和注意力的改变而改变。"① 在1999年新中国成立50周年时，"中华人民共和国实行依法治国，建设社会主义法治国家"被写入宪法，依法治国正式成为一项宪法原则。党的十七大提出要"全面落实依法治国基本方略"，"树立社会主义法治理念"。② 随后将"依法治国"、"执法为民"、"公平正义"、"服务大局"、"党的领导"概括为社会主义法治理念的主要内容，形成了迥异于西方的中国法治话语体系，打破了西方国家在法治思想上的话语霸权。党的十八大则将法治从"治国基本方略"具体化为"治国理政的基本方式"。党的十八届四中全会更是以依法治国作为大会主题，提出"应该旗帜鲜明就法治建设的重大理论和实践问题作出回答"，③ 指出当前的法治建设是在"中国特色社会主义法律体系已经形成，法治政府建设稳步推进，司法体制不断完善，全社会法治观念明显增强"情境下的依法治国，④ 是在已然形成的中国特色社会主义法律体系基础上"建设中国特色社会主义法治体系"，是"坚持依法治国、依法执政、依法行政共同推进，坚持法治国家、法治政府、法治社会一体建设"

---

① 《江泽民文选》第2卷，人民出版社2006年版，第28~29页。
② 胡锦涛：《高举中国特色社会主义伟大旗帜 为夺取全面建设小康社会新胜利而奋斗——在中国共产党第十七次全国代表大会上的报告》，人民出版社2007年版，第29页。
③ 习近平：《关于〈中共中央关于全面推进依法治国若干重大问题的决定〉的说明》，载《中共中央关于全面推进依法治国若干重大问题的决定》，人民出版社2014年版，第46页。
④ 参见《中共中央关于全面推进依法治国若干重大问题的决定》，人民出版社2014年版，第3页。

的依法治国。① 这也必将成为中国法治建设历史上的重要里程碑。

（二） 法治两个阶段的宪法考察

《中华人民共和国宪法》第 5 条第 1 款规定："中华人民共和国实行依法治国，建设社会主义法治国家。"对此，无论是基于语义考察，还是基于逻辑分析，前句"中华人民共和国实行依法治国"与后句"建设社会主义法治国家"都不属于同一层面的意思，意义上的递进性是显而易见的。一般认为，"实行依法治国"与"建设社会主义法治国家"是手段与目的的关系，即实行依法治国是达成建设社会主义法治国家目的的手段。这种分析有一定的道理，但还是不够全面。"实行依法治国"与"建设社会主义法治国家"不仅仅是手段与目的的关系，从历史的向度与事物的发展逻辑来看，两者应该处在不同的发展阶段，即实行依法治国是初级阶段，而社会主义法治国家是高级阶段。因为，法治与其他社会现象一样，都有一个产生与发展的过程。这一条款正是基于这一哲学原理，意在强调现在乃至以后的相当长时间内，中华人民共和国将实行依法治国的国家方略，其包含三层含义：一是区别于在此之前的法制建设时期；二是指明今后的相当长时期将实行依法治国这样一种新的治国方略；三是通过一定时期的依法治国，达到法治国家，而在未达成法治国家以前，都是处在实行依法治国方略建设社会主义法治国家时期。党的十八届四中全会提出："全面推进依法治国，总目标是建设中国特色社会主义法治体系，建设社会主义法治国家。"② 正是宪法这一精神的反映，亦是依宪治国的体现。

法治两个阶段的观点不仅可以从中国法治建设的历程中得到证明，

---

① 《中共中央关于全面推进依法治国若干重大问题的决定》，人民出版社 2014 年版，第 4 页。
② 《中共中央关于全面推进依法治国若干重大问题的决定》，人民出版社 2014 年版，第 4 页。

也符合《中华人民共和国宪法》第 5 条第 1 款的立法内涵，并与当前全面推进依法治国的国家战略保持一致。

（三）法治国家的常态与依法治国的特征

1. 法治国家的常态

法治国家阶段是法治的高级阶段，其常态是：规则之治；良法之治；权力制约之治；人权保障之治。首先，规则之治是法治国家的基础，也是法治国家的首要原则。法治首先就是依法而治，也就是说法律是治国的依据，法律拥有至上的权威。法律权威是依法治国的核心原则，也是法治国家的客观要求。对法律的普遍性服从是规则之治的核心内容，"法律将意志的普遍性和对象的普遍性集于一身"，它"把臣民作为实体、把行为视同抽象的来看待的，它从不关注个别的人和个别的行为"。① 这也就意味着：一方面，任何公民只要违反了法律，发出了法律所禁止的行为，都不应因其任何不同的身份而免受法律的制裁；另一方面，任何公民的合法或法律静默时的行为，都不应因其任何不同的身份而受到制裁。其次，良法之治是法治国家的内在要求。"法律是治国之重器，良法是善治之前提。"② 法治国家，一定是依良法而治的国家，亚里士多德的"已成立的法律获得普遍的服从，而大家所服从的法律又应该本身是制定得良好的法律"③ 是对法治国家的经典表述。至于什么是良法，虽然人言人殊，但其应该可以从价值合理性、规范合理

---

① [法]让·雅克·卢梭著：《社会契约论》，杨国政译，陕西人民出版社2004 年版，第 32 页。

② 《中共中央关于全面推进依法治国若干重大问题的决定》，人民出版社2014 年版，第 8 页。

③ [古希腊]亚里士多德著：《政治学》，吴寿彭译，商务印书馆 1965 年版，第 199 页。

性、体制合理性和程序合理性等几个方面来评判。凡是违背事物发展规律、没有权力制约、侵犯人权以及没有操作性的法律都应当排除在良法之外。再次，权力制约之治是法治国家的保障。对公共权力进行制约是法治的初衷之一，也是权力的本质使然。没有制约的权力必然导致腐败，"一切有权力的人都容易滥用权力，这是万古不易的一条经验"；"从事物的性质来说，要防止滥用权力，就必须以权力约束权力"。① 公共权力的腐败必然导致法治的破坏。对权力的制约有多种方式，资本主义的三权分立是一种，但"我们讲民主，不能搬用资产阶级的民主，不能搞三权鼎立那一套"。② 社会主义国家不搞三权分立，但更加重视对公共权力的制约，强调"坚持用制度管权管事管人，让人民监督权力，让权力在阳光下运行，是把权力关进制度笼子的根本之策"。③ 在制度设计上，我国是在人民主权原则下，通过人民代表大会制度对行使国家权力的各级国家机关及其工作人员的职责、权限进行划分，并构建由党内监督、人大监督、民主监督、行政监督、司法监督、审计监督、社会监督、舆论监督组成的监督体系，强化民主集中制原则来实现对权力的有效制约的。最后，人权保障之治是法治国家的目的。人权是人之为人应有的权利，是人生存与发展的必要条件。法治离不开人权，人权是法治的内在动因。马克思早就说过："不是人为法律而存在，而是法律为人而存在。"④ 人是一切法律、法治的出发点与归宿，如果没有人权，法律与法治也就失去了存在的意义和价值。实现充分的人权是社会主义法治的重要目标，这既是由人权的本性所要求，也是社会主义国家的本质所决定的。作为我国人权建设的重要成就，尊重与保障人权已被

---

① ［法］孟德斯鸠著：《论法的精神》（上册），张雁深译，商务印书馆 1961 年版，第 154 页。

② 《邓小平文选》第 3 卷，人民出版社 1993 年版，第 195 页。

③ 《中共中央关于全面深化改革若干重大问题的决定》，人民出版社 2013 年版，第 35 页。

④ 《马克思恩格斯全集》第 3 卷，人民出版社 2002 年版，第 40 页。

写入宪法，人权保障已经初步实现制度化与法律化，但人权保障的实践之路仍然任重而道远。

2. 依法治国的特征

作为依法治国层面的法治，是法治的初级阶段。当前的主要任务是要推进社会主义法治体系的形成，其要义在于针对社会主义法治建设中存在的三大类问题，"下大力气加以解决"。① 其具有如下特征：

第一，依法治国具有复杂性。一方面由于国际上仍然有一股势力基于意识形态的原因不断地对中国的人权、民主、法治发展指手画脚，试图用西方自由主义民主价值观推动中国的法律改革，将中国的法治建设纳入其法治话语体系，最终实现"和平演变"社会主义中国的企图；另一方面是由于中国的改革进入攻坚期、深水区，各种既得利益都在争夺对改革的话语权，都在试图谋取更大的利益，而在法律上确认并扩大至少不损伤自己的利益显然就成了他们博弈的重点领域，特别是面临重大立法时这种利益纠葛的表现更为强烈，这也必然会对依法治国形成挑战。国际、国内两方面的复杂形势都决定了依法治国的复杂性。

第二，依法治国具有长期性。我国仍然处于社会主义初级阶段，这是我国的基本国情，也是我国全面推进依法治国的现实基础。虽然我国已经成为世界第二大经济体，但在人均总量上仍处在世界的后列，社会主义法治国家建设的物质基础还很薄弱，法治体系仍然需要长时间的构建，全社会的法治信仰仍未形成，"全面推进依法治国"才刚刚起步，

---

① 三大类问题主要是指：有的法律法规未能全面反映客观规律和人民意愿，针对性、可操作性不强，立法工作中部门化倾向、争权诿责现象较为突出；有法不依、执法不严、违法不究现象比较严重，执法体制权责脱节、多头执法、选择性执法现象仍然存在，执法司法不规范、不严格、不透明、不文明现象较为突出，群众对执法司法不公和腐败问题反映强烈；部分社会成员尊法信法守法用法、依法维权意识不强，一些国家工作人员特别是领导干部依法办事观念不强、能力不足，知法犯法、以言代法、以权压法、徇私枉法现象依然存在。参见《中共中央关于全面推进依法治国若干重大问题的决定》，人民出版社2014年版，第3页。

法治国家建设仍然任重道远。社会主义初级阶段的长期性决定了我国未来将在相当长的时间内仍将处于依法治国、构建社会主义法治体系时期。

第三，依法治国具有现实性。依法治国首先强调的是严格依照现存的法律法规治国理政，但由于受到客观物质条件的限制、人类智识的局限、立法者的偏私等因素的影响，现存的法律就可能存在违背客观事物发展规律、违背法治国家基本原则、侵害人权或无法操作等情形，如已被废除的劳动教养立法、《城市流浪乞讨人员收容遣送办法》和仍然有效的《卖淫嫖娼人员收容教育办法》等。对这些法律法规的严格执行当然是依法治国的要求，但从法治国家的原则性上来说，其又是违反社会主义法治国家原则的。这些违背法治国家原则的法律法规，又正是改革的内容，有的已然被废除，而有的正是全面深化改革的目标。

第四，依法治国具有工具性。依法治国作为党治国理政的方略，目标是建设社会主义法治国家，实现民族伟大复兴的中国梦。无论是宪法的原则表述、十八届四中全会的有关决定还是在实践层面，依法治国都是迈向中国特色社会主义法治国家的一个阶段，这种基于对依法治国手段性的认识在现实性上是达成社会主义法治国家的要求，是建设社会主义法治国家的必要条件。但在依法治国的工具性认识上，我们坚决反对陷入工具主义的思维窠臼。因为对依法治国工具性特征的认识并不排斥法律权威、法律面前人人平等、保护人权等价值评判。

第五，依法治国具有过渡性。从法律在治国理政中的角色来看，在改革开放后的依法治国历史上，曾经经历过政策为主到政策与法律并重再到法律为主政策配合的过程。接下来，将进入全面推进依法治国的新阶段，这是一个将各项改革举措纳入法治轨道的阶段，是一个党的决策必须法律化的阶段，是一个党和政府必须依法决策的阶段，是一个构建中国特色社会主义法治体系的阶段，是一个迈向中国特色社会主义法治国家的阶段，具有过渡性。

三、改革与法治的关系

（一）改革与法治国家的一致性

改革，"是决定当代中国命运的关键一招"①，是发展中国特色社会主义、实现中华民族伟大复兴的必由之路。改革就是要走中国特色社会主义道路，完善与发展中国特色社会主义。中国特色社会主义道路就是中国式的现代化道路，这种现代化不仅仅是政治的、经济的、社会的、文化的现代化，还有法制的现代化。改革的任务之一就是对那些已然不适应社会主义政治、经济、社会、文化、生态等诸方面发展的法律法规进行"废"、"改"、"释"，并适时制定符合社会发展的法律法规，使其逐步迈向现代化，进而建设社会主义法治国家，实现中华民族伟大复兴的中国梦。改革虽然要"变"法，但是，作为社会主义制度自我完善的改革在任何方面都不会突破社会主义法治国家的基本原则，即规则之治、良法之治、权力制约之治、人权保障之治，任何对包括这些原则在内的法治国家原则的突破都是对改革自身属性的破坏而成了"异己"，也必将是改革的对象。因为改革必须是在法治国家轨道上的改革，改革不是要改革法治国家，恰恰相反，改革是要迈向法治国家；改革不仅不能违背法治国家的基本原则，改革正是要改变、革除那些违背法治国家建设的法律法规。因此，改革与社会主义法治国家是一致的，其与依法治国一道统一于建设社会主义法治国家。

---

① 参见中共中央文献研究室编：《习近平关于全面深化改革论述摘编》，中央文献出版社 2014 年版，第 3 页。

（二）改革与依法治国的辩证统一

1. 改革与依法治国具有兼容性

（1）两者在法治国家建设目标上的兼容性。十八届三中全会指出："全面深化改革的总目标是完善和发展中国特色社会主义制度，推进国家治理体系和治理能力现代化。"[①] 推进国家治理体系与治理能力现代化，是一项包括政治建设、经济建设、文化建设、社会建设和生态建设的巨大的系统工程。构造中国特色社会主义法治体系是它的基础与保障，法治体系建设是国家治理体系的基础工程。法治化则既是推进国家治理体系和治理能力现代化的一项内容，亦是国家治理体系和治理现代化的保障，离开法治化的国家治理体系和治理能力现代化是违背法治国家原则与要求的。党的十八届四中全会不仅明确指出了全面推进依法治国的总目标就是建设社会主义法治国家，并且对十八届三中全会所提出的国家治理体系和治理能力现代化作出了回应："全面推进依法治国，总目标是建设中国特色社会主义法治体系，建设社会主义法治国家。……促进国家治理体系和治理能力现代化。"[②] 因此，建设中国特色社会主义法治国家必然是改革与依法治国的目标。

（2）两者在内容上的兼容性。当前的改革，所涉范围之广、领域之深、力度之大均是空前的，依法治国作为其中的一个内容受到相当的重视，"法治中国"被作为一个单独的主题，位列《中共中央关于全面深化改革若干重大问题的决定》第九部分，与此同时，司法改革更是

---

① 《中共中央关于全面深化改革若干重大问题的决定》，人民出版社 2013 年版，第 3 页。
② 《中共中央关于全面推进依法治国若干重大问题的决定》，人民出版社 2014 年版，第 4 页。

被作为这次全面深化改革的重点之一。全面推进依法治国本身就是全面
深化改革的必然要求，也是全面深化改革的逻辑使然。无论是经济体制
改革、政治体制改革还是其他领域的改革，都必然要求遵循依法治国的
基本原则。"全面推进依法治国亦涉及改革发展稳定、治党治国治军、
内政外交国防等各个领域，必须立足全面和长远来统筹谋划，""在规
划全面推进依法治国过程中，中央深切地考虑到了其复杂性与关联
性"，"坚持围绕中国特色社会主义事业总体布局，体现推进各领域改
革发展对提高法治水平的要求，而不是就法治论法治"。① 这种立足全
局和长远的统筹谋划，也使得改革与依法治国在内容上呈现出相互兼容
的总体特征。

2. 改革与依法治国具有相关性

（1）两者相互作用。一方面，依法治国对改革起着引领与规范作
用。法律的引导与规范功能为依法治国对改革的引领与规范提供了理论
来源。对于法治的引导功能，这是由法治的性质所决定，因为作为行为
规范的法，为人们提供了包含三种行为方式的两种行为规范：一种是权
利性规范，它明确的是哪些行为可以做，即使不做，也不会受到法律的
制裁；另一种是义务性规范，它又提供了两种行为方式，一是明确了哪
些行为是禁止做的，二是明确了哪些行为是必须做的，如果公民做了法
律所禁止做的事，或没有做法律所规定必须做的事，都可能要受到法律
的制裁，这就在本质规定性上决定了依法治国对改革的引导作用。"实
现立法与改革决策相衔接，做到重大改革于法有据"，正是基于法治的
引领作用而言的，这也是深化改革要坚持"顶层设计"的内在逻辑。
对于依法治国对改革的规范与保障作用，则是理论界一直谈论的话题，

---

① 习近平：《关于〈中共中央关于全面推进依法治国若干重大问题的决定〉
的说明》，载《中共中央关于全面推进依法治国若干重大问题的决定》，人民出版
社 2014 年版，第 46 页。

即在宏观上的引导与促进，在中观上的规范与促进，在微观上的管控与保障，就是通常所说的"保驾护航"。只是在当前我国改革进入攻坚期与深水区的背景下，在强调依法治国对改革的"保驾护航"作用时，更不能忽视的就是其"导航"作用。另一方面，改革对依法治国起着精神与物质的保障作用。依法治国需要一个科学、强大的理论支撑、完善的制度支持与较好的物质保障，这些条件的获得离不开改革，通过永无止境的改革开放，可以为依法治国提供源源不断的精神动力与物质支撑。

（2）两者相互渗透。当前的改革已进入攻坚期与深水区，各种利益相互角力，各种力量相互纠缠，因而全面深化改革与全面推进依法治国必须同时展开。这也导致了两者相互渗透，形成了你中有我、我中有你的格局。在全面深化改革所涉的 15 个领域中，大部分是全面推进依法治国的内容，而全面推进依法治国所涉的 6 大领域都属于深化改革的内容。这种情况既说明了两者之间的内在联系及其相关性特征，同时也提醒我们，全面深化改革与全面推进依法治国恰如习近平总书记所形容的，乃"车之两轮"、"鸟之两翼"，需相互协调、相互配合，不能偏执一端。党中央也深刻地认识到了这一点，指出："全面深化改革需要加强顶层设计和整体谋划，加强各项改革的关联性、系统性、可行性研究。我们讲胆子要大、步子要稳，其中步子要稳就是要统筹考虑、全面论证、科学决策。"① 这就为处理改革与依法治国的相关性关系提供了方法论的指引。

（3）两者相互促进。改革需要依法治国的引领，也需要依法治国的推进。"全面深化改革，关键是要进一步形成公平竞争的发展环境，进一步增强经济社会发展活力，进一步提高政府效率和效能，进一步实现社会公平正义，进一步促进社会和谐稳定，进一步提高党的领导水平

① 习近平：《关于〈中共中央关于全面深化改革若干重大问题的决定〉的说明》，载《中国共产党第十八届中央委员会第三次全体会议文件汇编》，人民出版社 2013 年版，第 115 页。

和执政能力。"① 通过全面推进依法治国，必将会进一步地提高政府效能，推动社会公平正义，提高社会发展活力，从而促进改革；通过依法治国，实现改革有据、依法变法，也必将有利于改革。通过深化改革，统筹好各种社会力量，平衡好各种社会利益，实现经济发展、政治清明、文化昌盛，必将会为依法治国创造一个良好的环境。

3. 改革与依法治国具有一致性

（1）两者的目的一致。依法治国是治国之道，是强国之路，是民生之本，是公平正义之魂，党的十八大将其作为"治国理政的基本方式"。② 通过依法治国，就是要推进国家治理体系与治理能力的现代化，建设社会主义法治国家，并最终实现中华民族伟大复兴的中国梦。作为改革来讲，小平同志早就指出："改革是中国发展生产力的必由之路。"③ 通过改革生产关系中那些不适应生产力发展的因素、体制、机制，进一步解放生产力，实现经济持续、健康、稳定发展。我国当前的改革，是全面改革，是之前各项改革的深化，在《中共中央关于全面深化改革若干重大问题的决定》中，共提出了 15 个大的领域的改革，涉及政治、经济、文化、社会、生态等诸多方面，也包括法治中国建设的诸多方面，可见，当前的全面深化改革不仅是要推进国家治理体系与治理能力的现代化，更为长远的则是实现法治中国，并最终实现中华民族伟大复兴的中国梦。因此，改革与依法治国在最终目的上是一致的。

（2）两者的手段一致。改革与依法治国都是在中国共产党领导下，以循序渐进、和平的手段进行的，它们都反对急功近利，都反对暴力与

---

① 习近平：《关于〈中共中央关于全面深化改革若干重大问题的决定〉的说明》，载《中国共产党第十八届中央委员会第三次全体会议文件汇编》，人民出版社 2013 年版，第 90 页。

② 胡锦涛：《坚定不移沿着中国特色社会主义道路前进，为全面建成小康社会而奋斗——在中国共产党第十八次全国代表大会上的报告》，人民出版社 2012 年版，第 27 页。

③ 《邓小平文选》第 3 卷，人民出版社 1993 年版，第 136 页。

混乱。在任何时代，混乱与暴力都是与改革不相容的，更是与依法治国相矛盾，都是治国大忌。小平同志早就告诫过全党，他指出："中国的问题，压倒一切的是需要稳定。没有稳定的环境，什么都搞不成，已经取得的成果也会失掉。"① 中国的实际情况、改革与依法治国的本质要求，都决定了改革与依法治国在手段上的一致性。

（3）两者的方式一致。首先，两者都坚持"顶导设计"与"摸着石头过河"相结合。在谈及全面深化改革的方式时，习近平指出要"加强顶层设计和摸着石头过河相结合，整体推进和重点突破相促进"，② 在论及全面推进依法治国时，习近平强调："全面推进依法治国涉及改革发展稳定、治党治国治军、内政外交国防等各个领域，必须立足全局和长远来统筹谋划。""既高屋建瓴、搞好顶层设计，又脚踏实地、做到切实管用；既讲近功，又求长效。"③ 这一系列表述，都充分证明了，在全面深化改革与全面推进依法治国的方式上，党中央采取的就是坚持"顶导设计"与"摸着石头过河"相结合。其次，两者都坚持法治思维与法治方式。习近平同志在中央全面深化改革领导小组第二次会议的讲话中，重点强调了法治思维对推进国家治理体系与治理能力现代化的引导与推动作用，要求在法治轨道上深化改革。在党的十八届四中全会报告中，又特别指出："实现立法和改革决策相衔接，做到重大改革于法有据"，④ 没有法治思维与法治方式的引导与推动，改革必将如脱缰的野马而导致社会秩序的混乱，也会严重地伤害法律权威、破坏法治。我国当前的改革是社会主义制度的自我完善，更加需要法治

---

① 《邓小平文选》第 3 卷，人民出版社 1993 年版，第 284 页。

② 《中共中央关于全面深化改革若干重大问题的决定》，人民出版社 2013 年版，第 7 页。

③ 习近平：《关于〈中共中央关于全面推进依法治国若干重大问题的决定〉的说明》，载《中共中央关于全面推进依法治国若干重大问题的决定》，人民出版社 2014 年版，第 46 页。

④ 《中共中央关于全面推进依法治国若干重大问题的决定》，人民出版社 2014 年版，第 15 页。

思维与法治方式的引导与推动，更需要依法治国的保障。依法治国则内在的要求必须坚持法治思维与法治方式，依法治国本身也内在地包含坚持用法治思维与法治方式治理国家与社会。

4. 改革与依法治国具有矛盾性

改革，在一定意义上就是"立新法"、"废旧法"、"改陈法"、"释现法"。无论是哪种"变法"，都是变，都是要改变现存的法律法规及其相关的法律制度，而相关法律制度的改变，也当然会带来一些治国的理念与手段的改变。这就是一般意义上的改革与依法治国的矛盾性所在。这种矛盾也当然反映在当前所进行的全面深化改革与全面推进依法治国的实践中：全面推进依法治国，就是要依国家业已制定的法律来治理国家、市场与社会，而全面深化改革却是要对那些已不适应生产力发展与时代要求的相关法律进行修改或革除，正如恩格斯所说："'法的发展'的进程大部分只在于首先设法清除那些由于将经济关系直接翻译成法律原则而产生的矛盾，建立和谐的法的体系，然后是经济进一步发展的影响和强制力又一再突破这个体系，并使它陷入新的矛盾。"①但是，值得注意的是，无论是全面深化改革还是全面推进依法治国，其都是中国特色社会主义的自我完善，全面深化改革是包括政治、经济、社会、文化、生态等各种制度的自我完善，全面推进依法治国则是中国特色社会主义治国方略的自我完善。当前的全面深化改革共涉及 15 个不同的领域，如政治体制、经济体制、社会治理体制、文化建设、生态建设、法制建设等。相关领域原有的法律制度必然要做适当的立、改、废、释等工作，这也必然与同时在这些领域所展开的全面推进依法治国有所冲突。但是，必须要明确的是，我们讲的全面深化改革与全面推进依法治国的矛盾性，是在社会主义法治国家内的矛盾，是可控的、非根本性的。正如上文所述，改革必须是法治轨道上的改革，改革不是要改

---

① 《马克思恩格斯选集》第 4 卷，人民出版社 1995 年版，第 702 页。

革法治国家，恰恰相反，改革是要迈向法治国家；依法治国同样要求遵循法治国家建设的基本原则，如规则之治、良法之治等，依法治国不是要改变法治国家的基本原则，恰恰相反，依法治国是要迈向法治国家。改革不仅不能违背法治国家的基本原则，改革正是要改变、革除那些违背法治国家建设的体制、机制；依法治国不仅不能违背法治国家的基本原则，依法治国正是要改变、革除那些违背法治国家原则的治国思维、手段、方式。至于如何解决全面深化改革与全面推进依法治国所遇到的矛盾，党的十八届四中全会已然提出了解决方案，即"实现立法和改革决策相衔接，做到重大改革于法有据、立法主动适应改革发展需要。……实践证明行之有效的，要及时上升为法律。实践条件还不成熟、需要先行先试的，要按照法定程序作出授权。对不适应改革要求的法律法规，要及时修改和废止"。① 当然，对因改革必须而产生的新法与现有法律体系可能存在的张力，也要给予足够的重视。

四、改革与法治关系认识上的误区

（一）对改革的两种性质认识不清，将社会主义制度的自我完善混同于制度变革，从而夸大其与法治的矛盾

1. 改革与法治是对立的，甚至是"二律背反"的

有些学者认为，由于"法治思维的保守性"不同于"改革思维的求变性"、法治对公平正义的价值追求不同于改革的效率价值追求，改革与法治必然是对立的，甚至有人提出两者在客观上存在"二律背反"

---

① 《中共中央关于全面推进依法治国若干重大问题的决定》，人民出版社2014年版，第15页。

的紧张关系。这种对改革与法治的思维方式与价值目标的简单化处理显然是不科学的。之所以存在这样的认识，最根本的是将中国当下所进行的改革看成是制度变革，没有认识到当下中国的改革只是社会主义制度的自我完善与发展，其与国家的根本法律制度并无内在的矛盾，相反，全面深化改革恰恰是要坚持、巩固我国的根本法律制度。

2. 法治受到冲击是改革必须付出的成本

有学者认为，改革使规则发生了改变，整个社会的可预期性就难免会降低，法律的稳定性与权威性也会受到损害，并认为这是改革过程中"需要支付的成本"。这种改革至上、改革优先，甚至不惜牺牲法治国家建设的观点其实并未真正地认清改革与法治的内在逻辑，混淆了改革的两种性质。1985 年开始于前苏联的改革，正是其对 1977 年宪法第 6 条的修改来迎合改革成为最终导致其改旗易帜的重要原因之一。[①] 推进社会主义制度自我完善的改革绝不可以以牺牲法治国家建设为代价，恰恰相反，社会主义法治国家不仅是其运行的基本原则，也是其追求的价值之一，更应该是其将要达成的重要目标。

（二）对法治的两个阶段认识不清，将依法治国等同于社会主义法治国家，从而模糊两者的矛盾、强行划分两者的先后顺序

1. 改革与法治是一致的

有部分学者认为改革与法治是"相辅相成、机制互动的关系，二者互为目的与手段"。对法治两个阶段缺乏认识，是形成此种观点的最重要原因。一方面，改革不可能是社会主义法治国家的目标，实现依法

---

① 参见［俄］M. 坎加斯普罗：《苏联改革的两面性：从改革走向崩溃》，载《俄罗斯研究》2011 年第 6 期。

治国也不应是改革的终点，而将法治国家作为改革的手段显然更是首尾颠倒；另一方面，作为社会主义制度自我完善的改革与中国特色社会主义法治是一致的，但与依法治国则必然存在冲突，这种冲突虽不具根本性，但忽视此种矛盾的存在，将不利于统筹两者的发展。

2. 法治先行改革附随

此种观点对"先改革后法治"提出了质疑，并对"良性违宪"或"良性违法"观点展开了批判，这是可取的。但旗帜鲜明地指出"在法治与改革的关系上需要奉行法治先行改革附随"，则没能认识到法治的两个阶段。此种观点虽然表面上顺应了当前法治建设的话语情境，能够得到相当的认同。但依法治国并不等同于社会主义法治国家，前者只是后者发展的一个阶段。更何况，此种认识还面临改革决策与法律决策的先后排序、改革决策与改革实践的区分等一系列问题的挑战。

结　语

当前我国所进行的全面深化改革与全面推进依法治国都是庞大的系统工程，加之"我国正处于社会主义初级阶段，全面建成小康社会进入决定性阶段，改革进入攻坚期和深水区，国际形势复杂多变，我们党面对的改革发展稳定任务之重前所未有、矛盾风险挑战之多前所未有"，① 所以正确认识、处理改革与法治的关系显得尤为重要。可以说，能否统筹好两者的关系事关中国特色社会主义伟大事业的兴衰成败，丝毫马虎不得。习总书记有关两者如"车之两轮"、"鸟之两翼"的论断根本性地揭示了两者之间相互依赖、相互促进、辩证统一的关系，这应该成为我们正确认识和处理两者关系的理论依据与实践原则。全社会理应对此达成普遍共识，共同推动全面深化改革与全面推进依法治国"双轮共驱"、"两翼齐飞"，让中国特色社会主义事业驶向胜利、飞向辉煌！

---

① 《中共中央关于全面推进依法治国若干重大问题的决定》，人民出版社2014年版，第2页。

参 考 文 献

1. 《马克思恩格斯文集》第 1~10 卷，人民出版社 2009 年版。

2. 《马克思恩格斯选集》第 1~4 卷，人民出版社 1995 年版。

3. 《马克思恩格斯全集》第 21、23 卷，人民出版社 2003 年版。

4. 《马克思恩格斯全集》第 3 卷，人民出版社 2002 年版。

5. 《马克思恩格斯全集》第 1、2、46（上）、49 卷，人民出版社 1995 年版。

6. 《马克思恩格斯全集》第 39 卷，人民出版社 1974 年版。

7. 《马克思恩格斯全集》第 20 卷，人民出版社 1971 年版。

8. 《马克思恩格斯全集》第 18 卷，人民出版社 1964 年版。

9. 《马克思恩格斯全集》第 15 卷，人民出版社 1963 年版。

10. 《列宁全集》第 1、36 卷，人民出版社 1995 年版。

11. 《斯大林全集》第 6 卷，人民出版社 1953 年版。

12. 《孙中山选集》，人民出版社 1981 年版。

13. 《毛泽东选集》第 4 卷，人民出版社 1991 年版。

14. 《毛泽东早期文稿》，湖南人民出版社 1990 年版。

15. 《邓小平文选》第 2 卷，人民出版社 1994 年版。

16. 《邓小平文选》第 3 卷，人民出版社 1993 年版。

17. 《彭真文选》，人民出版社 1991 年版。

18. 《江泽民文选》第 2 卷，人民出版社 2006 年版。

19. 胡锦涛：《高举中国特色社会主义伟大旗帜　为夺取全面建设小康

社会新胜利而奋斗——在中国共产党第十七次全国代表大会上的报告》，人民出版社 2007 年版。

20. 胡锦涛：《坚定不移沿着中国特色社会主义道路前进　为全面建成小康社会而奋斗——在中国共产党第十八次全国代表大会上的报告》，人民出版社 2012 年版。

21. 《习近平谈治国理政》，外文出版社 2014 年版。

22. 中共中央文献研究室编：《习近平关于深化改革论述摘编》，中央文献出版社 2014 年版。

23. 中共中央文献研究室编：《习近平关于全面依法治国论述摘编》，中央文献出版社 2015 年版。

24. 《习近平关于协调推进"四个全面"战略布局论述摘编》，中央文献出版社 2015 年版。

25. 《习近平总书记系列重要讲话读本》，学习出版社、人民出版社 2016 年版。

26. 《中国共产党第十八届中央委员会第三次全体会议文件汇编》，人民出版社 2013 年版。

27. 《中共中央关于全面推进依法治国若干重大问题的决定》，人民出版社 2014 年版。

28. 《中共中央关于制定国家经济和社会发展第十三个五年规划的建议》，人民出版社 2015 年版。

29. 毛泽东：《将革命进行到底》，载《人民日报》1949 年 1 月 1 日。

30. 毛泽东：《论人民民主专政——纪念中国共产党二十八周年》，载《人民日报》1949 年 7 月 1 日。

31. 《中国共产党十一届中央委员会第三次全体会议公报》，载《人民日报》1978 年 12 月 24 日。

32. 《习近平在十八届中央政治局常委同中外记者见面时的讲话》，载《人民日报》2012 年 11 月 16 日。

33. 《习近平致 2015 年北京人权论坛的贺词》，载《人民日报》2015 年

9 月 17 日。

34. 胡锦涛:《扎扎实实提高社会管理科学化水平——在省部级主要领导干部社会管理及其创新专题研讨班开班式上讲话》,载《理论参考》2011 年第 3 期。

35. 习近平:《切实把思想统一到党的十八届三中全会精神上来》,载《求是》2014 年第 1 期。

36. (春秋)管仲撰,(唐)房玄龄注:《管子》,四部丛刊景宋本。

37. (战国)荀况撰,(唐)杨倞注:《荀子》,清抱经堂丛书本。

38. (战国)孟轲撰,(汉)赵歧注:《孟子》,四部丛刊景宋大字本。

39. (汉)孔安国撰,(唐)陆德明音义:《尚书》,四部丛刊景宋本。

40. (汉)郑玄注,(唐)陆德明音义:《周礼》,四部丛刊明翻宋岳氏本。

41. (汉)郑玄注,(唐)贾公彦疏:《周礼疏》,清嘉庆二十年南昌府学重刊宋本十三经注疏本。

42. (汉)司马迁著:《史记》,清乾隆武英殿刻本。

43. (汉)班固撰,(唐)颜师古注:《汉书》,中华书局 1962 年版。

44. (汉)刘安撰,(汉)许慎注:《淮南鸿烈解》,四部丛刊景钞北宋本。

45. (晋)陈寿撰,(宋)裴松之注:《三国志》,中华书局 1959 年版。

46. (唐)魏征等编:《群书治要》,四部丛刊景日本。

47. (清)张玉书著:《佩文韵府》,清文渊阁四库全书本。

48. (清)张廷玉等著:《明史》,中华书局 1974 年版。

49. 《太平经》,明正统道藏本。

50. 《辞海》,上海辞书出版社 2009 年版。

51. 《柏拉图全集》(第 3 卷),王晓朝译,人民出版社 2003 年版。

52. 苗力田主编:《亚里士多德全集》(第 9 卷),中国人民大学出版社 1994 年版。

53. 汪子嵩、范明生等著:《希腊哲学史》(第 2 卷),人民出版社 1988

年版。

54. 廖盖隆、孙连成、陈有进等编：《马克思主义百科要览》（上卷），人民日报出版社 1993 年版。

55. 陈旭麓、郝盛潮主编：《孙中山集外集》，上海人民出版社 1990 年版。

56. 周旺生、朱苏力主编：《北京大学法学百科全书》，北京大学出版社 2010 年版。

57. 俞可平主编：《治理与善治》，社会科学文献出版社 2000 年版。

58. 俞可平著：《论国家治理现代化》（修订版），社会科学文献出版社 2015 年版，第 4 页。

59. 俞可平著：《全球化：全球治理》，社会科学文献出版社 2003 年版。

60. 俞可平主编：《中国治理变迁 30 年》，社会科学文献出版社 2008 年版。

61. 黄炎培著：《八十年来》，文史资料出版社 1982 年版。

62. 秦晖著：《乡土社会的制度文化及其变更》，复旦大学出版社 2003 年版。

63. 李贵连著：《法治是什么》，广西师范大学出版社 2013 年版。

64. 法治与人治问题讨论集编辑组：《法治与人治问题讨论集》，群众出版社 1980 年版。

65. 高鸿钧著：《法治：理念与制度》，中国政法大学出版社 2002 年版。

66. 王奇才著：《法治与全球治理——一种关于全球治理规范性模式的思考》，法律出版社 2012 年版。

67. 张志铭等著：《世界城市的法治化治理——以纽约市和东京市为参照系》，上海人民出版社 2005 年版。

68. 邓正来著：《国家与社会：中国市民社会研究》，北京大学出版社 2008 年版。

69. 谢岳、程竹汝著：《法治与德治》，江西人民出版社 2003 年版。

70. 潘伟杰著：《法治与现代国家的成长》，法律出版社 2009 年版。

71. 夏勇主编：《公法》（第 2 卷），法律出版社 2000 年版。

72. 高鸿钧等著：《法治：理念与制度》，中国政法大学出版社 2002 年版。

73. 李步云著：《论法治》，社会科学文献出版社 2008 年版。

74. 沈宗灵主编：《法理学》，高等教育出版社 2004 年版。

75. 程燎原著：《从法制到法治》，法律出版社 1999 年版。

76. 晏绍祥著：《古典民主与共和传统》（上卷），北京大学出版社 2013 年版。

77. 周枏著：《罗马法原论》（上册），商务印书馆 2014 年版。

78. 黄右昌著：《罗马法与现代》，北京大学出版社 2008 年版。

79. 丘汉平著：《罗马法》，中国方正出版社 2004 年版。

80. 何勤华、任超等著：《法治的追求——理念、路径和模式的比较》，北京大学出版社 2005 年版。

81. 刘相、刘德军、王忠武主编：《人类思想解放史论》，人民出版社 2007 年版。

82. 罗云力著：《西方国家的一种新治理方式——社会民主主义第三条道路研究》，重庆出版社 2003 年版。

83. 胡适、梁实秋、罗隆基著：《人权论集》，中国长安出版社 2013 年版。

84. 孙晓楼等著：《法律教育》，中国政法大学出版社 2004 年版。

85. 吴元训选编：《中世纪教育文选》，人民教育出版社 2005 年版。

86. 梁漱溟著：《教育与人生——梁漱溟教育文集》，当代中国出版社 2012 年版。

87. 蔡元培著：《蔡元培谈教育》，辽宁人民出版社 2015 年版。

88. 张元元著：《澳门法治化治理中的角色分析》，澳门理工学院一国两制研究中心 2009 年版。

89. 《塑造共同的宪法信仰》，载《人民日报》2014 年 12 月 4 日。

90. 单文华：《法治中国的国际维度》，载《光明日报》2014 年 11 月

5 日。

91. 刘勇：《用法治推进国家治理现代化》，载《解放军报》2014 年 3
    月 17 日。

92. 陶希东：《国家治理体系应包括五大基本内容》，载《学习时报》
    2013 年 12 月 30 日。

93. 胡建淼：《国家治理现代化关键在法治化》，载《学习时报》2014
    年 7 月 14 日。

94. 陈金钊：《国家治理体系法治化及其意义——兼论法律方法的功
    能》，载《法律方法》2014 年第 1 期。

95. 张光博：《坚持马克思主义的人权观》，载《中国法学》1990 年第
    4 期。

96. 郭道晖、陶威：《人权禁区是怎样突破的——建国以来法学界重大
    事件研究（24）》，载《法学》1999 年第 5 期。

97. 《中国代表团团长刘华秋副部长在世界人权大会上的讲话》，载
    《外交学院学报》1993 年第 3 期。

98. 何增科：《理解国家治理及其现代化》，载《马克思主义与现实》
    2014 年第 1 期。

99. 莫纪宏：《论"国家治理体系和治理能力现代化"的"法治精神"》，
    载《新疆师范大学学报（哲学社会科学版）》2014 年第 3 期。

100. 徐爱国：《西方国家法治的形成对中国的参照》，载《人民论坛》
     2013 年第 3 期。

101. 汪进元：《法治模式论》，载《现代法学》1999 年第 2 期。

102. 李龙：《法治模式论》，载《中国法学》1991 年第 6 期。

103. 李龙：《"共创中国法学教育的未来"研讨会上的发言》，载《法
     学家》1998 年第 6 期。

104. 李龙：《建构法治体系是推进国家治理现代化的基础工程》，载
     《现代法学》2014 年第 3 期。

105. 李龙、余渊：《全面推进依法治国视域下的人权保障》，载《现代

法学》2015 年第 2 期。

106. "中国社会管理评价体系"课题组、俞可平：《中国社会治理评价指标体系》，载《中国治理评论》2012 年第 2 期。

107. 江必新、邵长茂：《论国家治理商数》，载《中国社会科学》2015 年第 1 期。

108. 钱鸿猷：《西方法治精神和中国法治之路》，载《中外法学》1995 年第 6 期。

109. 李明珠：《种姓制度对印度法律的影响》，载《西北民族大学学报（哲学社会科学版）》2005 年第 1 期。

110. 杨光斌：《超越自由民主："治理民主"通论》，载《国外社会科学》2013 年第 4 期。

111. 黄涛：《重新思考法治概念》，载《读书》2013 年第 12 期。

112. 李放：《现代国家制度建设：中国国家治理现代化的战略选择》，载《新疆师范大学学报（哲学社会科学版）》2014 年第 4 期。

113. 朱景文：《从法治到善治的思考》，载《法制资讯》2012 年第 5 期。

114. 刘素民：《托马斯·阿奎那自然法的形上架构与神学意涵》，载《哲学研究》2005 年第 9 期。

115. 曾宪义：《中国的法学教育体制及改革》，载《法学家》1998 年第 5 期。

116. 贺卫方：《"共创中国法学教育的未来"研讨会上的发言》，载《法学家》1998 年第 6 期。

117. 刘作翔：《法制现代化进程中的中国法律教育》，载《中外法学》1994 年第 5 期。

118. 张千帆：《法治概念的不足》，载《学习与探索》2006 年第 6 期。

119. [英] 沃克著：《牛津法律大辞典》，李双元等译，法律出版社 2003 年版。

120. [美] 比克斯著：《牛津法律理论词典》，邱昭继等译，法律出版社 2007 年版。

121. ［古希腊］柏拉图著：《法律篇》，张智仁、何勤华译，上海人民出版社 2001 年版。

122. ［古希腊］亚里士多德著：《政治学》，吴寿彭译，商务印书馆 1965 年版。

123. ［古希腊］亚里士多德著：《雅典政制》，日知、力野译，商务印书馆 1959 年版。

124. ［古希腊］第欧根尼·拉尔修著：《名哲言行录》（下），吉林人民出版社 2011 年版。

125. ［罗马］查士丁尼著：《法学总论——法学阶梯》，张企泰译，商务印书馆 1989 年版。

126. ［古罗马］西塞罗著：《国家篇·法律篇》，沈叔平、苏力译，商务印书馆 1999 年版。

127. 《西塞罗文集（政治学卷）》，王焕生译，中央编译出版社 2010 年版。

128. ［古罗马］圣奥古斯丁著：《天主之城》（上册），吴宗文译，吉林出版集团有限责任公司 2010 年版。

129. ［意］托马斯·阿奎那著：《阿奎那政治著作选》，马清槐译，商务印书馆 1963 年版。

130. ［意］圣多玛斯·阿奎纳著：《阿奎纳著作集·论万事》，吕穆迪译，安徽人民出版社 2013 年版。

131. ［意］但丁著：《论世界帝国》，朱虹译，商务印书馆 1985 年版。

132. ［法］孟德斯鸠著：《论法的精神》（下册），张雁深译，商务印书馆 1963 年版。

133. ［法］孟德斯鸠著：《论法的精神》（上册），张雁深译，商务印书馆 1961 年版。

134. ［法］卢梭著：《论人类不平等的起源和基础》，李常山译，商务印书馆 1962 年版。

135. ［法］卢梭著：《社会契约论》，杨国政译，陕西人民出版社 2004 年版。

136. ［英］洛克著：《政府论》（下篇），叶启芳、瞿菊农译，商务印书馆 1981 年版。

137. ［德］马克斯·韦伯著：《儒教与道教》，洪天富译，江苏人民出版社 1993 年版。

138. ［德］马克斯·韦伯著：《经济与社会》（第二卷上册），阎克文译，上海世纪出版集团 2010 年版。

139. ［德］康德著：《法的形而上学原理：权利的科学》，沈叔平译，商务印书馆 1991 年版。

140. ［德］康德著：《道德形而上学原理》，苗力田译，上海人民出版社 2005 年版。

141. ［德］黑格尔著：《法哲学原理》，范扬、张企泰译，商务印书馆 1961 年版。

142. ［美］富勒著：《法律的道德性》，郑戈译，商务印书馆 2009 年版。

143. ［美］德沃金著：《认真对待权利》，信春鹰、吴玉章译，中国大百科全书出版社 1998 年版。

144. ［美］杰里米·沃尔德伦著：《法律与分歧》，王柱国译，法律出版社 2009 年版。

145. ［英］哈特著：《法律的概念》，许家馨、李冠宜译，法律出版社 2011 年版。

146. ［美］罗斯科·庞德著：《通过法律的社会控制》，沈宗灵译，商务印书馆 2009 年版。

147. ［美］罗斯科·庞德著：《法理学》（第二卷），封丽霞译，法律出版社 2007 年版。

148. ［英］戴雪著：《英宪精义》，雷宾南译，中国法制出版社 2001 年版。

149. ［英］弗里德利希·冯·哈耶克著：《自由秩序原理》（上），邓正来译，生活·读书·新知三联书店 1997 年版。

150. ［美］哈罗德·D. 拉斯韦尔、迈尔斯·S. 麦克道格尔著：《自由社会之法学理论：法律、科学和政策的研究》，法律出版社 2013 年版。

151. ［英］戴维·赫尔德等著：《全球大变革：全球化时代的政治、经济与文化》，社会科学文献出版社 2001 年版。

152. ［美］詹姆斯·罗西瑙著：《没有政府的治理：世界政治中的秩序与变革》，张胜军、刘小林等译，江西人民出版社 2001 年版。

153. ［法］米歇尔·福柯著：《安全、领土与人口：法兰西学院演讲系列（1977—1978）》，钱翰、陈晓径译，上海人民出版社 2010 年版。

154. ［瑞士］托马斯·弗莱纳著：《人权是什么?》，谢鹏程译，中国社会科学出版社 2000 年版。

155. ［英］A. J. M. 米尔恩著：《人的权利与人的多样性——人权哲学》，夏勇、张志铭译，中国大百科全书出版社 1995 年版。

156. ［美］安靖如著：《人权与中国思想——一种跨文化的探索》，黄金荣、黄斌译，中国人民大学出版社 2012 年版。

157. ［美］大卫·福莱主编：《从亚里士多德到奥古斯丁》，冯俊等译，中国人民大学出版社 2004 年版。

158. ［法］让—皮埃尔·韦尔南著：《希腊思想的起源》，秦海鹰译，北京大学出版社 2012 年版。

159. ［法］菲斯泰尔·德·古朗士著：《古代城市 希腊罗马宗教、法律及制度研究》，上海人民出版社 2012 年版。

160. ［德］沃格林著：《中世纪（至阿奎那）》，叶颖译，华东师范大学出版社 2009 年版。

161. ［法］罗伯特·雅各布著：《上天·审判：中国与欧洲司法观念历史的初步比较》，李滨译，上海交通大学出版社 2013 年版。

162. ［瑞］卡尔松、［圭亚那］兰法尔主编：《天涯成比邻——全球治理委员会报告》，中国对外翻译公司 1995 年出版。

163. ［德］齐佩利乌斯著：《德国国家学》，赵宏译，法律出版社 2011
     年版。

164. ［德］约瑟夫·夏辛、容敏德编：《法治》，法律出版社 2005
     年版。

165. ［法］菲利普·内莫著：《民主与城邦的衰落——古希腊政治思想
     史讲稿》，张竝译，华东师范大学出版社 2011 年版。

166. ［法］拉法格著：《思想起源论》，王子野译，生活·读书·新知
     三联书店 1963 年版。

167. ［英］巴里·尼古拉斯著：《罗马法概论》，黄风译，法律出版社
     2000 年版。

168. ［美］布雷恩·Z. 塔玛纳哈著：《论法治——历史、政治和理
     论》，李桂林译，武汉大学出版社 2010 年版。

169. ［美］汤普逊著：《中世纪经济社会史》（下册），耿淡如译，商
     务印书馆 1997 年版。

170. ［美］哈罗德·J. 伯尔曼著：《法律与革命——西方法律传统的形
     成》，贺卫方等译，中国大百科全书出版社 1993 年版。

171. ［德］齐佩利乌斯著：《德国国家学》，赵宏译，法律出版社 2011
     年版。

172. ［英］J. H. 伯恩斯主编著：《剑桥中世纪政治思想史》（上），程
     志敏译，三联书店 2009 年版。

173. ［美］约翰·R. 康芒斯著：《资本主义的法律基础》，寿勉成译，
     商务印书馆 2003 年版。

174. ［日］穗积陈重著：《法律进化论》，黄尊三等译，中国政法大学
     出版社 1998 年版。

175. ［美］塞瑞娜·潘琳著：《阿伦特与现代性的挑战》，张云龙译，
     江苏人民出版社 2012 年版。

176. ［美］汉娜·阿伦特著：《极权主义的起源》，林骧华译，生活·

读书·新知三联书店 2008 年版。

177. ［法］马里旦著：《人和国家》，沈宗灵译，中国法制出版社 2011
年版。

178. ［英］卡尔·波普尔著：《客观知识——一个进化论的研究》，舒
炜光、卓如飞等译，上海译文出版社 1987 年版。

179. ［美］罗伯特·C. 埃里克森著：《无需法律的秩序——邻人如何
解决纠纷》，苏力译，中国政法大学出版社 2003 年版。

180. ［英］吉米·边沁著：《立法理论》，李贵方等译，中国人民公安
大学出版社 2004 年版。

181. ［美］罗纳德·德沃金著：《认真对待权利》，信春鹰、吴玉章译，
中国大百科全书出版社 1998 年版。

182. ［法］蒙田著：《蒙田随笔全集》（下卷），陆秉慧、刘方译，译
林出版社 1996 年版。

183. ［英］马丁·洛克林著：《剑与天平——法律与政治关系的省察》，
北京大学出版社 2011 年版。

184. ［奥］尤根·埃利希著：《法律社会学基本原理》，叶名怡、袁震
译，九州出版社 2007 年版。

185. ［英］威廉·葛德文著：《政治正义论》，何慕李译，商务印书馆
1982 年版。

186. ［俄］尼古拉·别尔嘉耶夫著：《人的奴役与自由》，徐黎明译，
贵州人民出版社 2007 年版。

187. ［法］莫里斯·奥里乌著：《法源：权力、秩序和自由》，鲁仁译，
商务印书馆 2015 年版。

188. ［英］约翰·亨利·纽曼著：《大学的理念》，高师宁等译，贵州
教育出版社 2003 年版。

189. ［美］罗伊·斯塔基等著：《完善法学教育——发展方向与实现途
径》，许身健等译，知识产权出版社 2010 年版。

190. ［意］维柯著：《大学开学典礼演讲集——维柯论人文教育》，张小勇译，上海人民出版社 2012 年版。

191. ［美］舍伍德著：《罗斯福与霍普金斯——二次大战时期白宫实录》（上册），福建师范大学外语系编译室译，商务印书馆 1980 年版。

192. ［日］安冈昭男著：《日本近代史》，林和生、李心纯译，中国社会科学出版社 1996 年版。

193. ［日］井上清著：《日本历史（中册）》，天津市历史研究所译校，天津人民出版社 1976 年版。

194. ［奥］阿道尔夫·J. 默克尔：《法治国的观念和形态》，谢怀栻、翁振葆译，载《环球法律评论》1983 年第 5 期。

195. ［俄］M. 坎加斯普罗：《苏联改革的两面性：从改革走向崩溃》，载《俄罗斯研究》2011 年第 6 期。

196. V. Bradley Lewis, Higher Law and the Rule of Law: The Platonic Origin of an Ideal, Pepperdine Law Review, Vol. 36.

197. Eric Voegelin, The Middle Ages to Aquinas, History of Political Ideas, Vol. II.

198. O. John Rogge, The Rule of Law, American Bar Association Journal, Vol. 46, Issue 9 (September 1960).

199. Daniel Oran and Mark Tosti (eds.), Oran's Dictionary of the Law 3rd Edition, CA: West Legal Studies, Thomson Learning, 2000.

200. Lon L. Fuller, The Morality of Law, Yale University Press, 1969.

201. W. J. Stewart and Robert Burgess (eds.), Collins Law Dictionary 2nd, HarperCollins Publishers, Inc., 2002.

202. R. Rhodes, The New Governance: Governing without Government, Political Studies, Vol. 44.

203. Geoffrey de Q. Walker, The Rule of Law: Foundation of Constitutional democracy, Melbourne University Press, 1988.
204. Greenstein, Marla N. Defining the Rule of Law, Judges Journal, Vol. 46, Issue 4 (Fall 2007).

后　　记

　　本书是武汉大学人文社科资深教授、人权研究院院长李龙先生主持的教育部人文社会科学重点研究基地重大项目"国家治理与人权保障"（项目批准号：14JJD820023）的最终研究成果。本书由李龙教授主持编写，江苏省淮阴师范学院法律政治与公共管理学院副教授、武汉大学法学院法学理论专业博士研究生孙来清担任副主编，其他撰稿人有南昌大学环境科学与工程博士后流动站、南昌大学法学院余渊博士和广东外语外贸大学法学院任颖博士。全书最后由主编李龙教授完成统稿、改稿和定稿。

2016 年 11 月 11 日于珞珈山